CUARTA EDICIÓN

La Crianza PRÁCTICA de los Hijos

Utilizar la Cabeza, así como el Corazón,
para Criar a los Hijos en Edad Escolar

También de Boys Town Press

La Crianza Práctica de los Niños Pequeños

Help! There's a Toddler in the House!

Common Sense Parenting®

Common Sense Parenting® DVD Series

    Building Relationships

    Teaching Children Self-Control

    Preventing Problem Behavior

    Correcting Misbehavior

    Teaching Kids to Make Good Decisions

    Helping Kids Succeed in School

Show Me Your Mad Face

Great Days Ahead: Parenting Children Who Have
    ADHD with Hope and Confidence

Raising Children without Losing Your Voice or Your Mind (DVD)

Adolescence and Other Temporary Mental Disorders (DVD)

No Room for Bullies

Good Night, Sweet Dreams, I Love You:
    Now Get into Bed and Go to Sleep

Competing with Character

Practical Tools for Foster Parents

Para los Hijos

Para los estudiantes en los grados K-6, ver el final de este libro para obtener una lista de los títulos más populares para niños que destacan importantes destrezas sociales.

Para solicitar un catálogo Boys Town Press, llame al **1-800-282-6657**
o visite nuestro sitio web: BoysTownPress.org

CUARTA EDICIÓN

La Crianza PRÁCTICA de los Hijos

Utilizar la Cabeza, así como el Corazón, para Criar a los Hijos en Edad Escolar

RAY BURKE, PH.D. ■ RON HERRON

BRIDGET A. BARNES, M.S

BOYS TOWN Press

Boys Town, Nebraska

Common Sense Parenting®
Publicado por The Boys Town Press
Father Flanagan's Boys' Home
Boys Town, NE 68010

Copyright © 2015 por Father Flanagan's Boys' Home
ISBN-13: 978-1-934490-82-2

Boys Town Press es la división editorial de Boys Town, una organización nacional al servicio de los niños y las familias.

Catalogación en la Fuente del Editor

Burke, Raymond V.

Common sense parenting. Spanish

La crianza práctica de los hijos : utilizar la cabeza, así como el corazón, para criar a los niños en edad escolar / por Ray Burke, Ron Herron, y Bridget A. Barnes. -- Cuarta edición. -- Boys Town, NE : Boys Town Press, [2015]

pages ; cm.

ISBN: 978-1-934490-82-2

Resumen: Esta cuarta edición incluye nuevos ejemplos de cómo acercarse a la disciplína como enseñanza positiva en lugar de utilizar el castigo. Las técnicas de crianza actualizadas se explican paso a paso, con ejemplos claros y planes de acción para su implementación en el país.-- Editor..

1. Child rearing. 2. Parenting. 3. Parent and child. 4. Discipline of children. 5. Parents--Life skills guides. 6. Niños--Crianza. 7. Padres de familia--Deberes y derechos. 8. Padres e hijos. 9. Niños--Obediencia. 10. Padres--Guías del arte de vivir. I. Herron, Ronald W. II. Barnes, Bridget A. III. Title. IV. Title: Common sense parenting. Spanish.

HQ769 .B794318 2015
649/.1--dc23   1505

10   9   8   7   6   5   4   3   2   1

ÍNDICE

BOYS TOWN NATIONAL HOTLINE®

1-800-448-3000

Es un número al que se puede recurrir para emergencias, obtener
referencias y realizar consultas para los niños y los padres.

Introducción

Ser padre es una de las experiencias más ricas y satisfactorias que pueda tener. Nada de lo que hacemos como seres humanos es más importante que cuidar y enseñar a los hijos desde la infancia hasta la edad adulta, prepararlos no sólo para lo que vendrá en el corto plazo, sino también para lo que la vida les depara en largo plazo.

Sus hijos son el regalo más preciado que puede recibir. Y ser padre es una de las responsabilidades más impresionantes que puede asumir. Sus hijos dependen de usted para recibir afecto, orientación, sabiduría, conocimiento: todo. Esperan su aprobación, elogios, atención, disciplina y afecto, sin importar la edad que tengan.

Por supuesto, algunas partes de la crianza no son tan divertidas: los momentos en los que tiene que limpiar el goteo nasal, hacer que los niños salgan bruscamente de la cama para ir a la escuela, llevarlos de aquí para allá, escucharlos quejarse acerca de injusticias y verduras asquerosas, o tratar las discusiones, quejas y estados de ánimo desagradables. Les recomendamos a los padres aprovechar los buenos momentos, aprender y mejorar en los malos momentos, y nunca olvidar que la crianza es un viaje de muchos pasos que dura toda la vida. Lo que realmente importa son los lazos que se crean, las relaciones y los

1

valores que definen a su familia, y lo que le transmite a sus hijos que puede ser transmitido a las generaciones venideras.

Todos los padres pueden necesitar un poco de ayuda y asesoramiento cuando tienen un momento difícil con sus hijos. Todos dudan, alguna que otra vez, de la efectividad de sus métodos. Ser padres no es siempre fácil; eso lo sabemos. Es por eso que hemos escrito este libro. Trabajamos en Boys Town, una organización nacional de cuidado de la juventud que ha servido de hogar para decenas de miles de niños con problemas o abandonados desde nuestra fundación en 1917. Lo que Boys Town ha aprendido acerca de los hijos, los padres, y la vida familiar se encuentra resumido en nuestro programa Common Sense Parenting® y se ha compartido con los instructores de padres y miles de padres en todo Estados Unidos y en muchos otros países desde 1989.

En el ejercicio de nuestro trabajo, hemos escuchado historias de muchos padres y hemos compartido sus triunfos y tristezas. A cambio, les hemos proporcionado nuestra experiencia y conocimiento y les hemos mostrado un nuevo enfoque positivo para criar a sus hijos. En este libro, esperamos compartir este conocimiento con usted y muchos otros padres.

Lo que la Crianza Práctica de los Hijos Puede Hacer por Usted

¿Qué hace que la Crianza Práctica de los Hijos funcione? Hacemos hincapié en dos cosas: la "cabeza" y el "corazón". La "cabeza" consiste en utilizar un método lógico y práctico en la enseñanza de sus hijos; en otras palabras, usar la enseñanza y las destrezas para cambiar el comportamiento de sus hijos. El "corazón" significa tener amor incondicional por sus hijos, incluso en situaciones en las que usted y su hijo puedan estar frustrados o molestos. Ambos componentes son necesarios para el éxito. Así que además de enseñarle destrezas para mejorar el comportamiento de su hijo, le mostramos también cómo trabajar en la mejora de la relación con su hijo. Al unir estos dos aspectos, se obtiene una manera muy eficaz para abordar la crianza de los hijos.

Este libro le ofrece un plan para la crianza de los hijos que ha sido efectivo con familias como la suya. Así que si usted es un padre que sólo quiere "pulir" sus destrezas de crianza, un "novato" entusiasmado con su primer hijo, o un padre exasperado con hijos rebeldes o difíciles, este libro le puede ser útil.

Todos sabemos que no existen los padres perfectos o los hijos perfectos. Vivimos en un mundo alborotado e imperfecto, y vamos a cometer errores, sin importar cuánto esfuerzo hagamos. También es cierto que ningún libro, clase o programa de capacitación por sí solo puede resolver todos los problemas de una familia. Sería insensato garantizar algo así. Nuestras vidas son demasiado complejas como para tener respuestas exactas para todo. Sin embargo, las destrezas que se aprenden en la Crianza Práctica de los Hijos (las técnicas y bases lógicas para la disciplina y para construir relaciones) le ofrecen un plan para cometer menos errores y hacer un mejor trabajo en el futuro. Los estudios de investigación sobre las destrezas y métodos que enseñamos muestran resultados muy positivos. Los padres que han adoptado nuestro enfoque dicen sentirse mejor preparados y más satisfechos y eficaces en su rol de padres, y que sus hijos tienen menos comportamientos problemáticos.

Usted es el primer maestro de sus hijos y el más importante. Nadie debería tener mayor influencia en las vidas de sus hijos que usted. Eso significa que debe volcar a esta tarea todo el amor, la paciencia y la energía que pueda reunir. A través de todo esto, usted descubrirá que criar a un hijo es uno de los desafíos más emocionantes que jamás vaya a enfrentar. Aprovéchelo.

Todas las destrezas en este libro se basan en un elemento crucial de la crianza de los hijos: pasar tiempo con sus hijos. Usted podrá enseñarles sólo si está con ellos. Es así de simple. Podrá disfrutar de la riqueza de la familia sólo si pasan tiempo

3

juntos. Es algo absolutamente esencial. Es el pegamento que mantiene unida a la familia.

Está recorriendo un camino estimulante para convertirse en una mejor madre o un mejor padre. Su amor y las destrezas que aprende en La Crianza Práctica de los Hijos van a hacer una diferencia positiva en su familia. Ame a sus hijos, incluso cuando menos se lo merecen. Enséñeles la forma correcta de comportarse y las destrezas que necesitan para lograrlo. Aproveche al máximo las oportunidades que tiene con sus hijos y enséñeles bien.

Uso de este libro

Esta edición revisada de La Crianza Práctica de los Hijos tiene cinco secciones principales. En la primera sección, usted aprenderá cómo enseñar eficazmente a su hijo mediante el aprendizaje de destrezas tales como establecer expectativas razonables, con consecuencias, y brindar motivos. En la Sección II, le mostramos tres técnicas que estimulan el buen comportamiento y previenen los comportamientos problemáticos de su hijo. La Sección III llega al meollo de la frustración y la angustia de muchos padres con sus hijos: el mal comportamiento, la ira y el desafío. En estos capítulos, aprenderá a detener y corregir el mal comportamiento y a enseñarle el dominio propio a su hijo. También sugerimos maneras para que usted permanezca tranquilo en enfrentamientos candentes con su hijo. Los capítulos de la Sección IV muestran cómo juntar sus nuevas destrezas de crianza al celebrar Reuniones Familiares, establecer rutinas y tradiciones familiares, y desarrollar su propio plan de crianza. Por último, la Sección V aborda varias cuestiones especiales que normalmente crean malestar en las familias, incluidos los problemas en la escuela, la presión de grupo, y el impacto a menudo negativo de los medios y las redes sociales (TV, Internet, etc.).

Este libro también contiene muchas nuevas características de fácil lectura para los padres ocupados. Hay opiniones que ponen de relieve los puntos principales de cada capítulo, los términos clave y sus definiciones, muchos ejemplos que muestran cómo se ven y suenan las destrezas de crianza de los hijos de modo que pueda aprender cómo usarlas en su familia, respuestas a preguntas que los padres comúnmente hacen, y un plan de acción sugerido al final de la mayoría de los capítulos que le ayudará a implementar las destrezas con sus hijos.

Nos damos cuenta de que no existen respuestas "perfectas" a los problemas que enfrentan los padres. Cada situación, cada padre y cada niño es único. Por eso, le ofrecemos guías prácticas y sugerencias que se pueden adaptar a su propia familia y su propio "estilo" de interactuar con sus hijos. Aplicadas junto a su sentido común y a la lógica para adaptarse a la edad y al nivel de desarrollo de sus hijos, nuestras técnicas se pueden utilizar con niños en edad escolar de entre 6 y 16 años. Esperamos que usted use y trabaje con estas destrezas de crianza hasta que se conviertan en naturaleza secundaria para usted. Si utiliza estas destrezas constantemente, usted notará cambios de conducta positivos en sus hijos.

El cambio toma tiempo y paciencia. Aprender nuevos comportamientos no ocurrirá de la noche a la mañana para usted o su hijo. A menudo las cosas empeoran antes de mejorar. Es como tratar de ayudar a su hijo a superar un resfriado. Toma un tiempo hasta que su sopa de pollo, la vitamina C, y el cuidado con amor ayudan a su hijo a sentirse mejor. Así que dese el tiempo necesario para aprender y dominar las nuevas destrezas de crianza. Espere algunos momentos difíciles y contratiempos, pero mantenga su enfoque en el objetivo. Comprenda que algo tan importante como la mejora en la crianza de su hijo toma tiempo, esfuerzo y mucha paciencia. Aprenda a mirar cada mejora como un paso en la dirección correcta. Dese unas palmaditas en la espalda cuando resuelve un problema con uno de sus hijos o cuando una nueva destreza de crianza en la que está trabajando comienza a hacer una diferencia positiva en la vida de su familia. Los momentos de inseguridad que experimentará eventualmente serán reemplazados por una renovada confianza en su capacidad de crianza y un disfrute cada vez mayor de la vida que usted y sus hijos comparten.

¡Comencemos!

LOS PADRES SON MAESTROS

Cada vez que usted está con sus hijos,

está enseñando. Si usted planea enseñarles a sus hijos o no, la enseñanza ocurre todo el tiempo. Usted podría estar mostrándole a su hijo cómo hacer la cama, llamando su atención por pegarle a su hermano, recordándole a su hijo de 6 años que debe ponerse su abrigo antes de salir, lanzando el balón con su hijo adolescente antes del gran juego, leyendo un cuento a la hora de acostarse, mostrando a su hija cómo preparar un plato tradicional de la familia, ayudar con la tarea, o hablar sobre una película. Independientemente de la situación, sus palabras y acciones influyen en sus hijos, su relación con ellos, y lo que están aprendiendo acerca de la diferencia entre lo bueno y lo malo, el comportamiento correcto e incorrecto.

A menudo, los padres nos dicen que desean estar mejor preparados para ayudar a sus hijos a aprender lo que necesitan saber. ¿No sería bueno tener un plan para la crianza, sobre todo cuando se trata de enseñar a sus hijos? La Crianza Práctica de los Hijos ofrece un plan que no sólo proporciona los cómo y los por qué de la crianza de los hijos y de ser un buen maestro, sino que también les permite a los padres incorporar su personalidad y el estilo de vida de su familia en su enseñanza.

Nuestro plan tiene tres elementos importantes como base:

- **Consistencia**: Esto significa que los padres (u otros cuidadores) utilizan el mismo método de enseñanza, comparten las mismas tolerancias, y están de acuerdo cuando se trata de disciplinar a sus hijos.

- **Compromiso**: Esto significa decidir y seguir adelante con un cierto estilo de enseñanza, donde las destrezas eficaces proporcionen una guía o plan paso a paso para acercarse a los hijos y sus comportamientos.

- **Coraje**: Esto significa no vacilar y mantenerse fiel al estilo de crianza que haya elegido, incluso en situaciones difíciles, estresantes o cuando los hijos no responden tan rápido como le gustaría o espera. (Incluso cuando usted hace lo mejor que puede, los niños a veces empeoran antes de mejorar).

En esta sección, vamos a presentar los conceptos de enseñanza como una forma de disciplinar a los hijos y cómo transmitirles mensajes y expectativas claras a los niños hace que la enseñanza eficaz sea posible. También vamos a explicar las razones y consecuencias (tanto positivas como negativas) y el papel fundamental que desempeñan en lograr cambios duraderos en el comportamiento de los niños. Las consecuencias son herramientas esenciales de enseñanza que ayudan a los niños a lograr el aprendizaje permanente; su influencia continúa mucho después de que termine la situación en la que hayan sido utilizadas.

Capítulo 1

Disciplina a través de la Enseñanza Positiva

A menudo se malinterpreta la disciplina y por lo general se la considera sólo como algo negativo. A muchos padres los intimidan los momentos en los que deben "disciplinar" a su hijo, ya que muy probablemente signifique lágrimas, rabietas, o un silencio sepulcral. Algunos padres se frustran y se enojan tanto por el mal comportamiento de sus hijos que reaccionan violentamente, ya sea verbal o físicamente. Para estos padres, el objetivo de la disciplina es "castigar" a los niños por el mal comportamiento. En el corto plazo, el castigo puede parecer que funcione. En otras palabras, el castigo puede detener el comportamiento problemático del niño en ese momento. Pero en el largo plazo, dar bofetadas, golpear, ridiculizar, menospreciar, aislar, o gritarle a los hijos genera todo tipo de problemas en las familias, lo peor es el daño que hace a la relación entre padres e hijos. Además, los hijos no aprenden nada del castigo inadecuado, excepto temerle y evitar al padre o comportarse violentamente ellos mismos cuando están enojados o frustrados.

Hay otras maneras mucho más efectivas de disciplinar a los niños. Esperamos mostrarle en este capítulo y a lo largo de este libro que la disciplina en realidad puede ser positiva, especialmente cuando se trabaja con el mal comportamiento como una oportunidad para enseñarle a su hijo. Pero primero, vamos a ver cómo está disciplinando a sus hijos actualmente.

¿Qué Tipo de Persona que Ejerce Disciplina es Usted?

Tómese un momento para revisar y evaluar su estilo de disciplina. Lea las siguientes descripciones de respuestas ante la disciplina. A continuación, seleccione las cinco respuestas que mejor describen la manera en la que reacciona cuando sus hijos se portan mal o usted está tratando de evitar un comportamiento negativo. Clasifique sus cinco selecciones, empezando por la que utiliza con mayor frecuencia. Al lado de su lista clasificada, tenga en cuenta si utiliza esas respuestas rara vez, moderadamente, o con frecuencia. Sea honesto consigo mismo para que pueda obtener una idea exacta de su estilo de disciplina.

Cuando ejerzo disciplina sobre mi hijo,

1. Uso **instrucciones,** tales como, *"Me estás contestando. Julia, deja de hablar y escúchame".*

2. Uso la **negociación,** tal como, *"Voy a dejar que hagas lo que quieras en esta ocasión si prometes..."*

3. Uso **explicaciones,** tales como, *"Yo quiero que hagas esto porque..."* o *"La razón por la que debes hacer lo que te pido es..."*

4. Uso **excusas,** tales como, *"En realidad no es tu culpa; tienes malos amigos"* o *"Debes ser más responsable, pero sé que es difícil".*

5. Uso **consecuencias negativas,** tales como, *"Debido a que no has hecho lo que te pedí, no podrás ver la televisión esta noche".*

6. Uso **amenazas,** tales como, *"Si lo haces una vez más, me voy a..."* o *"No hagas que te lo repita, o de lo contrario..."*

7. Uso **límites,** tales como, *"Sé que esto es difícil de aceptar, pero no significa no".*

8. Uso la **opinión,** tal como, *"¡Eres un mocoso!"* o *"Deja de ser tan perezoso".*

9. Uso **motivadores positivos,** tales como, *"Debido a que viniste a casa desde la escuela a tiempo todos los días de esta semana, has ganado un permiso de llegada más tarde para el fin de semana".*

10. Uso la **represalia,** tal como, "Has mordido a tu hermana. Ahora ella puede morderte a ti".

11. Uso la **reacción, tal como,** *"¡Estoy harto! Ahora tendrás tu merecido".*

12. Uso la **preparación,** tal como, *"Vamos a practicar algunas cosas para que puedas permanecer en la escuela cuando tus amigos te presionan para faltar a clase".*

Los tres estilos más comunes de disciplina en la crianza de los hijos son los siguientes: **1) disciplina indulgente, 2) persona estricta que ejerce la disciplina,** y **3) persona sensible que ejerce la disciplina.** Los padres que son indulgentes al ejercer la disciplina tienden a ser extremadamente indulgentes en sus expectativas y límites para los hijos. Las personas estrictas que ejercen la disciplina por lo general no están dispuestas a ser flexibles o a estar abiertas a las opiniones de sus hijos sobre las reglas o los límites. Los padres que son sensibles al ejercer la disciplina están más dispuestos a negociar con sus hijos sobre algunas reglas, pero se sienten cómodos al imponer límites razonables.

¿Cómo resultó su evaluación de disciplina? ¿Cuáles fueron sus tres principales respuestas acerca de la disciplina? Si sus mejores opciones incluyen 2, 4 y 11, usted es más indulgente al ejercer la disciplina. Si sus mejores opciones fueron 6, 8, y 10, es posible que sea más estricto al ejercer la disciplina. Si sus respuestas principales incluyen 1, 3, 5, 7, 9 y 12, usted es más sensible al ejercer la disciplina. La mayoría de los padres utilizan una mezcla de los tres enfoques, pero sus principales respuestas le permitirán saber a usted de qué estilo tiende a depender más a menudo.

En general, los padres que utilizan el enfoque sensible al ejercer la disciplina son más propensos a crear un ambiente familiar positivo y tienen más éxito en lograr que sus hijos cumplan con las reglas y discuten menos acerca de los límites. La Crianza Práctica de los Hijos respalda las técnicas de disciplina sensible. El objetivo de este libro es enseñarle cómo aprender e incorporar aquellas técnicas de disciplina sensible a su estilo de crianza. Por ejemplo, si usted es mayormente indulgente (que utiliza excusas, negociación y reacciones), le recomendamos que fortalezca su enfoque al aprender a utilizar más instrucciones, límites y consecuencias. Si usted es un padre que es muy estricto (que utiliza opiniones, represalias y amenazas), esperamos que pueda ser más sensible al hacer que las consecuencias sean más contingentes en relación con en el comportamiento y al explicar sus instrucciones o reglas. Por último, incluso un enfoque sensible puede ser débil o ineficaz, si, por ejemplo, está utilizando demasiadas instrucciones y explicaciones interminables. Si esto es cierto en su caso, puede agregar más límites escritos, continuar mejor con consecuencias, y reaccionar inmediatamente cuando se producen problemas.

Enseñanza Positiva

Ejercemos la disciplina sobre nuestros hijos para que aprendan a vivir cooperativamente dentro de nuestras familias, en la comunidad y en la sociedad en general. Si usted comienza a pensar en la disciplina como una manera de enseñarle a sus hijos lo que necesitan saber, las situaciones en las que utilice la disciplina se asemejarán menos a una tarea y más a oportunidades para que su hijo aprenda lo que necesita saber para triunfar en el futuro.

En la Crianza Práctica de los Hijos utilizamos lo que llamamos "la enseñanza positiva". Todas las destrezas descritas en este libro proporcionan las bases y las mejoras para este enfoque positivo y eficaz para la crianza y el ejercicio de disciplina. Enseñanza positiva es:

- **Cuidar**: Permita que sus hijos sepan que los ama y que se preocupa por lo que les sucede.

- **Ser específico**: Permita que sus hijos sepan exactamente lo que hacen bien o mal.

- **Ser sensible** : Ayude a que sus hijos comprendan la relación entre lo que hacen y lo que ocurre como resultado de sus acciones.

- **Ser concreto**: Brinde a sus hijos ejemplos claros de cómo mejorar en el futuro.

- **Ser Eficaz**: Ayude a que sus hijos aprendan acerca de la autodisciplina (para estar en control de sus acciones y la expresión de emociones).

- **Ser interactivo**: Brinde a sus hijos la oportunidad de demostrar lo que han aprendido. Usted es una parte activa del proceso de aprendizaje. Usted y sus hijos trabajan juntos hacia una meta común.

- **Ser informativo**: Usted se convierte en el maestro y el entrenador que brinda la información que ayuda a los niños a aprender a resolver problemas.

La enseñanza positiva ayuda a desarrollar la confianza en uno mismo, les enseña a los niños a llevarse bien con los demás, y les brinda las destrezas que necesitan para tomar sus propias decisiones y controlar su propio comportamiento. También ayuda a los niños a aprender sobre la autodisciplina.

Lo llamamos enseñanza positiva porque los niños son mucho más propensos a aprender cuando se los trata con afecto y simpatía en lugar de ira y castigos. Los padres que usan la enseñanza positiva les dicen a sus hijos lo que hicieron bien y por qué deben continuar haciéndolo, y lo que hicieron mal y cómo corregirlo. Tener una buena relación con su hijo proporciona un marco positivo para el aprendizaje. Si usted es agradable, tranquilo, firme, consistente y capaz de dar mensajes claros, su enseñanza será eficaz.

He aquí dos ejemplos de enseñanza positiva:

Sandra y su amigo entran a la sala y hablan acerca de la nueva chica en la escuela. La mamá de Sandra la escucha decirle a su amiga que no deben jugar más con la nueva chica porque ella no viste ropa de marca. Su madre les pide a las niñas que se sienten y hablan de cómo la ropa no deben determinar lo que alguien siente por otra persona. La mamá les dice que lo que importa es cómo una persona es por dentro, no lo que está en su exterior. Las chicas acuerdan invitar a la nueva chica después de la escuela.

El papá le dice a Víctor que no puede salir a la calle a tirar pelotas a la canasta, porque tiene que terminar su tarea. Víctor se enoja, da fuertes pisotones, y se queja de que su padre es injusto. El papá le dice que tienen que hablar sobre el comportamiento de Víctor. En primer lugar, el papá le dice a Víctor que se calme y deje de gritar. Una vez que Víctor se calmó, su papá le explica que tiene que aprender a aceptar un "no" como respuesta, por qué es importante hacerlo y la manera adecuada de hacerlo.

Al aprender y practicar las técnicas de la Crianza Práctica de los Hijos, usted será capaz de hablarles a sus hijos y responder ante su mal comportamiento tal como lo hicieron estos padres, con calma, amor, y el objetivo de ayudar a los niños a mejorar su comportamiento y ser mejores personas.

AEIO con Sus Hijos

Ya hemos señalado que para ser un padre eficaz, debe tomarse el tiempo de aplicar la regla AEIO con sus hijos. Aquí hay otra manera de ver cómo usted aplica la regla AEIO.

A = **Aliente** a sus hijos con lo que hace y dice.
E = **Enséñeles** con claridad sobre todas las áreas de sus vidas.
I = **Instrúyalos** sobre lo que hacen y cómo lo hacen.
O = **Obsérvelos** en los fracasos tanto como en los éxitos.

Alentar a sus hijos incluye describir claramente su comportamiento para que sepan lo que han hecho bien y lo que tienen que cambiar. Los padres también deben discutir por qué un comportamiento es aceptable y qué otro tipo de comportamiento es inapropiado. En otras palabras, dar a los niños razones de por qué usted quiere que se comporten de cierta manera. Enséñeles a sus hijos las destrezas sociales para que aprendan a llevarse bien con usted y los demás. La enseñanza y la práctica de un comportamiento adecuado cuando los niños se enfrentan a situaciones nuevas o situaciones que les han dado problemas en el pasado ayuda a prevenir los comportamientos problemáticos. Instruya a sus hijos sobre lo que hacen y cómo lo hacen para que puedan corregirlo e infórmeles acerca de las consecuencias negativas cuando cometen errores, o recompensarlos por el comportamiento que usted quiere que repitan. Por último, observe a los niños en los fracasos tanto como en los éxitos, y construya relaciones de amor mediante el establecimiento de la comunicación, las reuniones, las rutinas y las tradiciones familiares. En los siguientes capítulos, veremos con más detalle todos los componentes individuales del tiempo que pasa con los niños aplicando la regla **AEIO**.

Resumen

La disciplina y la enseñanza positiva van de la mano cuando se trata de una buena crianza. Cuando los padres ejercen disciplina sobre sus hijos mediante el uso de una enseñanza que es positiva, cariñosa y específica, no sólo tratan los comportamientos problemáticos, sino que también construyen relaciones más sanas. La enseñanza es la clave para ayudar a los niños a distinguir el bien del mal y ayudarles a que aprendan destrezas positivas que utilizarán el resto de sus vidas.

No importa lo que sucede entre los padres y sus hijos, los padres siempre están enseñando. Los niños son como esponjas: absorben las palabras y las acciones de sus padres, aun cuando los padres piensan que no están siendo escuchados o vistos. Cuando los padres adoptan un enfoque positivo en relación con la enseñanza y la disciplina, aprovechan sus oportunidades para utilizar su experiencia y amor para dar forma a las vidas de sus hijos.

 REPASO DEL CAPÍTULO

¿Qué es la disciplina?

La disciplina es la orientación y enseñanza positiva que da a los niños todos los días para ayudarles a distinguir el bien del mal y aprender destrezas sociales positivas.

¿Qué significa el acrónimo AEIO?

A = **Aliente** a sus hijos con lo que hace y dice.

E = **Enséñeles** con claridad sobre todas las áreas de sus vidas.

I = **Instrúyalos** sobre lo que hacen y cómo lo hacen.

O = **Obsérvelos** en los fracasos tanto como en los éxitos.

¿Cómo pueden la enseñanza positiva ayudar a los niños a ser autodisciplinados?

La enseñanza positiva ayuda a desarrollar la confianza en uno mismo, les enseña a los niños a llevarse bien con los demás, y les brinda las destrezas que necesitan para tomar sus propias decisiones y controlar su propio comportamiento.

☆ PLAN DE ACCIÓN

1. Tómese su tiempo para responder a las siguientes preguntas:

    * ¿Qué es lo más importante que ha aprendido en este capítulo?

    * ¿Qué planea cambiar como consecuencia de lo que ha aprendido?

2. Como parte de su Plan de Acción, pase algún tiempo esta semana haciendo algo divertido con su hijo. Deje que su hijo tome la iniciativa en la planificación de la actividad, pero dígale que no debería costar nada de dinero y/o que debería ser algo que ambos disfruten hacer.

PʏR

PARA LOS PADRES

P **Soy un padre/una madre soltero/a que trabaja. ¿Cómo puedo llevar a cabo toda esta enseñanza? Apenas tengo tiempo para pensar.**

R No hay duda de que la crianza de los hijos puede ser difícil cuando se tiene poco respaldo o no se tiene respaldo alguno. A pesar de que la enseñanza inicialmente toma algún tiempo, vale la pena en el largo plazo, ya que el niño aprende más acerca del comportamiento apropiado y comienza a utilizarlo. Mírelo de esta manera: ¿Prefiere pasar unos minutos diciéndole y mostrándole a su hijo cuáles son sus expectativas con respecto a su comportamiento o hacer frente a rabietas, lágrimas, u otro tipo de comportamiento fuera de control cuando su hijo no se sale con la suya? Con el tiempo, la enseñanza debe convertirse en una naturaleza secundaria para usted, y a medida que mejora el comportamiento de su hijo, debería tomar cada vez menos tiempo.

P **¿Qué pasa si yo uso la enseñanza positiva, pero el comportamiento de mi hijo sólo empeora?**

R Si usted siente que necesita más ayuda, llame a un profesional para que lo ayude. Todos a veces necesitamos la orientación de los demás, especialmente en relación con algunos temas de crianza. Si usted no sabe cómo encontrar un profesional, llame a la escuela o al pediatra de su hijo, o comuníquese con su iglesia. Además, siempre puede llamar al número gratuito de Boys Town Nacional Hotline® para solicitar ayuda (1-800-448-3000), en cualquier momento del día o de la noche.

P R ¿Me ayudarán las destrezas de este libro a criar a mi hijo con necesidades especiales?

Desde luego, no le harán daño y sólo le puede ayudar. Entendemos que los niños con necesidades especiales pueden requerir tipos específicos de tratamiento y apoyo, a nivel médico y/o psicológico. Si este es el caso, los padres deben buscar ayuda profesional. Sin embargo, puede utilizar las destrezas que aprendió en este libro para las preocupaciones "de rutina" o de "todos los días" en relación con el comportamiento de su hijo.

Capítulo 2
Fijar Expectativas Razonables

⟶

Cuando les preguntamos a los padres por qué están tomando nuestras clases de La Crianza Práctica de los Hijos, a menudo responden que quieren que sus hijos dejen de tener algún tipo de comportamiento negativo. Por ejemplo, la mamá no quiere que su hijo discuta con ella cuando le dice que haga sus tareas. El papá dice que está cansado de que su hija le grite cuando él le dice que ella no puede hacer algo. Otro padre se queja de que su hijo pasa horas en su teléfono celular y de que su hija envía mensajes de texto constantemente. En consecuencia, estos padres usualmente les dicen a sus hijos lo que ellos no quieren que sus hijos hagan: "¡No me insultes!" o "No te atrevas a levantar ese teléfono". Cuando usted se centra constantemente en el comportamiento negativo de los niños, la vida familiar se llena de confrontaciones, regaños, quejas y actitudes desafiantes.

Lo que queremos enseñarles a los padres en cambio es cómo establecer expectativas para sus hijos de manera razonable y positiva, no negativa. Por ejemplo, en lugar de tener que hacer que sus hijos dejen de estar frente a la computadora o limitar sus envíos de mensajes de texto cada noche, que ellos sepan que usted espera que terminen sus tareas antes de que puedan jugar a los videojuegos durante una hora o llamar o enviar mensajes a sus amigos. O que su hija sepa que usted espera que ella mantenga la calma y diga "Está bien" si usted le dice "No", y que su hijo sepa que debe hacer sus tareas antes de ganar ciertos privilegios cada semana. En este capítulo se describe cómo puede desarrollar expectativas razonables que le indiquen claramente a sus hijos cómo **usted** quiere que se comporten.

Tipos de Expectativas

Los padres tienen que decidir primero qué tipo de expectativas establecerán para sus hijos. A continuación, se detalla una lista de las áreas donde la mayoría de las familias tienen reglas o expectativas que los hijos deben cumplir.

- **Social**: Llevarse bien con los demás, usando las destrezas de saludos y de conversación, interactuar adecuadamente con el sexo opuesto, ofrecer ayuda a los demás, tener buenos modales, decir "por favor" y "gracias".

- **Académico**: Tener buenos hábitos de estudio y comportamiento, asistir regularmente a la escuela, hacer la tarea, respetar a los maestros y administradores, cumplir con las normas de la escuela.

- **Tareas familiares**: Limpiar la habitación, ayudar a la hora de comer, limpiar lo que ensucien, ayudar en las tareas externas, ayudar a limpiar la casa.

- **Aspecto personal e higiene**: Tomar duchas o baños regulares, usar ropa limpia y adecuada, guardar los objetos personales, usar jabón y desodorante.

- **Religioso**: Asistir a servicios religiosos con la familia, rezar, ofrecerse como voluntarios en actividades, vivir según las normas religiosas de la familia.

El primer paso en el desarrollo de expectativas claras es identificar aquellas que ya están vigentes en su familia. En una hoja de papel, detalle algunas de las expectativas en estas cinco áreas que usted ya tiene establecidas para sus hijos. A continuación, agregue las que considere que son necesarias para tratar los problemas relativos al comportamiento de sus hijos en estas áreas.

Las Expectativas Deben Ser Razonables

Ahora que tiene algunos ejemplos propios para trabajar, veamos si esas expectativas son razonables para sus hijos. Para hacer esto, usted debe considerar si las expectativas son apropiados para las edades, capacidades y recursos de sus hijos. No vamos a realizar una larga descripción sobre los indicadores de desarrollo de los niños; hay muchos libros buenos que explican las etapas de desarrollo del niño. Pero desde un punto de vista práctico, el sentido común a menudo nos puede decir lo que podemos esperar de los niños a ciertas edades. Por ejemplo, sería razonable esperar que un niño promedio de 6 años de edad pueda aprender a poner la mesa para la cena. Requeriría de su enseñanza y asistencia, pero es una expectativa razonable. Sin embargo, no sería razonable pensar que el mismo niño de 6 años de edad podría preparar la comida. Incluso con la mejor enseñanza, es muy poco probable a los 6 años de edad pudiera seguir una receta, medir los ingredientes con precisión y cocinar la comida en la estufa de forma segura. Esperar que un niño de 6 años de edad prepare una comida no sería una expectativa razonable porque sería inapropiado para su edad, capacidad y recursos.

Aparte de usar el sentido común, ¿existen otras maneras de saber si la expectativa es razonable o no lo es? Hágase las siguientes tres preguntas sobre cada una de las expectativas que tiene para su hijo. Si usted puede responder "Sí" a las tres, entonces es probable que haya establecido una expectativa razonable para ese hijo.

¿Le ha enseñado la expectativa y ha servido usted de ejemplo de ella para su hijo?

No es razonable esperar que los niños hagan algo si no se lo ha enseñado específicamente o no se lo ha demostrado con su propio comportamiento. Los capítulos posteriores de este libro le mostrarán cómo enseñarles a sus hijos las diferentes destrezas que necesitan para lograrlo. En particular, le mostraremos cómo utilizar la Enseñanza Preventiva (Capítulo 7) para enseñarle a su hijo los comportamientos que espera de él.

¿Su hijo puede entender la expectativa?

Una manera de comprobar la comprensión es que su hijo le describa a usted el comportamiento que usted espera de él en sus propias palabras. Por ejemplo, ¿puede decirle su hijo lo que es necesario hacer para tender su cama? Es posible que su hijo no use las palabras exactas que usted usa, pero la descripción indicará si sus expectativas fueron claras y si su hijo las entiende.

¿Su hijo puede demostrar lo que usted espera?

Pida a sus hijos que le muestren lo que les ha enseñado. Si pueden demostrar la tarea razonablemente bien, entonces es probable que su expectativa esté a la altura de sus capacidades.

Aclarar las Expectativas

Ahora que está seguro de que sus expectativas son razonables, necesita asegurarse de que son claras para sus hijos. Usted puede hacer esto, estableciendo primero expectativas de manera positiva (**lo que dice**), y luego, realizando un seguimiento, de una manera coherente, de los esfuerzos de sus hijos para satisfacer sus expectativas (**lo que hace**).

Lo que dice. Tenga presente que las expectativas son, por lo general, más claras y eficaces cuando se describen de manera afirmativa, en lugar de decir lo que no se debe hacer. Utilice declaraciones afirmativas en lugar de negativas, o realice declaraciones con negativas seguidas inmediatamente de declaraciones afirmativas. Por ejemplo, cuando le diga a su hijo de 10 años de edad "No dejes caer tus libros escolares en el pasillo", continúe con "Por favor, llévalos a la mesa en tu dormitorio". Al describir positivamente sus expectativas, usted deja en claro lo que su hijo debe hacer ahora y en el futuro. En la siguiente lista encontrará varios otros ejemplos de cómo reemplazar una declaración negativa por expectativas afirmativas.

Negativa: *"Cuando te pido ayuda para limpiar la cocina, no me contestes y revolees los ojos".*

Afirmativa: *"Cuando te pido ayuda para limpiar la cocina, di 'Está bien' y comienza a trabajar enseguida".*

Negativa: *"No quiero que tomes las cosas de tu hermana".*

Afirmativa: *"Pregúntale a tu hermana si desea compartir cuando tiene algo que deseas tú. Si ella dice "Sí", espera hasta que ella lo haya terminado de usar. Si ella dice "No", busca otro juguete".*

Negativa: *"No grites y te quejes cuando te digo que no puedes hacer algo".*

Afirmativa: *"Cuando me pides que haga algo y te digo que 'No', sólo di 'Está bien'. Si no lo entiendes, pídeme con calma que te lo explique.*

Negativa: *"No te escabullas y utilices el teléfono cuando se supone que debes estar haciendo la tarea".*

Afirmativa: *"Comienza tu tarea de inmediato cuando llegues a casa de la escuela. Puedes enviar mensajes de texto a tus amigos cuando hayas terminado".*

Lo usted que hace. Si sus hijos hacen lo que espera de ellos, hágaselos saber al elogiar el comportamiento que es coherente con sus expectativas. Si usted espera que ellos hagan su tarea después de la escuela y usted los encuentra haciéndola, asegúrese de aplicar la consecuencia de darles cualquier privilegio que se hayan ganado. Si usted les dice a sus hijos "No" después de que le pidieran ir a la casa de un amigo, y aceptan su respuesta diciendo "Está bien", elógielos por aceptar su respuesta.

También es necesario que corrija el comportamiento que no coincide con sus expectativas. Si sus hijos discuten con usted después de haberles dicho "No", continúe aplicando una consecuencia. (Discutiremos la aplicación de las consecuencias en el Capítulo 4). Una vez más, sea coherente. Dejar que ellos discutan y se quejen en algunas ocasiones cuando usted les dice que "No" y corregirlos en otros casos es confuso para los niños.

La claridad proviene tanto de lo que dice y lo que hace en respuesta a la conducta de sus hijos. Su comportamiento también debe ser coherente con las expectativas que tiene para sus hijos. Si usted quiere que sus hijos demuestren no estar de acuerdo con calma, sea un buen ejemplo a seguir manteniendo la calma cuando usted no está de acuerdo con ellos. Si usted espera que sus hijos asistan a la iglesia semanalmente, asista con ellos. Si quiere que sus hijos lean más y mejoren en la escuela, apague el television y lea con ellos. Muchas veces, las acciones realmente valen más que mil palabras. Por ello, usted debe ser un constante modelo positivo. De esa manera, sus hijos comprenderán con mayor claridad sus expectativas.

Ejemplos de Expectativas

Las siguientes son dos listas de las expectativas razonables de los niños de acuerdo con su edad. En muchas familias, las expectativas se entienden pero no están escritas. En otras familias, los padres y los niños hablan acerca de las expectativas y las escriben. Si usted escribe sus expectativas, no abrume a los niños con una lista demasiado larga. Céntrese en la lista de sus expectativas más importantes; usted puede hablar sobre sus otras expectativas para que todos en la familia las entiendan. Independientemente de cómo transmite sus expectativas a sus hijos, todos los miembros de la familia deben conocerlas. Usted puede hablar de ellas individualmente mediante el uso de la Enseñanza Preventiva (descrita más adelante en el Capítulo 7) o puede hablar de ellas en grupo en las Reuniones Familiares (descritas más adelante en el Capítulo 14).

Expectativas para Niños Más Pequeños

1. "Si pones los pies en los muebles te quitare tiempo de juego."

2. Cuando llegas a casa, cuelga tu abrigo donde corresponde y pon los zapatos en el armario. Luego, puedes tomar un refresco.

3. Cuando todos hayan terminado de comer, limpia tu plato y ponlo en el fregadero antes de comer el postre.

4. Ofrécete como voluntario para ayudar a poner la mesa o limpiarla después de la cena a fin de ganar tiempo de televisión.

5. La hora de acostarse es a las 8:30 p. m. y empezamos a prepararnos a las 7:30 p. m. Si estás listo para ir a acostarte a las 8:00 p. m., tendremos tiempo para leer un cuento.

6. Di tus oraciones antes de cada comida y antes de ir a la cama.

7. Pide permiso antes de encender el television.

8. Descarga el baño y lávate las manos después de ir al baño.

9. Nunca hables con extraños (incluido en el teléfono o la computadora) ni dejes entrar a nadie a la casa a menos que consultes con mamá o papá.

10. Ten tus libros y útiles escolares listos antes de ir a la cama cada noche para tener tiempo para el desayuno por la mañana.

Expectativas para Niños Mayores

1. Al completar tu tarea y haberla revisado, puedes ver la televisión, usar el teléfono, o jugar en la computadora.

2. Cuando estudias o lees durante al menos una hora del domingo al jueves por la noche, ganas tiempo para salir con tus amigos el viernes o el sábado por la noche.

3. Cuando quieras salir los fines de semana, pregunta por lo menos con dos días de antelación (del miércoles al viernes, del jueves al sábado). Esto ayuda a evitar problemas con el uso del coche y ayuda a organizar el horario de la familia.

4. Para utilizar el coche, pídelo con al menos un día de antelación. Tráelo de vuelta con la misma cantidad de gas y lávalo cuando sea necesario.

5. Por favor, limita tus llamadas telefónicas y mensajes de texto cada noche. Toda llamada, mensajes de texto, y redes sociales terminan antes de las 10 p. m.

6. Antes de pedir permiso para ir a alguna parte o hacer algo, completa todo el trabajo escolar y las tareas del hogar (tiende la cama, limpia la habitación, pon la ropa donde corresponde).

7. Si no estás de acuerdo con alguna respuesta, demuestra tu desacuerdo con calma, sin discutir.

Te escucharemos. Si discutes perderas 15 minuto en tu hora de llegada.

8. Pon la ropa sucia en el cesto de la ropa. Si dejas la ropa sucia en tu habitación, será tu responsabilidad doblar la ropa la próxima vez que se lave.

9. Asiste a la iglesia una vez a la semana con la familia. Participa en al menos una actividad voluntaria en la iglesia cada mes. Si no te sientes lo suficientemente bien como para ir a la iglesia, no te sientes lo suficientemente bien como para salir con sus amigos.

10. Antes de salir, estate preparado para responder a preguntas como: ¿Adónde vas? ¿Qué vas a hacer? ¿Con quién va a estar? ¿Cuándo planeas estar de vuelta?

Una palabra final acerca de las expectativas claras: Todos los padres necesitan tener expectativas y métodos de disciplina coherentes. Para algunos padres, ponerse de acuerdo sobre las expectativas es un problema. El padre puede pensar que la madre no es razonable, que es demasiado o muy poco estricta, o viceversa. Se necesita un esfuerzo constante y una buena comunicación para que dos padres con diferentes maneras de abordar la crianza establezcan expectativas con las que puedan estar de acuerdo. Los padres deben aprender a negociar entre sí. También es importante que acuerden no discutir sobre las expectativas frente a los niños. Cuando los padres no pueden ponerse de acuerdo, la vida se vuelve confusa y problemática para todos los integrantes de la familia. Vale la pena el esfuerzo de ambos para desarrollar expectativas similares respecto del comportamiento de sus hijos. Establecer expectativas claras beneficia, con el tiempo, a todos los miembros de la familia.

Constancia y Rutinas

A lo largo de todo este libro, hablamos de lo importante que es la constancia en los padres. La constancia está relacionada con la creación y el seguimiento de rutinas, reglas y expectativas familiares que los niños entiendan y en las que puedan confiar. Ayuda a los niños a sentirse seguros y fomenta el buen comportamiento.

Por ejemplo, una madre soltera y sus dos niños lavan la mayoría de la ropa el domingo. Pasan la noche doblando la ropa y viendo la televisión juntos hasta las 10 p. m., cuando los niños se van a la cama. En otra familia con niños pequeños, uno de los padres comienza a prepararlos para la cama a las 7:30 cada noche. En primer lugar, apagan el television, luego los niños se ponen sus pijamas y se cepillan los dientes. Los que se quedaron en la cama la noche anterior pueden disfrutar de un cuento extra leído por mamá o papá antes de dormir. Finalmente, terminan la rutina con oraciones nocturnas y una canción de cuna.

En la actualidad, las rutinas como estas no funcionan a la perfección todas las noches y hay actividades ocasionales, llamadas telefónicas o reuniones que interrumpen este cronograma. No obstante, estas son excepciones; no son lo habitual. En general, estos niños esperan tener un poco de tiempo con sus padres al final del día, y los problemas de sueño disminuyen sensiblemente.

Los niños necesitan estructura. Los ayuda a aprender conductas responsables. Saben qué deben hacer y cuándo deben hacerlo. Para los niños, la constancia y la rutina diaria los ayudan a reducir los problemas y la confusión. Para los padres, las constantes rutinas diarias reducen los inconvenientes y permiten que en la casa todo transcurra sin sobresaltos.

Resumen

Las expectativas claras ayudan a los niños a comprender lo que deben y lo que no deben hacer. Les brindan un marco de referencia para el comportamiento positivo. A pesar de que los niños no van a cumplir con sus expectativas en todo momento, tener expectativas claras y razonables debería mejorar su comportamiento. Al establecer las expectativas, recuerde hacerse tres preguntas importantes: "¿He enseñado lo que espero y servido de ejemplo para ello? ¿Mi hijo entiende lo que espero? ¿Pueden mis hijos dar muestras de mis expectativas?" Si puede responder "Sí" a las cuatro preguntas, está haciendo un gran trabajo al establecer expectativas claras y razonables.

 # REPASO DEL CAPÍTULO

¿Cómo desarrollo expectativas razonables?

Pregúntese: "¿Qué expectativas son apropiadas para las edades, capacidades y recursos de mis hijos?" Una vez determinado esto, responda las siguientes preguntas: "¿Le enseñé a mi hijo exactamente lo que espero? ¿Mi hijo entiende las expectativas? ¿Puede demostrar estas expectativas?"

¿Cómo puedo aclarar mis expectativas?

Aclare sus expectativas a través de la enseñanza y al ponerse como ejemplo a seguir. Además, tenga presente que las expectativas son, por lo general, más claras y eficaces cuando se describen de manera positiva, en lugar de decir lo que no se debe hacer.

¿Cómo puedo promover la mejora de mis expectativas?

Usted debe elogiar el comportamiento positivo que

satisface sus expectativas y el comportamiento negativo correcto que no lo hace.

☆ PLAN DE ACCIÓN

1. Conteste las siguientes preguntas con respecto a lo que ha aprendido en este capítulo:

   • ¿Qué es lo más importante que ha aprendido en este capítulo?

   • ¿Qué planea cambiar como consecuencia de lo que ha aprendido?

2. He aquí una actividad que puede hacer reflexionar a toda la familia acerca de las expectativas razonables.

   • Tome una bolsa de papel, tijeras, y un trozo de papel y un lápiz para cada miembro de la familia.

   • Pida a todos que escriban lo que ellos esperan de otros miembros de la familia. Ayude a que los niños más jóvenes hagan una lista de cosas que piensan que los demás deben hacer para apoyarlos. (Por ejemplo, la mamá podría escribir: "Espero un abrazo". El papá podría escribir: "Espero que todos ayuden con el trabajo en el jardín los fines de semana antes de ir a jugar o visitar a sus amigos". Un niño pequeño podría pedir: "Quiero que mi hermano juegue a los videojuegos conmigo").

   • Corte las listas de modo que haya una expectativa en cada hoja de papel. Coloque las tiras en la bolsa de papel. (Opcional: Pegue los dulces envueltos a los trozos de papel).

   • Escriba "Saco de Preguntas" en el frente de la bolsa y póngalo en un lugar accesible. (¡No muy accesible para los niños pequeños si incluye los dulces!)

- Inste a los miembros de la familia a que tomen un trozo de papel de la bolsa una vez al día o una vez a la semana y haga un esfuerzo para hacer lo que se sugirió en él por alguien más de la casa.

PₐR

PARA LOS PADRES

P **¿Cuántas veces tengo que demostrarle algo a mi hija antes de que ella lo haga correctamente por su cuenta?**

R Lleva un tiempo que los niños desarrollen la competencia y la coherencia con las destrezas. Esto es especialmente cierto cuando los niños tuvieron dificultades con una destreza en el pasado o si están aprendiendo una nueva destreza. Así que la respuesta es: Depende, depende de su edad, su nivel de desarrollo, su familiaridad con la destreza. Puede que tenga que practicar la destreza varias veces con ella. Sea paciente y elogie sus mejoras.

Q **¿Qué pasa si mi marido tiene una expectativa y yo tengo otra?**

R Es importante que ambos estén de acuerdo con las expectativas, especialmente cuando conciernen cuestiones importantes acerca de sus hijos y familiares. Hable sobre las reglas familiares, comportamientos, actividades y expectativas y de cómo ambos planean manejarlos. Si no está de acuerdo respecto de un tema, hable de esto en privado, lejos de los niños. Vea si puede llegar a un acuerdo con el que ambos puedan vivir y sea coherente con sus hijos con respecto a él.

P **Nunca he tenido muchas expectativas para mis hijos. Cuando trato de establecer algunas reglas sólo se ríen de mí.**

R Establecer expectativas en un hogar donde no ha habido ninguna en el pasado no es fácil, ¡pero se puede hacer! La clave es estar comprometido y ser consistente. Además, asegúrese de

hacer una copia de seguridad de sus expectativas con la enseñanza clara, consecuencias y motivación (destrezas de crianza
que vamos a hablar en los próximos capítulos).

¿Cómo puedo hacer que la escuela de mi hijo res-palde las expectativas que tengo para él?

Busque el apoyo de la escuela al hablar con los maestros de su
hijo sobre la conducta que está tratando de enseñarle. Por
ejemplo, si usted está tratando de lograr que su hijo siga las
instrucciones en su casa, explíquele esto a sus maestros. Deles
las gracias de antemano por ayudar a reforzar este comportamiento. Luego, puede enviar una "nota de la escuela" con su hijo
y pedir a sus maestros que hagan una marca en ella para indicar
cada vez que su hijo sigue o no sigue las instrucciones en la
escuela. En casa, usted puede dar recompensas positivas o
consecuencias negativas a su hijo, en función de los comportamientos denunciados en la nota de la escuela.

Tengo la mala costumbre de decirle a mis hijos lo que no quiero que hagan. ¿Cómo puedo evitar ser tan negativo?

En primer lugar, no sea demasiado duro consigo mismo. Es muy
fácil para los padres centrarse en lo que está mal con los niños.
Usted ha dado el primer paso al admitir hacer esto. Luego,
puede establecer un objetivo específico para usted mismo,
como tratar de describir de manera positiva lo que usted quiere
que sus hijos hagan una vez cada mañana, una vez después de
la escuela, y otra vez antes de acostarse. Haga un seguimiento
de lo que cumple mediante la adición de marcas de verificación
a una tarjeta que tenga a mano. Hacer esto deliberadamente
por un tiempo lo ayudará a centrarse en dar descripciones positivas de forma más natural y más a menudo en el futuro.

Q A veces, cuando mis hijos vienen a casa de visitar otros familiares, su comportamiento es mucho peor que en casa. ¿Debo interrumpir estas visitas?

R No. Es poco realista esperar que las reglas y las expectativas que tiene para sus hijos sean idénticas a las de los demás donde quiera que vayan. En su lugar, dígales a sus hijos que cuando visitan casas de familiares, se espera que utilicen las destrezas y practiquen el buen comportamiento que les ha enseñado, dondequiera que estén. Seguimiento de Consecuencias Positivas y Negativas Cuando vuelven a casa, recuérdeles nuevamente las reglas, expectativas y rutinas que se aplican en su casa.

Capítulo 3
Dar Mensajes Claros

"¡Tienes una pésima actitud!"

"Deja de ser tan malo".

"Estoy orgulloso de la forma en que te comportaste esta semana".

"Gracias por ser tan agradable en la tienda hoy".

Como padres, probablemente todos les hayamos hecho comentarios como estos a nuestros hijos. Pero, ¿los hijos siempre entienden exactamente el comportamiento al que nos referimos cuando usamos palabras "pésimo", "malo" o "bueno"? Probablemente no. La mayoría de los niños son pensadores concretos; descripciones abstractas o vagas pueden confundirlos o frustrarlos.

Lea los comentarios de nuevo. ¿Le dan una idea clara de cómo los niños se comportan en realidad? En lugar de decirle a un niño que tiene una "pésima actitud", ese padre podría decirle a su hijo, *"Cuando te pedí que recogieras tus zapatos, te alejaste de mí y murmuraste: 'Aléjate'"*. O en lugar de decirle a su hijo que él es un "buen" chico en la tienda, la madre podría decirle: *"Caminaste en silencio junto a la carreta y me ayudaste a encontrar la tienda de comestibles en nuestra lista. Eso estuvo bien"*. Con estas declaraciones, los padres estarían dándoles a sus hijos información muy específica; estos niños entenderían claramente qué comportamientos sus padres tratan de cambiar o bien complementar.

Dar mensajes claros de este tipo es una clave para una enseñanza positiva eficaz. Como padre, usted debe ser específico al decirles a sus hijos lo que hay que hacer y cómo hacerlo. Debe hacerles saber a sus hijos cuando actúan correctamente para que puedan repetir ese comportamiento, y también hacerles saber cuándo se han portado mal, para que sepan cuál es el comportamiento que usted quiere que cambien. Esto significa centrarse en lo que los niños están haciendo o diciendo, y describir con precisión sus comportamientos.

¿Qué Es el Comportamiento?

¿Qué sucede cuando se escucha un partido de fútbol en la radio? Los buenos locutores deportivos ayudan a visualizar lo que está sucediendo en el campo dando descripciones vívidas. No sólo dicen, por ejemplo, que su equipo ha anotado. Describen cómo el lanzador se quedó atrás en la línea de golpe, salió de la defensa como relámpago, y luego arrojó la pelota 20 yardas a través del campo hasta un receptor en la zona de anotación. Los buenos locutores ayudan a "ver" cada jugada claramente. Los padres tienen que ser así de claros con sus hijos al describir su comportamiento.

¿Qué es el comportamiento exactamente? **La conducta es lo que la gente hace o dice. Cualquier cosa que haga una persona que se pueda ver, oír o medir.** A continuación se detallan algunas buenas descripciones de conductas específicas de los niños:

"Mi hija habla demasiado tiempo por teléfono".

"Cuando le propongo hacer algo a mi hijo, él pone los ojos en blanco y se aleja".

"Cuando mis hijos llegan de la escuela, guardan sus libros y preguntan si hay algo que hay que hacer en la casa".

"Cuando le digo a mi hija que sus jeans son demasiado apretados, ella protesta y grita y pregunta por qué estoy siempre atrás de ella".

"Mi hijo me ayuda a levantar las cosas de la mesa, luego enjuaga los platos en el fregadero y barre el piso de la cocina".

Al leer estas descripciones, usted puede visualizar lo que están haciendo estos niños. Es fácil entender lo que queremos decir con acciones de una persona que puede ser vista o escuchada. Pero los padres a menudo preguntan: "¿Qué significa 'medir' el comportamiento?" He aquí dos ejemplos: Jugar a los videojuegos o ayudar con los platos son comportamientos, lo que hace una persona. Puede medir el tiempo que su hijo juega a los videojuegos de acuerdo a la cantidad de tiempo que pasa frente a la computadora. Se puede medir la frecuencia con la que su hija le ayuda con los platos poniendo una marca de verificación en el calendario cada vez que lo hace. Medir la frecuencia o la duración de un comportamiento es otra manera de describir claramente el comportamiento.

Dar Mensajes Claros

Con el fin de dar mensajes claros, primero debe ver lo que su hijo hace o dice. Entonces, dígale clara y específicamente a su hijo lo que se hizo bien o mal. Esto es como brindarle una repetición de la conducta. Use palabras que usted sepa que su hijo puede entender. Para los niños más pequeños, utilizar frases cortas y palabras de fácil comprensión. A medida que crecen, ajuste su léxico para adaptarse a su edad y nivel de comprensión.

Al dar mensajes claros, ayuda a describir lo siguiente:

¿**Quién** está involucrado? ¿A quién se elogia? ¿De quién es el comportamiento que está siendo corregido?

¿**Qué** acaba de pasar? ¿Qué se hizo bien? ¿Qué necesita mejorar o cambiar?

¿**Cuándo** ocurrió el comportamiento?

¿**Dónde** ocurrió el comportamiento?

La forma en que usted da los mensajes es también muy importante. Aquí hay varios puntos que le ayudarán a transmitir mensajes claros a sus hijos:

- **Trate de posicionarse para estar al nivel de los ojos de su hijo.** Evite intimidar a su hijo al estar por sobre su altura.

- **Haga que su hijo lo mire.** Esto hace que sea más probable que su hijo escuche lo que dice y siga adelante con sus peticiones. Nuestra experiencia nos ha enseñado que el contacto visual es clave para dar y recibir mensajes claros.

- **Mire a su hijo.** Esto le permite ver la reacción de su hijo ante lo que usted dice. Dele a su hijo toda su atención. Cuando los dos se están mirando mutuamente, la comunicación mejora.

- **Use un tono de voz que se adapte a la situación.** Su voz debe ser firme al dar la corrección, amable y entusiasta al dar elogios y cumplidos.

- **Elimine tantas distracciones como sea posible.** Trate de encontrar una zona tranquila donde se pueda hablar con su hijo.

Vamos a comparar las descripciones vagas de la conducta de los hijos con descripciones específicas de la misma situación.

Frase imprecisa *"Benito, por favor actúa como un niño de tu edad cuando lleguen nuestros invitados".*

Frase específica *"Benito, cuando lleguen nuestros invitados, asegúrate de decir 'Hola'. Luego, puedes ir a tu habitación y jugar".*

Frase imprecisa *"Cuando lleguemos a la tienda, por favor, compórtate bien".*

Frase específica *"Cuando lleguemos a la tienda, recuerda que no compraremos dulces. Me gustaría que me ayudes a escoger las cosas en nuestra lista y las coloques en el carrito. También puedes empujar el carrito de compras. ¿De acuerdo?".*

Frase imprecisa *"Escribiste una bonita historia para la clase de inglés, Regina".*

Frase específica *"Regina, has hecho un buen trabajo en tu historia para la clase de inglés. Utilizaste oraciones completas y toda la gramática era correcta".*

Frase imprecisa *"¡Sam, deja de comer como un cerdo!"*

Frase específica *"Sam, estás comiendo con los dedos y haces ruido mientras comes. Por favor, usa tu tenedor, toma bocados pequeños, y no hagas ruido".*

Las declaraciones específicas son descripciones precisas de lo que estos niños dijeron o hicieron o lo que el padre quería que ellos hicieran o dijeran. Estos mensajes claros mejoran la comprensión de los niños y aumentan las probabilidades de que tengan un comportamiento adecuado en las situaciones adecuadas.

Resumen

Una última reflexión sobre los mensajes claros: Una parte importante de ser específico al describir el mal comportamiento de sus hijos es que ellos entiendan que lo que a usted no le gusta es su comportamiento, no ellos. Usted puede estar molesto y disgustado con la forma en que su hijo está actuando, pero usted todavía ama a su hijo. Es por eso que usted se toma el tiempo para enseñarle otra forma de comportarse.

Más adelante en el libro verá cómo los mensajes claros encajan en un marco para elogiar y corregir a sus hijos. Dar mensajes claros ayuda a ser un mejor maestro y ayuda a que sus hijos cambien su comportamiento. Los mensajes claros son cruciales para que todas las otras técnicas de enseñanza funcionen. En el próximo capítulo, vamos a añadir otra parte valiosa de nuestros métodos de enseñanza: aplicar consecuencias.

REPASO DEL CAPÍTULO

¿Qué es el comportamiento?

Cualquier cosa que haga una persona que se pueda ver, oír o medir.

¿Qué son los mensajes claros?

Los mensajes claros le dicen específica y claramente a su hijo el comportamiento que ha tenido es correcto o incorrecto.

¿Por qué es importante que los padres utilicen mensajes claros?

Los niños son más propensos a entenderlo a usted y cómo quiere que se comporten en ciertas situaciones.

⭐ PLAN DE ACCIÓN

1. Tómese su tiempo para responder a las siguientes preguntas:

   • ¿Qué es lo más importante que ha aprendido en este capítulo?

   • ¿Qué planea cambiar como consecuencia de lo que ha aprendido?

2. He aquí una actividad que puede ayudar a su familia a trabajar con comunicaciones claras:

   • Usted necesitará una pelota de tenis y el Saco de Preguntas que hizo como parte de la actividad al final del Capítulo 2.

   • Durante la semana, haga que sus familiares se sienten en círculo y hablen durante 10 minutos. La charla debe centrarse en los actos inesperados que los miembros de la familia hicieron por otros miembros de la familia esa semana. También analicen si alguna de las expectativas en el Saco de Preguntas no era razonable.

   • Tome turnos para hablar lanzando la pelota a cada miembro de la familia para que todos tengan la oportunidad de hablar. El que tenga la pelota tendrá que hablar.

   • Cualquier persona que no haya recurrido al Saco de Preguntas la semana anterior deberá tomar de inmediato un trozo de papel de la bolsa y llevar a cabo la expectativa escrita en él de inmediato.

PyR

PARA LOS PADRES

P Si mi hijo es perezoso, ¿está mal si le digo que es perezoso?

R La palabra "perezoso" no es lo suficientemente clara y específica. No le dice a su hijo exactamente lo que está haciendo mal y cómo cambiar su comportamiento.

P Mi hija ya sabe cómo limpiar su habitación. ¿Por qué tengo que describir específicamente cómo hacerlo?

R Si ella sabe claramente cuáles son sus expectativas para una "habitación limpia" y ha cumplido sus criterios anteriormente, entonces no es necesario que describa nada. Pero para muchos niños, su idea de lo que es una habitación limpia parece estar muy lejos de lo que sus padres esperan. Elimine las conjeturas y descríbale a su hija exactamente lo que espera. Esto ayudará a evitar cualquier malentendido y a preparar a su hija para triunfar.

P ¿Por cuánto tiempo voy a tener que decirle a mi hijo lo que espero antes de que pueda resolverlo por su cuenta?

R Depende de su hijo. Cada niño es diferente y aprende a un ritmo diferente. Algunos niños entienden las cosas más rápido que otros, mientras que algunos necesitan más tiempo para aprender. Sea paciente, enseñe con claridad, y use la motivación. Permita que todos y cada uno de sus hijos cuenten con el tiempo necesario para aprender y volverse más autodisciplinados.

Mis padres nunca hablaron mucho conmigo. Sólo los vi y aprendí. ¿Por qué mis hijos son tan diferentes?

Sus hijos probablemente no sean tan diferentes. Lo que hoy es diferente puede ser el estilo de vida de su familia, el número de distracciones en el hogar, el tiempo que los niños pasan lejos de casa y de la familia, y, a veces, la falta de una buena comunicación entre padres e hijos. Es por eso que es importante utilizar una comunicación clara y específica; esto puede ayudar a construir lazos más fuertes entre usted y sus hijos.

Mi hijo utiliza una gran cantidad de jerga cuando me habla. Dice que es su derecho a expresarse. ¿Debería prohibirle hablar de esa manera?

Cada generación de jóvenes utiliza algún tipo de jerga para expresar sus pensamientos y sentimientos. Esto no quiere decir que necesiten usarlo todo el tiempo y con todo el mundo. Hay un momento y un lugar para "su" forma de hablar y usted es quien debe enseñarles cuándo y dónde ese léxico es apropiado o no. Por ejemplo, puede enseñarles que es apropiado el uso de la jerga cuando están jugando o hablando con sus amigos, pero no es adecuado cuando saludan a visitas adultas en su hogar.

Capítulo 4

Uso de las Consecuencias para Cambiar Comportamientos

⟶

Gran parte de lo que hacemos como seres humanos está motivado tanto por algo positivo que esperamos que suceda como resultado de nuestra conducta, o por un deseo de evitar algo negativo. Por ejemplo, trabajamos porque nos genera satisfacción personal o nos permite obtener un cheque de pago. Nos esforzamos por ser puntuales para evitar comentarios negativos del jefe o ser despedidos por llegar tarde. Si llegamos tarde y recibimos una advertencia por escrito, hacemos un esfuerzo mayor por no llegar tarde otra vez. Estas experiencias positivas o negativas que derivan de nuestro comportamiento se llaman **consecuencias**. Del mismo modo, las consecuencias enseñan a los niños que hay resultados según su forma de actuar. Los niños a menudo necesitan la motivación para cambiar su comportamiento. Cuando enseñe a sus hijos cómo quiere que se comporten, puede usar las consecuencias como motivación.

Creemos que las consecuencias son herramientas de enseñanza que los padres pueden utilizar para fomentar un comportamiento apropiado del niño o reducir su mal comportamiento. Por ejemplo, si usted da a su hija algo que le gusta (un elogio o privilegio extra) cuando ayuda a lavar los platos después de la cena, es probable que lo haga de nuevo porque le gusta ser recompensada. Si le quita algo que a su hijo le gusta (el uso del automóvil el fin de semana) o le asigna algo que no le gusta (una tarea adicional) por usar el auto sin permiso, es menos probable que lo use sin preguntar primero otra vez.

Las consecuencias pueden ser definidas como aquello que ocurre luego de un comportamiento y que puede provocar que el comportamiento ocurra con más o menos frecuencia en el futuro. Las consecuencias no son una cura mágica para el mal comportamiento de los niños ni garantizan el aumento automático de conductas positivas. Si bien son muy importantes, son solo un componente de un panorama más amplio de la crianza efectiva a través de la enseñanza. Por lo general y durante la crianza, el valor real de las consecuencias no se ve hasta que se hayan utilizado en forma correcta y consistente, durante un tiempo, en el contexto de una relación de amor entre padres e hijos, y como parte de un enfoque positivo en la crianza de los hijos. Aunque no pueden ser la respuesta a todas sus inquietudes acerca de la conducta de su hijo, las consecuencias son una forma de ayudar a producir cambios de comportamiento.

Para abordar el comportamiento de los niños, es necesario usar las consecuencias. Las consecuencias recuerdan a los niños que deben pensar. Les enseñan que hay una conexión entre lo que hacen y lo que sucede con ellos y la gente a su alrededor. Aprenden que la vida está llena de opciones y las decisiones que toman repercuten en gran medida en lo que les sucede y lo que le pasa a la gente que los rodea. Cuando los padres aplican consecuencias efectivas, los niños aprenden comportamientos más satisfactorios.

Cómo Ayudan las Consecuencias a Cambiar el Comportamiento

Como las consecuencias que se usan en forma correcta y coherente pueden influir mucho en el cambio de un comportamiento, tiene sentido que las usemos para enseñarles a nuestros hijos a diferenciar las conductas correctas de las incorrectas. Probablemente en otras oportunidades haya usado las consecuencias muchas veces. "Castigar" a su hijo por llegar tarde a casa, permitir que su hijo adolescente conduzca el automóvil de la familia para ayudar en la casa y ofrecer el postre solamente después de cenar y de haber ayudado a limpiar la mesa son ejemplos de cómo se pueden utilizar los privilegios y las tareas como ejemplo de las consecuencias.

Observemos algunos elementos de las consecuencias efectivas. Hay dos tipos principales de consecuencias: positivas y negativas.

Las consecuencias positivas están relacionadas con lo que las personas desean o aquello que les gusta y por lo que están dispuestas a trabajar. El comportamiento seguido de una consecuencia positiva es más probable que ocurra de nuevo. Las recompensas, los elogios, la atención y los privilegios son formas de consecuencias positivas. Pueden ser desde algunos simples elogios o un bocadillo especial hasta una extensión de un horario límite o más tiempo con los amigos.

Las consecuencias negativas son cosas indeseables y que es mejor evitar. El comportamiento que es seguido de una consecuencia negativa es menos probable que ocurra de nuevo (o no ocurrirá con la misma frecuencia). La eliminación de una recompensa o un privilegio, por ejemplo ir a la tienda o visitar un amigo en su casa, o el agregado de una tarea, son consecuencias negativas.

La forma de utilizar cinco variables al aplicar las consecuencias determina el nivel de efectividad que tendrán las consecuencias. Estas variables son importancia, inmediatez, frecuencia, dimensión y contingencia. Cuando estas variables se usan correctamente, las consecuencias tienen el efecto deseado, que es lograr un cambio de comportamiento duradero.

Importancia

La consecuencia que plantee tiene que significar algo para su hijo. Si le da o le saca algo que no le interesa, no ayudará en el cambio del comportamiento. Una forma de conocer aquello que es importante para su hijo es ver qué hace en su tiempo libre. Tal vez le gusta ver dibujos animados, invitar amigos y andar en bicicleta. Debido a que disfruta de dichas actividades, estas pueden ser utilizadas como consecuencias efectivas.

Inmediatez

Los padres aplicar una consecuencia ni bien ocurre una conducta. En caso de no poder hacerlo, dígale al niño que su comportamiento tuvo consecuencias y trate de demostrársela lo antes posible. Haga todo lo posible por no demorar el reconocimiento de la conducta o aplicar la consecuencia correspondiente. La demora reduce el impacto de la consecuencia y debilita la conexión entre el comportamiento y la consecuencia. Por ejemplo, si le reduce el tiempo de juego por una discusión que tuvo hace dos días con su hija de 8 años, es probable que la niña haya olvidado su mal comportamiento, se confunda sobre por qué se le ha aplicado una consecuencia y piense que usted es muy injusto.

Frecuencia

También es importante la frecuencia con que se usan las consecuencias. Si aplica la misma consecuencia con demasiada frecuencia, puede perder su eficacia. Por ejemplo, si permite que su hijo juegue con la computadora (suponiendo que a él le guste) cada vez que ayuda con las tareas de la casa, es probable que ayude con mucho entusiasmo para obtener más tiempo para jugar. Sin embargo, es posible que con el tiempo, deje de ayudar tanto. ¿Por qué? Porque podría llegar a un punto de saturación donde más tiempo con la computadora signifique poco para él y ya no se sienta motivado a trabajar y ganar más tiempo. Por lo tanto, es más eficaz variar las consecuencias.

Dimensión

Siempre trate de que coincidan la dimensión de la consecuencia con la importancia de la conducta. En otras palabras, es importante que la consecuencia sea lo suficientemente relevante como para alentar o desalentar el comportamiento en cuestión. Esto debería aplicarse a consecuencias tanto positivas como negativas. En este sentido, si cree que permitir que su hija invite a un amiga a dormir el sábado a la noche será un incentivo suficiente como para que mantenga limpia su habitación durante la semana, úselo como una consecuencia positiva. No obstante, castigar a su hija durante un mes por no limpiar su habitación es una consecuencia negativa excesiva para el comportamiento problemático. Una consecuencia menos grave (por ejemplo, no permitirle que invite a una amiga para que se quede el fin de semana), probablemente sea más efectiva.

Aplicar grandes consecuencias positivas por conductas de menor importancia, puede dar lugar a un niño "malcriado", es decir, alguien que obtiene demasiado por hacer muy poco. Por otro lado, si las consecuencias negativas son más importantes que un mal comportamiento de menor relevancia, pueden generar que el niño siempre sea castigado. Si su hijo tiene conductas inadecuadas en forma constante, debe comenzar por las consecuencias menos relevantes que considere que puedan cambiar el comportamiento de manera efectiva. Esta medida le ayudará a controlar la cantidad de consecuencias que su hijo acumula para estos malos comportamientos que ocurren con mucha frecuencia.

Contingencia

En general, se la denomina **"La Regla de la abuela"** porque las abuelas sabias la utilizaron mucho antes de que se haya mencionado en un libro. Esta norma indica que una actividad (un privilegio que a su hijo le gusta) está disponible sólo después de que el niño terminó una tarea específica. Es decir, una actividad depende de la otra. Los padres pueden usar esta regla de contingencia con niños de todas las edades. Estos son algunos ejemplos:

- *"Puedes ver televisión **después** de que hayas terminado la tarea".*
- *"**Porque** dejaste la ropa sucia en el cesto y ordenaste la cama, puedes salir jugar".*
- *"**Cuándo** hayas terminado con los platos, puedes llamar a tu amigo".*

Veamos un ejemplo de cómo el uso de estas cinco variables determina el nivel de eficacia de una consecuencia:

El padre de Lisa baja las escaleras y ve que ordenó todo después de que se fueran sus amigos. En otra oportunidad, Lisa dejó la habitación desordenada hasta que uno de sus padres le dijo que limpiara. El padre de Lisa sabe que a ella le encanta enviar mensajes de texto a sus amigos. Entonces, cuando se encuentra con Lisa en la cocina, aprovecha el momento para transmitir una enseñanza y le dice: *"¡La sala quedó perfecta! Gracias por acordarte de limpiar. Como has seguido las instrucciones y limpiado la sala* (contingencia), *tienes **15 minutos más*** (dimensión) *para hablar por **teléfono*** (importancia) ***esta noche*** (inmediatez)". Esta es una consecuencia positiva que los padres de Lisa utilizan en un principio (frecuencia) para ayudar a reforzar el comportamiento que quieren volver a ver. ¿Qué hubiera sucedido si Lisa no limpiaba la sala después de que se fueron sus amigos como sus padres le pidieron? Su papá podría haberle reducido el tiempo de uso del teléfono como una consecuencia negativa. Por ejemplo, le podría haber dicho: ***"Como no seguiste las instrucciones de limpiar la sala*** (contingencia), ***perdiste*** *el privilegio de enviar mensajes de texto con el teléfono* (importancia) *esta noche* (inmediatez)".

Circunstancias en que las Consecuencias no Funcionan

De vez en cuando, los padres nos dicen que no importa lo que hagan, las consecuencias que usan no funcionan con sus hijos. En algunos casos, es posible que sus hijos tengan problemas demasiado complicados que no pueden resolver ellos solos. En esas situaciones, les sugerimos que consulten a un asesor profesional para apoyar su crianza. Sin embargo, con más frecuencia de la que uno cree, existen algunos motivos básicos de por qué las consecuencias son ineficaces. Los problemas más frecuentes se producen cuando los padres utilizan consecuencias que no son apropiadas en una o más de las cinco variables mencionadas anteriormente: importancia, inmediatez, frecuencia, dimensión y contingencia. En otras palabras, es probable que las consecuencias que estén utilizando sean demasiado importantes o insignificantes, no tengan la relevancia suficiente para los hijos, no sean tan inmediatas después de un comportamiento determinado, etc.

No obstante, hay otras razones acerca de por qué las consecuencias no funcionan. En primer lugar, algunas veces los padres utilizan muchas consecuencias negativas en lugar de consecuencias positivas. Por lo tanto, las consecuencias negativas pierden su eficacia porque los niños comienzan a ver las actitudes de los padres como un castigo. Si son recompensados muy pocas veces por un buen comportamiento en la casa, es probable que los niños dejen de intentarlo. Cuando los padres no proporcionan un equilibrio razonable entre las consecuencias positivas y negativas, los niños comienzan a evitarlos y buscan en otra parte consecuencias positivas. En estas situaciones, los niños sienten que no es nada agradable estar cerca de sus padres.

En segundo lugar, algunos padres no permiten que las consecuencias tengan el tiempo suficiente para ser efectivas. Esperan que el comportamiento de un niño cambie después de usar una consecuencia solo una o dos veces. Por lo general, no funciona de esa manera; el cambio lleva tiempo. Es posible que los niños hayan tenido comportamientos negativos durante un tiempo prolongado. Aprender un comportamiento nuevo y positivo, y utilizarlo en forma sistemática, puede implicar mucho tiempo para un niño. En consecuencia, no se dé por vencido si el comportamiento de su niño no cambia de la noche a la mañana o incluso si empeora antes de mejorar. Sea paciente, busque pequeñas mejoras y permita que las consecuencias tengan un tiempo para ser efectivas.

Por último, algunos padres confunden privilegios con derechos. Los niños tienen ciertos derechos, incluido el amor, la alimentación, la vestimenta, la vivienda, la seguridad, etc. (No pueden interrumpirse como consecuencia de un mal comportamiento). Sin embargo, muchos niños tratan de convencer a sus padres de que, por ejemplo, ver la televisión, salir con sus amigos o tener un teléfono celular, son derechos. Sin embargo, estos son privilegios que los padres pueden, y deben, ser capaces de dar o retener en función del comportamiento de los niños. Si los padres tratan los privilegios como derechos, limitan las opciones de consecuencias y, por lo tanto, restringen su eficacia como maestros. Más adelante en este capítulo, le ayudaremos a identificar los privilegios que puede utilizar como consecuencias con sus hijos.

Planifique con Anticipación

Algunos padres nos comentaron que cuando llega el momento real de aplicar una consecuencia, tienen dificultades para encontrar una que sea efectiva, o las circunstancias hacen que sea complicado para el niño seguir esa circunstancia. Cuando esto suceda, simplemente dígale al niño que se aplicará una consecuencia (positiva o negativa). Entonces, en un momento más tranquilo, decida sobre cuál es la consecuencia y aplíquela lo antes posible. Debería ser de esa manera: La mamá está hablando por teléfono; es una llamada importante. Su hijo Lucas de 8 años la interrumpe preguntando varias veces si puede comer una galleta. Este es un comportamiento que la mamá está tratando de erradicar por lo que pide a la persona que llama que espere un segundo y le dice a Lucas, *"Cariño, hay una consecuencia por interrumpirme mientras estoy hablando por teléfono. Cuando se me pase el enojo, hablaremos acerca de la consecuencia".* Además, en situaciones en las que está molesto con su hijo, esto le da tiempo para calmarse y evitar que la consecuencia tenga más relevancia: *"Me estás interrumpiendo de nuevo. Ve a tu habitación y permanece allí durante el resto del día".*

Estar preparado también implica establecer consecuencias positivas y negativas con anticipación. Incluso puede hacer una lista general de privilegios y tareas que los niños pueden obtener como premio y castigo por su comportamiento. Las consecuencias serán más eficaces si se plantean en forma natural (como parte de la vida real) y con confianza, y se piensan con calma y en forma anticipada. Estar preparado también le ayuda a evitar el uso de consecuencias como armas de sus emociones (*¡"Me cansaste! Ahora vas a ver lo que te pasa"*). A menudo, su mejor enseñanza (y el mejor aprendizaje de su hijo) se producirá cuando haya dedicado tiempo a pensar qué es lo que quiere enseñar y cuál es la consecuencia que debe usar.

Cuando sea posible, su hijo debería saber de antemano qué consecuencias va a utilizar para comportamientos específicos, especialmente aquellos en los que quiere centrarse. Puede incluir comportamientos frecuentes como discutir con usted y otros más graves y poco habituales, como pegarle a su hermano. Hable con sus hijos sobre las consecuencias positivas que pueden esperar por su buen comportamiento y las consecuencias negativas de un mal comportamiento. Exhiba las listas de consecuencias en la puerta del refrigerador o en las habitaciones de sus hijos como recordatorios. No es necesario que las consecuencias sean sorpresas. Para ser justo con sus hijos, ellos deben ser conscientes de lo que pueden obtener por portarse bien y de lo que pierden por un mal comportamiento. No obstante, los niños no tienen que conocer todas las consecuencias que se les podría aplicar. Lo importante es que entiendan que obtendrán consecuencias en forma constante por determinados comportamientos.

En el Capítulo 8, en los cuadros y contratos, hablamos de ayudar a su hijo a establecer y alcanzar metas razonables. Los padres comentan que esto también es una manera adecuada de explicarles las consecuencias positivas y negativas a sus hijos. Cuando se trate de una consecuencia negativa, los niños también deben saber que tienen la oportunidad de revertir (o reducir) una parte de la consecuencia. (El concepto de revertir la consecuencia se analizará en el Capítulo 10, "Corregir el Mal Comportamiento").

Aplicar Consecuencias

La forma en que se plantean las consecuencias es casi tan importante como las consecuencias en sí mismas. Ya sea que su hijo haya obtenido una consecuencia positiva o negativa, su comportamiento tiene mucho que ver con lograr el efecto deseado.

Las consecuencias positivas deben plantearse con mucho entusiasmo y elogios. Debe dejar en claro que aprecia el buen comportamiento de su hijo y que desea que la conducta se prolongue. Los niños son más propensos a responder bien si reciben consecuencias positivas de padres que son agradables, entusiastas y sinceros. Demostrar aprecio a la par de la eficaz consecuencia positiva de prestar atención es una fórmula exitosa para motivar a los niños a repetir el buen comportamiento.

Las consecuencias negativas se deben imponer con voz firme y tranquila, que permita al niño saber que la situación es grave. No se deben dar con enojo porque, por lo general, genera más problemas. Los padres que estén molestos por los comportamientos problemáticos de un niño pueden quedar fácilmente en evidencia cuando comuniquen consecuencias negativas. Por lo tanto, debe controlar sus emociones cuando aplique consecuencias negativas. No debe gritar, hablar rápido, señalar con el dedo ni llamar a los niños por su nombre. En otras palabras, no deje que su comportamiento convierta a la consecuencia en algo más negativo de lo que ya es. Después de que haya aplicado una consecuencia negativa, piense en lo que dijo e hizo, y decida si hay aspectos que debería cambiar en el futuro para que su enseñanza sea más eficaz.

Nuestra experiencia nos dice que los niños responden mejor y aprenden más de los adultos que los alientan, son tranquilos y comprensivos, incluso cuando aplican consecuencias negativas. Si bien mantener la calma es fundamental para la enseñanza efectiva, los padres comentan que es una de las cosas más difíciles de lograr. Por esa razón, hemos escrito un capítulo que ofrece sugerencias sobre cómo mantener la calma en momentos de estrés con sus hijos. (Consulte el Capítulo 9, "Mantener la Calma").

En los Capítulos 10 y 11 puede encontrar más información sobre consecuencias negativas para corregir un mal comportamiento y tratar un comportamiento grave y frecuente.

Consejos Útiles

Estos son algunos consejos para ayudarlo a entender cómo su comportamiento afecta el resultado cuando su hijo recibe una consecuencia. Cuando aplique una consecuencia, recuerde lo siguiente:

Sea claro. Asegúrese de que su hijo sepa qué hizo para merecer la consecuencia.

Sea coherente. Evite aplicar una consecuencia importante para un comportamiento la primera vez que sucede y e ignorar esa misma conducta la próxima vez.

Sea breve. No dé sermones. En especial, con los niños más pequeños. Manténgase enfocado en la situación y explíquele con calma a sus hijos lo que hicieron y la consecuencia que tendrán.

Aplique la consecuencia. Si establece un plan para que su hijo obtenga una consecuencia positiva, asegúrese de que reciba la recompensa después de hacer todo lo necesario. Asimismo, si aplica una consecuencia negativa, no permita que su hijo lo convenza de no hacerlo. Si luego siente que lo que hizo no fue razonable o estaba muy enojado, pida disculpas y modifique la consecuencia según corresponda. No obstante, si la consecuencia es razonable, no la cambie.

Demuestre comprensión. Permita que su hijo sepa que usted entiende que puede estar enojado o triste, en especial si tiene que aplicar una importante consecuencia negativa. Esta actitud puede marcar una gran diferencia en cómo el niño la acepta.

Deje que su comportamiento coincida con la consecuencia. Sea agradable y entusiasta al imponer consecuencias positivas. Es importante que los niños sepan si lograron algo, especialmente si la destreza o el comportamiento positivo que usaron fue uno que no pudieron o no quisieron usar en ocasiones anteriores. Asegúrese de elogiarlos, incluso los pequeños pasos hacia el progreso. Cuando imponga consecuencias negativas, mantenga la calma, no grite y utilice un tono de voz firme, pero relacionado con lo que sucede. Los gritos no son eficaces cuando se imponen consecuencias negativas. Si pierde el control, los niños no oyen sus palabras; solo escuchan su enojo. Sea un ejemplo positivo cuando se trate de controlar la frustración, la ira y el malestar.

No imponga consecuencias grupales. Esta medida pocas veces resulta eficaz. Es muy poco probable que todos los niños del grupo demuestren el mismo comportamiento o estén motivados por la misma consecuencia. Lo mejor es encontrar consecuencias individuales que motiven a cada niño.

Advertencias

"Si no dejas de hacer eso, te quito el juego".

"Ya sabes que no debes comportarte de esa manera. La próxima vez, te castigo".

"Si te lo digo una vez más,...".

Las advertencias como estas no funcionan. En realidad, entrenan a sus hijos a hacer exactamente lo que usted no quiere que hagan. Los niños se dan cuenta rápidamente de que no va a sostener su amenaza. Saben que está bien ignorar sus advertencias y seguir portándose mal. Los métodos de crianza y cualquier consecuencia que utilice pueden ser ineficaces.

Si le dice a su hijo que le quitará el juego a raíz de una mala conducta y el mal comportamiento ocurre, quítele el juego. Esto ayuda a su hijo a entender qué comportamientos son aceptables y cuáles no lo son. También permite establecer la conexión entre su comportamiento y las consecuencias que recibe. De lo contrario, lo que dice genera confusión y fomenta la "puesta a prueba de límites" por parte de su hijo: "Creo que puedo salirme con la mía de nuevo. Mamá me advirtió tres veces y hasta ahora no ha pasado nada".

Consecuencias Positivas

Las consecuencias positivas pueden ser el mejor amigo de los padres, ya que aumentan los tipos de comportamientos que los padres quieren que sus hijos tengan. Sin embargo, las consecuencias positivas a veces pueden ser un problema si se usan con demasiada frecuencia o se imponen en forma equivocada después de un comportamiento negativo. En general, las consecuencias positivas se consideran privilegios o recompensas; es decir, aquellas cosas que a los niños les gustan o de las que disfrutan. Por lo tanto, cuando utilizamos el término "privilegios", nos referimos a cualquier tipo de consecuencia positiva que los niños pueden obtener y que los motive a hacer más cosas positivas.

El uso de consecuencias positivas es una forma de aumentar la cantidad de tiempo que los niños pasan haciendo cosas positivas. Cuando se imponen consecuencias positivas, los hijos

sienten que su enseñanza es justa y están más motivados a cooperar con usted. Comienzan a entender que el uso de los
comportamientos que intenta enseñarles les permitirá obtener
cosas que quieren y de las que disfrutan. Además de cambiar
el comportamiento de su hijo para mejor, elogiarlo y ofrecerle
consecuencias positivas puede ayudar a construir una buena
relación. Los niños ven a los padres que equilibran consecuencias negativas y positivas como personas más justas y
razonables. Los padres que usan una variedad de consecuencias
positivas son más agradables y eficaces, y los niños son más
propensos a escucharlos.

Sobornos vs. Consecuencias Positivas

En un principio, algunos padres ven que aplicarles consecuencias positivas a los niños puede ser una forma de soborno, o
una recompensa, por hacer lo que se espera de ellos. Sin embargo,
hay diferencias importantes entre los sobornos y las consecuencias positivas. Algunas veces, los padres ofrecen sobornos o
recompensas a los niños a cambio de una promesa de mejorar su
comportamiento. Por ejemplo, un padre que permite a su hijo
usar el auto con la promesa de mejorar sus calificaciones en la
próxima libreta ha impuesto un soborno y no una consecuencia
positiva. Un soborno también ocurre cuando se ofrece una
recompensa como una manera de detener un comportamiento
inapropiado. Por ejemplo, si se da a un niño un caramelo para
detener su lloriqueo en la fila de la caja de la tienda de comestibles, es un soborno. Un padre en esta situación podría sentirse
obligado a hacer cualquier cosa para detener el comportamiento
negativo del niño: *"Está bien; aquí tienes el caramelo. ¡Ahora
cállate"!* La conclusión es que el niño es recompensado por su
mal comportamiento. Si bien el caramelo funcionó para que el
niño se calle, ¿adivine qué sucederá la próxima vez que el padre
está en la fila de la cajas de la tienda de comestibles? Exacto: el
niño se quejará y exigirá un caramelo. Aprendió que si lloriquea,

consigue lo que quiere. Entendió que puede esperar una recompensa antes de comportarse como su padre quiere.

Las consecuencias positivas deben estar supeditadas a un comportamiento positivo. Es decir, los niños deben recibir consecuencias positivas solo *después* de haber tenido un comportamiento adecuado o de hacer lo que su padre les pide (La Regla de la abuela). Recuerde que las consecuencias positivas no deben otorgarse por la promesa de un mejor comportamiento a futuro o para detener un comportamiento negativo; esos son sobornos.

Consecuencias Positivas que Funcionan

No todos los niños responden a las mismas consecuencias positivas de la misma manera ya que algo que es un premio para un niño puede no serlo para otro. La lista que está en la página siguiente sugiere una variedad de privilegios que los padres han utilizado como consecuencias con sus hijos. Use estos ejemplos como guía, identifique aquellas cosas que le gustan a su hijo y escriba esas preferencias en una hoja. Tenga la lista a mano hasta que disponga de una idea más acabada de aquellas consecuencias positivas que serán más efectivas con su hijo.

Relacionar las Consecuencias Positivas con el Comportamiento

Establecer una relación entre las consecuencias "correctas" y los comportamientos positivos aumenta las posibilidades de que su hijo continúe con esas conductas. Las consecuencias "correctas" son aquellas que están estrechamente vinculadas a la conducta positiva. Por ejemplo, si su hijo prefiere jugar a los videojuegos en lugar de hacer su tarea, puede recompensarlo con 15 minutos más frente a la computadora una vez que finalice la tarea luego de clases o después de la cena. Mediante esta acción, usted vinculó esa consecuencia de una manera positiva con la conducta que resulta problemática para su hijo. Cuando

61

Lista de Privilegios

Actividades : ¿cuáles son las actividades diarias que le gustan a su hijo? Jugar videojuegos y juegos de computadora, enviar mensajes de texto a sus amigos, jugar al béisbol, ver series, hornear galletas o leer.

Posesiones: ¿cuáles son los artículos materiales que le gustan a su hijo? Teléfono celular, ropa o una vestimenta especial, cosméticos, CDs de música, DVDs de películas, libros, cartas de béisbol, videojuegos, historietas o juguetes.

Actividades Especiales: ¿qué actividades especiales disfruta su hijo? Nadar, visitar el zoológico, ir al cine o invitar a un amigo a pasar la noche en su casa.

Comidas Especiales: ¿cuáles son las comidas y bebidas favoritas de su hijo? Palomitas de maíz, barras de helado, pizza, refrescos de cola, dulces, waffles, barras de granola, o jugo de frutas. (Nunca utilice las comidas como una consecuencia positiva ni las suspenda a modo de consecuencia negativa. Los niños tienen derecho a una nutrición adecuada y en ningún caso deben tener que ganarse el desayuno, el almuerzo o la cena).

Personas: ¿con quién le gusta estar a su hijo? Usted, sus amigos, abuelos o primos. Las relaciones con la familia, los amigos, consejeros, maestros, entrenadores y otras personas que son importantes para los niños son algunos de los refuerzos más importantes que puede utilizar. Por lo tanto, utilícelos con la mayor frecuencia posible.

Atención : ¿qué tipos específicos de atención verbal y física de usted y de otras personas le gustan a su hijo? Abrazos, sonrisas, pasar tiempo con usted, recibir cumplidos, darse un choque de manos, pulgares arriba o recibir elogios.

Otras recompensas: ¿hay algo más que a su hijo le guste, le interese o le gustaría dedicarle tiempo? ¿Hay un pasatiempo favorito o alguna experiencia que haya querido tener, pero todavía no pudo?

los niños saben que tener un determinado comportamiento les permitirá obtener una recompensa determinada, esa consecuencia se convierte en una poderosa herramienta de cambio de comportamiento. Los siguientes ejemplos muestran algunas relaciones posibles entre los comportamientos y las consecuencias, y el motivo por el que relacionarlos puede ser efectivo.

Comportamiento: Su hija de 16 años de edad llega a casa en forma puntual y durante tres fines de semana consecutivos después de recibir una consecuencia negativa por llegar tarde respecto del horario establecido.

Consecuencia Positiva: Amplíe su horario de llegada a 30 minutos por una noche.

Motivo: Si se respeta el horario de llegada, se obtiene una extensión de ese horario la proxima vez.

Comportamiento: Sin que nadie se lo pida, su hijo de 10 años se pone el pijama y se prepara para irse a dormir sin quejas ni lloriqueos.

Consecuencia Positiva: Déjelo jugar o leer tranquilo en la cama durante 15 minutos adicionales antes de apagar la luz.

Motivo: Respetar el horario de la rutina de acostarse sin que se lo pidan le permite obtener más tiempo antes de que se "apaguen las luces".

Comportamiento: Sus hijos de 7 y 11 años, que se pelean con cierta frecuencia y no se llevan bien, juegan sin problemas juntos en el patio durante una hora.

Consecuencia Positiva: Prepare palomitas de maíz mientras miran una película que hayan elegido juntos con su aprobación.

Motivo: La consecuencia amplía la interacción coo-
perativa entre los hermanos y obtienen una
recompensa por llevarse bien entre sí.

Consecuencias Negativas

Cuando los niños se portan mal, deben existir consecuencias negativas. Como sabemos, las consecuencias ayudan a
cambiar un comportamiento. Si las consecuencias negativas se
imponen de manera firme, justa y coherente, serán efectivas
para reducir el mal comportamiento de su hijo.

Las consecuencias negativas no deben confundirse con el
castigo. El castigo implica algún tipo de actividad adversa que
cause dolor físico (palmadas en las nalgas) o prive a los niños
de algo que ellos tienen el derecho a tener (enviar a un niño a
la cama sin cenar). Las actividades como estas tienen un solo
propósito: castigar. Por otra parte, las consecuencias negativas
son humanas, no intentan causar un daño y se centran en la
enseñanza. Hay dos tipos de consecuencias negativas por un
mal comportamiento: quitar un privilegio y agregar tareas.

Pérdida de un Privilegio

La consecuencia negativa de quitar un privilegio suele ser
eficaz con la mayoría de los niños ya que a menudo pueden
relacionarse en forma directa con la conducta que originó la
consecuencia. Por ejemplo, si su hija adolescente llega a casa
una hora más tarde de lo previsto, puede quitarle una parte del
privilegio de salir (deberá llegar a casa una hora antes la
próxima vez que salga). Si se convierte en un problema frecuente, puede perder el privilegio de salir. Podría decirle,
*"Sara, llegaste una hora tarde a casa así es que no puedes salir
mañana por la noche"*. Del mismo modo, si sus dos hijos están
discutiendo sobre qué programa pueden mirar en televisión,
puede apagar el television hasta que arreglen sus diferencias o
podrían perder la posibilidad de ver televisión el resto de la

noche. Si esta es la primera vez que los niños tienen este problema, podría decirles, *"Muchachos, están discutiendo sobre qué programa mirar. Por favor, apaguen el television hasta que me digan, sin pelear, qué decidieron"*.

Agregar Tareas

Además de ser una herramienta adecuada para modificar un comportamiento, la consecuencia negativa de agregar tareas es una forma efectiva de enseñar sobre la responsabilidad y otras destrezas sociales importantes. Las tareas implican tiempo y esfuerzo por parte de sus hijos, tiempo que podrían dedicar a jugar, estar con amigos o hacer algo agradable. Los niños empiezan a aprender que la manera de evitar tener que dedicar tiempo a tareas adicionales que no les permiten hacer las actividades que les gustan es dejar los comportamientos negativos que provocaron el agregado de tareas.

Idealmente, las tareas deben relacionarse en forma directa con el comportamiento problemático y también contemplar la destreza cn la que el niño necesita trabajar. Por ejemplo, le indica a su hijo que debe quitarse las zapatillas cuando regresa a casa de la práctica de béisbol para no ensuciar. Cuando no siga esta instrucción, puede decirle que pase la aspiradora. De esta manera, el niño cumple con una tarea que está relacionada con el comportamiento problemático y trabaja en la destreza de "Seguir Instrucciones".

El proceso de agregar tareas es simple. Por ejemplo, se supone que su hija debe levantar la ropa en lugar de dejarla en el suelo. Si no sigue esta instrucción, puede indicarle que retire la ropa sucia de todos los dormitorios y la coloque en el cesto. El agregado de esta tarea es una manera de corregir su comportamiento y de enseñarle las destrezas de "Asumir una Responsabilidad" y "Seguir Instrucciones".

Encontrar una consecuencia relacionada no siempre es fácil. Tampoco es necesario. Las tareas no siempre tienen que estar relacionadas con el comportamiento negativo para ser eficaces. Es decir, si su hija llega tarde a casa de noche un fin de semana, puede hacerle saber que tendrá que ganarse el privilegio de salir el fin de semana siguiente si termina en forma puntual todas sus tareas habituales y una tarea extra. Esta consecuencia debería ayudar a reducir el comportamiento problemático de llegar tarde aunque completar sus tareas a tiempo no esté relacionado con respetar el horario de llegada a casa.

Los siguientes ejemplos muestran algunas posibles relaciones entre las tareas adicionales y los comportamientos problemáticos de los niños:

Comportamiento: Su hija rompe sus gafas por tercera vez en los últimos tres meses.

Tarea: Debe ganar dinero para comprar gafas nuevas; para hacerlo, será responsable de sacar a pasear, asear y alimentar el perro de la familia.

Motivo: El cuidado de la mascota de la familia es una manera de aprender a ser responsable.

Comportamiento: Su hijo toma prestado el coche y lo devuelve a tiempo. Sin embargo, el interior del coche está sucio, lleno envoltorios de alimentos y caramelos.

Tarea: Usted decide que él tiene que limpiar el interior y el exterior del automóvil antes de que pueda llamar o pasar tiempo con sus amigos.

Motivo: La limpieza del coche le enseña a ser considerado con los demás.

Comportamiento: Sus hijos están discutiendo sobre quién va a usar la computadora.

Tarea: La consecuencia impuesta es que deben doblar la ropa recién lavada juntos mientras encuentran una solución para turnarse y usar la computadora.

Motivo: Trabajar juntos ayuda a los hermanos a aprender a llevarse bien.

Comportamiento: Su hijo y su hija se están gritando sobre quién fue el último que ordenó los platos limpios.

Tarea: Tienen que guardar los platos juntos durante los próximos tres días.

Motivos: Hacer tareas juntos en forma reiterada los ayuda a aprender y practicar el trabajo en conjunto y llevarse bien entre sí.

En la siguiente página, se muestra una lista de las tareas que se pueden utilizar como consecuencias negativas para niños mayores y adolescentes. Asegúrese de que las tareas adicionales que elija sean diferentes de las tareas habituales que los niños hacen como parte de sus responsabilidades familiares y que no sean una ratificación para el niño (algo que al niño le guste hacer). Por ejemplo, los niños más pequeños pueden disfrutar de hacer una tarea con otra persona en lugar de hacerla por sí mismos.

Usted es quien decide con qué frecuencia se debe hacer una tarea y definir exactamente lo que debe hacer. Tenga en cuenta su edad y capacidad. Además, modifique las consecuencias para que se adapten a la gravedad del comportamiento problemático. Recuerde que puede recurrir a la consecuencia más leve necesaria para cambiar el comportamiento.

Algunos padres nos comentan que una variante que funciona bien es el "jarro de tareas". Los padres escriben diversas tareas en pequeños papeles y los ponen en un jarro. Cuando un niño se porta mal, los padres le piden que elija una tarea del jarro de tareas. Esto facilita la tarea de los padres porque las consecuencias están disponibles sin problemas.

TAREAS QUE IMPLICAN POCO TIEMPO

- Doblar la ropa
- Guardar la ropa
- Hacer la cama de otro miembro de la familia
- Pasar la aspiradora en una o varias habitaciones
- Rastrillar parte del patio
- Cortar el césped
- Sacar la basura
- Recoger la basura en la casa
- Ayudar a un hermano o hermana con sus tareas
- Quitar el polvo de los muebles
- Lavar algunas ventanas de la casa

- Barrer la entrada
- Lavar el auto
- Aspirar el auto
- Limpiar los botes de basura
- Barrer el piso del garaje
- Ayudar a un hermano o hermana a guardar los juguetes
- Lavar, secar o guardar los platos
- Barrer el piso de la cocina
- Pulir la vajilla de plata
- Limpiar la despensa y llevar los alimentos que sobren a un banco de alimentos
- Limpiar el refrigerador

Los padres deben contar a los niños con anticipación sobre el jarro de tareas y cómo funcionará. Muchos padres utilizan el jarro de tareas para malos comportamientos comunes, como contestar con insolencia o no seguir instrucciones de inmediato. Algunos padres piden a sus hijos que coloquen el papel en otro jarro después de que completaron la tarea. Entonces, cuando el primer jarro está vacío, hay otro frasco de tareas listo para usar.

¿Es Realmente una Consecuencia Negativa?

A veces, los padres cometen el error de asumir que una consecuencia es negativa cuando no lo es. Observe el efecto que la consecuencia tiene sobre el comportamiento que desea cambiar. Si el comportamiento se interrumpe u ocurre con menos frecuencia, impuso una consecuencia negativa. Si el comportamiento continúa o se produce con más frecuencia, impuso una consecuencia positiva o la dimensión, la inmediatez, la importancia, la frecuencia y/o la contingencia de la consecuencia no son correctas.

Por ejemplo, una madre comenta que su hijo de 6 años estaba continuamente inquieto y hablaba en la iglesia. Un día, durante la ceremonia, le dijo que si seguía portándose mal, no podría ir con ella a la iglesia la próxima vez. El niño siguió inquieto y comenzó a hablar más porque, para empezar, ¡él no quería estar en la iglesia! La "consecuencia negativa" de su madre de no permitir que venga a la iglesia con ella de nuevo, en realidad, fomentaba más comportamientos problemáticos. El comportamiento que quería detener (no quedarse quieto) aumentó porque ir a la iglesia no era tan importante para el niño como no ir. Le impuso una consecuencia positiva, pero olvidó que las consecuencias deben ser importantes para el niño.

Esto es lo que sugerimos en estos casos. Ella podría:

Quitar un privilegio: Si su hijo no se queda quieto y habla en la iglesia, no podrá jugar con sus amigos después.

Agregar una tarea: Si no se queda quieto y habla mucho durante la ceremonia religiosa, tendrá que ayudar a limpiar los bancos de la iglesia después de la ceremonia.

La madre intentó con ambos métodos y funcionaron. Después de algunos avisos de menor importancia, el niño aprendió a sentarse en silencio en la iglesia.

Preste mucha atención a la forma en que una consecuencia afecta el comportamiento que desea cambiar. Si el comportamiento problemático comienza a disminuir o se interrumpe por completo, ha impuesto una consecuencia negativa efectiva. Recuerde que debe variar incluso una consecuencia efectiva para que el niño mantenga el interés y la atención.

El Efecto Bola de Nieve

Un problema con consecuencias negativas que los padres a veces pierden de vista es cuándo deben dejar de aplicarlas. Si una consecuencia no funciona, los padres a menudo intentan con otra que es más importante y estricta. Cuando el comportamiento problemático no se interrumpe, los padres frustrados comienzan a acumular consecuencias negativas sobre más consecuencias negativas. Esto puede descontrolarse y provocar que las consecuencias alcancen proporciones demasiado grandes. A esto le llamamos el "efecto bola de nieve".

Este es un ejemplo:

Cuando Emilia se negó a limpiar su habitación, su padre le retiró el privilegio de usar el teléfono durante un fin de semana. Al día siguiente, su habitación estaba desordenada y perdió el

"Borrón y Cuenta Nueva"

Una buena estrategia que puede utilizar cuando las consecuencias se descontrolan es "borrón y cuenta nueva". Esto significa que todas las consecuencias negativas que un niño recibió quedan en suspenso, al igual que todos los privilegios. Luego, el niño tiene la oportunidad de recuperar un número limitado de privilegios durante todo el día o al día siguiente haciendo tareas o teniendo el comportamiento positivo que especificó.

privilegio de ver televisión durante una semana. Emilia volvió a negarse a ordenar su habitación y su padre se enojó más y le generó más frustración. El padre agregó otro mes sin usar teléfono, otra semana sin ver televisión, y le dijo que no podía salir de su habitación hasta que estuviera impecable.

¡La lista de consecuencias negativas se había convertido en una avalancha! En tres días, ¡la niña perdió casi toda comunicación con el mundo exterior! Además, perdió toda motivación de mejorar su comportamiento. Este es un buen ejemplo de cómo un padre puede dejarse llevar e imponer consecuencias negativas ineficaces cuando un niño se porta mal. La ira y la falta de consecuencias previstas generaron el efecto bola de nieve. Para evitar esta situación, no imponga una serie de consecuencias negativas cada vez más rígidas si está estresado, frustrado o molesto. En su lugar, espere un momento, cálmese y observe los efectos de la consecuencia que está utilizando para tratar la conducta del niño. Luego, cambie la consecuencia si fuera necesario, pero no deje que la bola de nieve se descontrole. Algo más relevante y "rígido" no es necesariamente mejor. Y recuerde: Usted también es un ejemplo para su hijo sobre cómo tratar la frustración y la ira. Ya que las consecuencias que el padre impuso en el ejemplo no eran razonables (e imposibles de cumplir para él y de llevar a cabo para la niña), le sugerimos que volviera a hablar con

Emilia, le pidiera disculpas por perder la calma, le diera la oportunidad de pedirle disculpas y estableciera el siguiente plan:

En primer lugar, el padre debería fomentar conductas positivas en Emilia mientras ella limpia su habitación como un paso hacia la recomposición de su relación. Podría dividir la consecuencia en partes "factibles" y que Emilia recupere alguno de sus privilegios de teléfono. Por ejemplo, después de pasar 20 minutos siguiendo instrucciones, aceptando las críticas y concentrándose en la tarea de limpieza de su dormitorio, Emilia podría recuperar 15 minutos de uso del teléfono. En segundo lugar, y para recuperar sus libertades en la casa, Emilia podría ayudar a papá a limpiar el garaje porque se negó a hacer lo que le pidió su padre y demostrar que es capaz de seguir instrucciones sin problemas. Si completa ambas partes del plan, finalmente recuperará todos sus privilegios. Para que Emilia pudiera mantener su habitación limpia, ayudamos al padre a encontrar una manera de utilizar La Regla de la Abuela: cada día que la habitación de Emilia estuviera limpia y ordenada, podrá usar el teléfono y ver su programa favorito de televisión. Ella no podrá usar los privilegios hasta que complete sus tareas.

Esta solución práctica funcionó. La habitación de Emilia no estuvo impecable, pero sí limpia y con mucha más frecuencia que antes. Y el papá supo con exactitud qué consecuencia aplicar si la habitación estaba limpia o sucia, y cuándo aplicarla. El padre aprendió a evitar el efecto bola de nieve sin dejar de imponer una consecuencia negativa que funcionó.

Resumen

Las consecuencias apropiadas enseñan a los niños maneras satisfactorias de comportarse. Ayudan a fomentar los comportamientos positivos y reducir los comportamientos negativos. Hay cinco variables que debe tener en cuenta para que las consecuencias sean efectivas: importancia, inmediatez, frecuencia, dimensión y contingencia. Cuanto más utilice consecuencias positivas en forma eficaz, más probabilidades habrá de ver un comportamiento positivo. Las recompensas más efectivas que los niños pueden recibir de usted son elogios y atención positiva. ¡Si se centra en las cosas buenas que sus hijos hacen, descubrirá que las consecuencias positivas funcionan!

Encontrar consecuencias negativas apropiadas y eficaces puede ser un desafío para los padres, pero se logra con tiempo y esfuerzo. Si sus hijos se portan mal, recuerde mantener la calma, no actuar a raíz del enojo o la frustración e implementar una de las siguientes acciones: elimine todo o una parte de un privilegio o agregue una tarea. Sea lógico, justo y coherente, y evite que las consecuencias negativas se conviertan en una bola de nieve ridícula e ineficaz.

Las consecuencias no son una solución mágica para los problemas de comportamiento infantil. **Son eficaces solo si se usan en forma coherente y durante un tiempo, como parte de un método de enseñanza.** Asegúrese de que las consecuencias que utilice sean lo suficientemente variadas como para que a sus hijos les parezcan nuevas y actuales. Además de una relación sólida con su hijo, las consecuencias son las herramientas más efectivas que tiene para producir cambios duraderos en el comportamiento del niño.

 # REPASO DEL CAPÍTULO

¿Qué debe utilizar para ayudar a cambiar el comportamiento?

Consecuencias positivas y negativas.

¿Cuáles son los dos tipos de consecuencias negativas?

Quitar privilegios y asignar pequeñas tareas de trabajo.

¿Cuáles son las cinco variables de las consecuencias efectivas?

Importancia, inmediatez, frecuencia, dimensión y contingencia.

☆ PLAN DE ACCIÓN

1. Tómese su tiempo para responder a las siguientes preguntas:

    *   ¿Qué es lo más importante que aprendió en este capítulo?

    *   ¿Qué planea cambiar como consecuencia de lo que ha aprendido?

2. Con la ayuda de sus hijos, cree un "jarro de la alegría" con consecuencias positivas y un "jarro de tareas" con consecuencias negativas que puede utilizar para responder ante un buen o mal comportamiento.

    *   Reúna el material que necesitará: dos jarros de plástico vacíos o latas con tapas, cartulinas de colores, cinta adhesiva o pegamento, lápices o marcadores de colores.

    *   Reúna a la familia y pida a los niños que elaboren una lista de todas las cosas que les gustan (consecuencias positivas). (Sugiera que incluyan muchas cosas que los hacen felices, pero que no se tengan que comprar. Por ejemplo, visitar a un amigo especial, tiempo extra en el teléfono o quedarse levantado un rato más de su hora de acostarse). A continuación, pídales que enumeren las cosas que no les gusta hacer (consecuencias negativas).

    *   Pida a los niños que decoren y etiqueten los jarros, y que escriban sus consecuencias positivas y negativas en trozos de papel. (Si sus hijos son demasiado grandes, puede obviar la decoración de los jarros). Si desea tener diferentes consecuencias para cada niño, utilice trozos de papel de varios colores para cada niño.

- Procure que la actividad sea divertida y ofrézcales bocadillos. Debe ser una actividad breve, de no más de 20 minutos; luego, reúnase de nuevo con ellos aunque no hayan terminado con los jarros.

- Después de que se hayan terminado los jarros, entregue a cada niño una consecuencia positiva del jarro de alegría.

PyR

PARA LOS PADRES

P He intentado con todos los tipos de consecuencias negativas que se me ocurrieron y ninguna funcionó. ¿Qué hago ahora?

R La eficacia de las consecuencias puede depender de la calidad de la relación con su hijo y de lo bien que haya incorporado la enseñanza en su relación. Por ejemplo, si en el pasado se basó en el castigo, es probable que su hijo vea a las consecuencias negativas como una extensión de ese castigo. Trate de destacar las consecuencias positivas cuando vea un comportamiento correcto y concéntrese en modificar la conducta que desea ver en su hijo. Aproveche un momento neutral para hablar con su niño acerca de la conducta que desea ver y no lo haga solo cuando su hijo se portó mal. Mejorar su relación con estas medidas debería permitir que las consecuencias negativas funcionen mejor en el futuro.

P Nos sugieren que usemos "bocadillos especiales" como consecuencia, pero no estoy de acuerdo con que mis hijos coman otra cosa que no sean frutas a modo de bocadillos y ellos pueden comer fruta siempre que lo desean. ¿Qué se supone que debo hacer?

R ¡Eso está bien! Simplemente, tiene que utilizar otro tipo de consecuencias. Nuestras listas de consecuencias son solo sugerencias que se pueden modificar para adaptarse a las circunstancias y a las costumbres de su familia.

¿Los niños no deberían hacer algunas cosas solo porque se supone que tienen que hacerlas? Mis padres nunca me recompensaron por hacer las tareas; ¡simplemente me castigaban si no lo hacía!

Es probable que así sea, pero los niños a veces no las hacen. Las consecuencias pueden alentar a los niños a empezar a hacer estas cosas. Una vez que los niños aprenden y siguen estos comportamientos, puede disminuir o eliminar las consecuencias que le aplica a su hijo por hacer las tareas de rutina.

La única consecuencia positiva que mi hijo adolescente quiere son zapatillas nuevas y no puedo comprárselas.

No es necesario que compre cosas cuando sus hijos hacen algo bien. En este caso, puede elogiar a su hijo cuando hace algo bien y, de vez en cuando, ofrecerle oportunidades de hacer tareas adicionales para que gane dinero que podría destinar a las zapatillas nuevas.

No tengo suficiente dinero para continuar con estas consecuencias positivas. ¿Qué se supone que debo hacer?

Use consecuencias que no cuesten dinero (consulte la lista en la página siguiente). Hay muchas actividades y privilegios que se pueden utilizar como consecuencias efectivas que no implican dinero: tiempo con amigos, un paseo al parque, más horas de televisión, etc. Recuerde que su tiempo y atención son las consecuencias más efectivas en la vida de su hijo.

Recompensas que No Cuestan Dinero

- Quedarse despierto hasta tarde
- Tener la habitación desordenada por un día
- Regresar más tarde a casa
- Escuchar música
- Invitar amigos a casa
- Dormir en la sala de estar o afuera en una carpa
- Visitar a un amigo en su casa
- Elegir un programa de televisión
- Mirar la televisión durante más tiempo
- Elegir una excursión
- Jugar videojuegos
- Restar una de las tareas de las que hace habitualmente
- Estudiar en el dormitorio o con la música encendida
- Que mamá o papá le lean un cuento por la noche
- Quedarse despierto hasta tarde para leer
- Jugar con el hermano o hermana mayor
- Usar el auto
- Dormir hasta tarde
- Hablar por teléfono durante más tiempo
- Invitar amigos a una comida al aire libre
- Permitirle alguna comida especial que le guste
- Ir al centro comercial con amigos el fin de semana
- Ir a la biblioteca, a la tienda de mascotas, al parque, etc.
- Salir una noche extra con amigos
- Darle permiso para asistir a un evento especial
- Comer bocadillos en la sala de estar
- Tener más tiempo para usar la computadora
- Andar en bicicleta o pescar
- Hacer un picnic dentro de la casa
- Elegir el cereal para el desayuno
- Salir a mirar vidrieras

$\Rightarrow$

Capítulo 5

Uso de Razones para Fomentar el Mejoramiento

"¿Por qué tengo que lavar los platos?"

"¿Por qué no puedo quedarme hasta tarde esta noche?"

"¿Por qué no me dejas enviar mensajes de texto a mis amigos?"

El "por qué" tiene una gran importancia en el vocabulario de la mayoría de los niños. A veces, los padres se sienten bombardeados con esta pregunta. Cuando sus hijos cuestionan en forma constante sus decisiones, pueden generarle molestia, frustración o enojo. ¡Puede sentir que desafían su autoridad o que sus hijos intentan volverlo loco! Sin embargo, es normal que todos, en especial los niños, pregunten y quieran saber "¿Por qué?" Eso no significa que estén planeando desestabilizarlo sino que simplemente no entienden su punto de vista. Plantear razones lógicas a los niños puede ayudarlos a entender más y cuestionar menos.

Por un minuto, pongamos esta situación en un nivel de adultos. Por ejemplo, digamos que su jefe le pide que trabaje hasta tarde en un proyecto sin decirle por qué. Es probable que se moleste y tal vez sienta que lo están castigando. Sin embargo, si su jefe le explica que la fecha límite del proyecto se adelantó de mañana por la tarde a primera hora de la mañana, entenderá mejor el pedido y podrá cumplir sin tantos sentimientos ni pensamientos negativos. Lo mismo sucede con los niños. Por lo tanto, facilite las cosas para usted y su hijo, y anticípese a los "por qués" explicando las razones por adelantado.

¿Qué Son las Razones?

Las razones son explicaciones que ayudan a las personas a comprender la conexión entre sus comportamientos y lo que sucede con ellas y los demás como resultado de esos comportamientos. Forman parte de muchas destrezas de crianza que se presentan más adelante en este libro y que pueden utilizarse en cualquier momento que sea necesario para enseñar a un niño por qué es importante usar determinados comportamientos y destrezas en situaciones específicas.

Hay una diferencia entre las "razones generales" y las "razones específicas para niños", que es la clase que aprenderá a utilizar. Estas razones están dirigidas específicamente al punto de vista o a la comprensión de un niño. Por ejemplo, una razón general para limpiar la habitación podría ser: *"La limpieza de tu habitación ayuda a mantenerla ordenada en caso de que vengan visitas".* Una razón orientada a un niño sería algo así como: *"Si mantienes tu habitación limpia, es más probable que te permita invitar amigos a jugar".*

Por Qué Utilizar Razones Orientadas hacia los Niños

Explicar las razones a los niños por el uso de ciertos comportamientos aumenta la probabilidad de que establezcan una relación entre sus acciones y las consecuencias (positivas y negativas). Las razones ayudan a los niños a entender que son capaces de controlar lo que les sucede simplemente cambiando la forma en que se comportan. Si los niños ven los beneficios que un comportamiento positivo tiene en ellos mismos o en los demás, son más propensos a comportarse de esa manera en el futuro. Del mismo modo, si entienden las desventajas personales de un comportamiento negativo, tendrán menos posibilidades de tener ese mal comportamiento.

Otros beneficios del uso de razones orientadas a los niños incluyen:

- Sus hijos lo ven como una persona justa cuando utiliza razones, sobre todo cuando les está enseñando. Las razones ayudan a los niños a comprender que lo que está tratando de enseñarles tendrá un efecto directo en ellos. Los niños aprenden de qué manera ciertos comportamientos pueden ayudarlos o perjudicarlos a nivel personal.

- Las razones mejoran el desarrollo moral de los niños. Cuando señala a los niños cómo su comportamiento afecta a los demás, los está ayudando a reflexionar sobre sus actos al tiempo que alimenta su capacidad de pensar más en los demás.

- Cuando dedica tiempo a dar razones, está ayudando a construir la relación entre usted y su hijo. Los niños lo ven como un ser paciente, atento y verdaderamente interesado en ayudarlos.

Tipos de Razones Orientadas hacia los Niños

Hay tres tipos de razones que puede aplicarles a sus hijos. Puede explicarles de qué manera su comportamiento los beneficiará, generará un resultado negativo para ellos o afectará a otros. El tipo de razón que utilice dependerá de la edad o la madurez de su hijo y del comportamiento que intenta fomentar o cambiar.

Beneficiosa para el Niño

Este tipo de razón permite que los niños sepan cómo un comportamiento puede beneficiarlos en forma directa. *("Si ahorras dinero del reparto de periódicos, podrás comprarte la bicicleta nueva"* o *"Si me ayudas a limpiar la mesa, puedes salir a jugar con tus amigos después de la cena")*. A menudo, utilizará este tipo de razones con un niño pequeño o inmaduro, que no superó la etapa del pensamiento "centrado en sí mismo".

De Resultado Negativo

Estas razones señalan a los niños un resultado no deseado generado por sus actos. *("Si discutes con tus amigos, es probable que no quieran estar contigo")*. Hay momentos en que las razones con resultado negativo son necesarias. Son especialmente eficaces cuando es necesario señalar resultados graves, como aquellos relacionados con la seguridad. *("Si te alejas de mí en el centro comercial, es posible que te pierdas"* o *"Si vas con demasiadas personas en el auto, puedes distraerte y tener un accidente")*. Sin embargo, como regla general, no abuse de las razones con resultado negativo ya que puede parecer agobiante. Siempre que sea posible, exprese las razones con resultado negativo de una manera positiva. Por ejemplo, si dice, *"No te quedes hasta muy tarde o mañana estarás cansado"* puede añadir, *"Si te vas a la cama temprano, te sentirás con más energía en la mañana"*.

De Preocupación por los Demás

Cuando se utiliza este tipo de razón, se intenta que los niños se imaginen a sí mismos en el lugar de otra persona. Se les pide que vean la situación desde otro punto de vista y eso les da la oportunidad de pensar cómo se sentirían si alguien les hace lo mismo. *("Cuando a Luis lo llaman por ese nombre, lo hacen sentir mal")*. Este tipo de razón es especialmente útil para el desarrollo de la moral y los valores. *("Cuando ayudas a tu hermano con su tarea, le demuestras que te preocupas por él y quieres ayudarlo a que le vaya bien en la escuela").* No puede utilizar este tipo de razón con niños muy pequeños, pero con el tiempo seguramente quiera que empiecen a pensar en cómo sus acciones afectan a los demás. El uso de este tipo de razón ayuda a los niños a desarrollar la empatía a medida que crecen.

Ejemplos de Razones Orientadas hacia los Niños

Estos son ejemplos de cómo cada tipo de razón podría utilizarse en las mismas situaciones:

Beneficiosa para el Niño

1. *"Bien hecho, Lucía. Aceptaste mis comentarios y te cambiaste la falda. Cuando aceptas una crítica, me demuestras que estás creciendo y que puedes hacerte cargo de más responsabilidades".*

2. *"Daniela, ya que no hiciste lo que te pedí la primera vez, perdiste una hora de uso de la computadora. Cuando sigas las instrucciones, podrás continuar con lo que estabas haciendo".*

3. *"Carlos, la próxima vez que sientas que te estás enojando, respira profundo unas cuantas veces. Si lo haces, puedes evitar que las cosas empeoren".*

De Resultado Negativo

1. *"Bien hecho, Lucía. Aceptaste mis comentarios y te cambiaste la falda. Por lo general, no aceptar la crítica genera más críticas".*

2. *"Daniela, ya que no hiciste lo que te pedí la primera vez, perdiste una hora de uso de la computadora. Si no sigues las instrucciones, pierdes la oportunidad de hacer lo que quieras".*

3. *"Carlos, la próxima vez que sientas que te estás enojando, respira profundo unas cuantas veces. Si pierdes el control, te meterás en más problemas".*

De Preocupación por los Demás

1. *"Bien hecho, Lucía. Aceptaste mis comentarios y te cambiaste la falda. Me enorgullece cuando aceptas las críticas".*

2. *"Daniela, ya que no hiciste lo que te pedí la primera vez, perdiste una hora de uso de la computadora. Cuando sigues las instrucciones, demuestras respeto por las reglas de la familia".*

3. *"Carlos, la próxima vez que sientas que te estás enojando, respira profundo unas cuantas veces. Si lo haces, evitarás descontrolarte y herir los sentimientos de los demás".*

Cuándo Usar Razones

Es necesario que use razones junto a las diferentes destrezas de crianza que aprenderá en este libro, por ejemplo, cuando enseña el dominio propio *("Cuando discutes conmigo en vez de hacer lo que te pido, terminas perdiendo tus privilegios de usar el teléfono")*, o cuando corrige un mal comportamiento *("Cuando usas el auto sin pedir permiso, tienes menos posibilidades de que confíe en ti y te preste el auto otra vez")*.. No obstante, el mejor momento para hablar con los niños sobre las razones es cuando les está enseñando sobre comportamientos en momentos neutrales o positivos. Es en estas ocasiones cuando los niños están más dispuestos a escuchar. Si les habló en momentos de calma sobre las razones por las cuales algunos comportamientos son aceptables y otros no, sus hijos estarán más dispuesto a escuchar razones cuando necesiten una corrección o estén enojado y molestos.

Dar Razones Eficaces

Si le dice a un niño, *"Ordena tu habitación porque yo lo digo"*, puede decir que le ha dado una razón. Sin embargo, no es seguro que esa razón logre influir en el comportamiento de su hijo en el futuro. Las razones eficaces tienen ciertas cualidades que hacen posible que funcionen.

Use razones que puedan individualizarse y que sean personales para los niños.

Las razones que parecen funcionar mejor con los niños son aquellas que señalan que algo es importante para ellos a nivel personal. Si tiene un niño que disfruta de los deportes, utilice razones relacionadas con el deporte. *("Si aprendes a seguir instrucciones, tu entrenador de fútbol podrá darse cuenta de esto y te permitirá jugar más".)* Si tiene una hija adolescente que quiere conseguir un trabajo de fin de semana, muéstrele cómo una destreza particular podría ayudarla a conseguir un trabajo. *("Saber cómo presentarte ante un potencial empleador genera una buena primera impresión de ti").* Estas razones no solo muestran beneficios para el niño, sino que también pueden actuar como motivadores.

Sea tan breve y específico como sea posible.

Si las razones son demasiado extensas, podrá parecer que está dando una conferencia y su hijo no logrará conectarse con la situación. Además, no ofrezca una lista de razones; por lo general, es suficiente con una sola. Si dice, *"Cuando sigues instrucciones, demuestras a los demás que eres confiable y es probable que tu maestra te vea como un líder, puedes terminar tu trabajo antes y tener más tiempo libre"*, corre el riesgo de que el niño no recuerde ninguna de las razones.

Procure que las razones sean convincentes y creíbles.

Para algunos niños, las razones que manifieste son las que ellos esperan que se concreten. En vez de decir, *"Comparte con los demás y agradarás a todos"*, diga algo más realista, como *"Si compartes con los demás, probablemente ellos compartan contigo"*. Para que su razón sea creíble, tenga en cuenta la edad del niño. Esta razón no tendría mucho sentido para un niño pequeño: *"Si eres capaz de seguir instrucciones, podrás conseguir un trabajo mejor remunerado cuando crezcas"*. En cambio, tiene más sentido para un niño pequeño si dice, *"Si sigues las instrucciones, tendrás más tiempo para jugar"*.

Use palabras que se refieran a "posibilidades".

Incluir palabras que hagan referencia a un "posibilidad" puede ayudar al niño a entender la razón de utilizar una destreza o un comportamiento y reducir al mínimo la impresión de que se le está prometiendo algo a cambio. Frases tales como, *"es más probable que tu"* o *"en el futuro podrás"* ayudan a un niño a entender que la razón para usar la destreza no es absoluta en todas las situaciones. Esto puede reducir los casos en que un niño sienta que le prometieron algo y no le cumplieron o que haga comentarios tales como, *"Pero dijiste que si hacía esto, me darías..."*.

Destaque los resultados lógicos y naturales para un comportamiento determinado.

Los niños necesitan aprender que algunos comportamientos tienen resultados naturales que no necesariamente están influenciados por usted. *("Ir a la cama a la hora indicada te facilita levantarte sin problemas y sentirte bien en la mañana")*. Asegúrese de que los resultados naturales y lógicos sean acordes a la edad del niño. Además, tenga en cuenta que los niños a menudo necesitan razones para hacer lo que se les pide que sean más motivadoras que las razones naturales y lógicas.

Utilice razones que demuestran cómo una destreza puede generalizarse (o transferirse fácilmente) en otras situaciones.

Los niños necesitan ver cómo su comportamiento afecta a otras personas fuera de su casa. *("Si saludas a los demás con cortesía, la gente te verá como una persona agradable").* Cuando pueda, use un término general como "personas" en lugar de "yo" para ayudar con la generalización. Diga, *"Cuando asumes responsabilidades y sigues instrucciones, los maestros y amigos te ven como alguien confiable y saben que pueden contar contigo"* en lugar de *"Cuando asumes responsabilidades y sigues instrucciones, sé que puedo contar contigo".*

Use razones con frecuencia.

Se necesita mucha enseñanza y práctica para que los niños aprendan aquello que queremos que sepan: usar modales adecuados en la mesa, hacer las tareas en forma puntual, etc. Sucede lo mismo con las razones. Es probable que tenga que dar una razón varias veces, con paciencia y en situaciones similares, antes de que los niños comiencen a entender por qué deben o no deben comportarse de una determinada manera.

Concéntrense en lo positivo.

Si bien es cierto que el mal comportamiento puede causar situaciones desagradables, no es muy recomendable motivar a los niños mediante el miedo a que ocurran cosas malas. En su lugar, es mejor que los niños estén motivados por los resultados positivos de hacer las cosas bien. En ese sentido, limite la frecuencia con la que usa razones, tales como *"Te lastimarás"* o *"Te meterás en problemas".* Recurra a razones que muestren cómo sus hijos, y otras personas, se pueden beneficiar por hacer algo bien. Use razones similares, por ejemplo *"Si haces la tarea ya mismo, tendrás más tiempo para hacer cosas divertidas en la computadora".*

Resumen

Todos los días, se enfrentará a muchas situaciones en las que podrá usar razones con su hijo, especialmente durante las oportunidades de enseñanza sobre las que leerá más adelante en este libro. Cuando les dé razones a los niños, es más probable que entiendan su punto de vista y por qué es importante utilizar ciertos comportamientos y no otros. Las razones también ayudan a los niños a establecer una conexión entre su comportamiento y lo que sucede como resultado. Sin embargo, es importante que entienda que las razones en sí mismas rara vez modifican un comportamiento. La enseñanza sumada a las razones sumada a las consecuencias es la mejor fórmula para cambiar un comportamiento.

 # REPASO DEL CAPÍTULO

Explique la definición de razones orientadas hacia los niños.

Estas razones son enunciados que muestran a los niños la relación entre su comportamiento y lo que ocurre como resultado. Están relacionadas con el punto de vista o la comprensión de un niño.

¿Por qué es importante dar razones orientados hacia los niños?

Es más probable que los niños hagan lo que los padres les piden.

¿Cuáles son los diferentes tipos de razones?

Razones que muestran un beneficio para el niño, un resultado negativo para el niño y aquellas que generan preocupación por los demás.

☆ PLAN DE ACCIÓN

1. Tómese su tiempo para responder a las siguientes preguntas:

   • ¿Qué es lo más importante que aprendió en este capítulo?

   • ¿Qué planea cambiar como resultado de lo que ha aprendido?

2. Como parte de la conversación en su próxima comida familiar, pida a sus hijos que compartan:

   • Cómo se han beneficiado de hacer y usar los jarros de alegría y de tareas.

   • Razones por las que no deben olvidarse de hacer sus tareas o deberes de la escuela.

   • Razones por las que es importante que los miembros de la familia se escuchen y ayuden mutuamente.

Felicite y anime a sus hijos a medida que se unen a la conversación. Explique por qué les pidió que compartan sus ideas mientras comen en familia.

PɣR

PARA LOS PADRES

P **¿Se supone que debo dar a mis hijos razones para todo lo que quiero que hagan?**

R No, los niños probablemente dejen de prestarle atención si usted les da razones para todo lo que quiere que hagan. Cuando quiere aumentar las conductas positivas que sus hijos no hacen de forma rutinaria, las razones pueden usarse con mayor frecuencia en un principio para ayudar a los niños a comenzar a tener comportamientos que no conocen. A medida que el niño domina el comportamiento, las razones pueden irse diluyendo.

P **Cuando les da razones a los niños, ¿no les está dando simplemente una oportunidad de discutir y debatir?**

R Dar razones debería disminuir las posibilidades de que esto ocurra porque usted ya contestó la pregunta "por qué" del niño por adelantado. Recuerde, no tiene que dar varias razones; solo dé una razón orientada al niño y continúe.

P **¿Qué hay de malo en decirles a los niños que hagan algo solo porque somos los padres y les estamos diciendo que lo hagan?**

R No hay nada malo con esto. Pero darles razones es mucho más eficaz que darles advertencias o amenazas sutiles. Eso le ahorra tiempo y hace que los niños sean más colaboradores.

P ¿Darles razones a los niños ayudará realmente a que se comporten?

R Las investigaciones muestran que dar razones a los niños los ayuda a desarrollar la autodisciplina, lo que mejora su comportamiento y reduce el conflicto.

P ¿Debo darles razones a los niños pequeños y en edad preescolar quienes probablemente no las entenderían?

R ¡Sí! Pero asegúrese de que sus razones sean apropiadas para la edad y de usar palabras que los niños pequeños entiendan. Puede ser que no entiendan todo lo que usted dice, pero con el tiempo, van a empezar a entender.

Estimular el Buen Comportamiento y Prevenir Problemas

Reconocer y elogiar el comportamiento positivo de sus hijos a menudo y apropiadamente es la destreza más importante que usted puede aprender como padre. Además de fortalecer su relación con sus hijos, estimular y elogiar el buen comportamiento es una forma de enseñanza y una poderosa expresión de su amor por ellos.

Los elogios son una cosa maravillosa, especialmente en una relación padre-hijo. Son una manera ideal para que los padres les muestren a sus hijos que son aceptados y apreciados, lo cual es muy importante para promover el crecimiento de los niños y la voluntad para cooperar con los padres. Lo único malo de los elogios es que la mayoría de los padres no los utilizan con la suficiente frecuencia como herramienta de enseñanza.

Por desgracia, es posible que algunos de ustedes no hayan experimentado muchos elogios o estímulo cuando eran niños. Elogiar a sus hijos puede sentirse incómodo y poco familiar

93

para usted. Algunos pueden simplemente usar el elogio como una forma de felicitar a los hijos y no como una técnica de crianza para fomentar el buen comportamiento de los niños. Los padres de niños desafiantes o de carácter fuerte también nos dicen que tienen dificultades para encontrar comportamientos que son dignos de elogiar. Así que tienden a centrarse en los comportamientos negativos de su hijo o hija o reconocer solo los logros principales.

En el Capítulo 6, aprenderá a superar estos obstáculos y otros mediante el uso de Elogios Eficaces. Ahí se explica cómo los padres que quieren una atmósfera familiar más agradable y afectuosa deben centrarse en buscar comportamientos positivos para elogiar, dar apoyo, aceptación y motivación de forma constante, y reconocer los pequeños cambios en el comportamiento de un niño que indican que hay progreso.

Para cambiar el mal comportamiento, los niños deben aprender lo que tienen que hacer o decir en situaciones nuevas o problemáticas. Como explicaremos en el Capítulo 7, los padres pueden ayudar a sus hijos a mejorar la forma en la que responden a situaciones en las que han experimentado problemas en el pasado y situaciones nuevas mediante el uso de la Instrucción Preventiva antes de que dichas situaciones ocurran. La Instrucción Preventiva es una herramienta de crianza que ayuda a los niños a aprender y practicar las destrezas antes de que tengan que usarlas, lo que aumenta sus posibilidades de tener éxito y evitar problemas.

Usar la Instrucción Preventiva tiene muchas recompensas. Para los niños, la recompensa es que están mejor preparados para responder de manera positiva y apropiada en muchas situaciones porque han aprendido qué hacer y lo han practicado de antemano. La recompensa para los padres es saber que han proporcionado a sus hijos las destrezas que los ayudarán a tomar buenas decisiones, alcanzar el éxito y mantenerse alejados de problemas. Otro beneficio para los padres es que invierten menos tiempo y energía en corregir los malos comportamientos porque han prevenido muchos de esos comportamientos al haberles enseñado destrezas positivas a sus hijos.

Otra forma de fomentar el buen comportamiento y formar el carácter es usar cuadros con los niños más pequeños y contratos con los niños mayores. El Capítulo 8 enseña cómo establecer metas mediante el uso de cuadros y contratos para niños que explican claramente las conductas positivas que usted quiere que sus hijos tengan, así como los beneficios que pueden obtener si demuestran esos comportamientos. Pueden ser divertidos de usar y además ofrecen incentivos poderosos para los niños por tener un buen comportamiento.

Mientras que leas los siguentes capítulos, tenga en mente que no puede cambiar las conductas de sus hijos ni enseñarles comportamientos nuevos de la noche a la mañana. Piense en los elogios y en la enseñanza y la práctica de destrezas nuevas como si fueran agua que fluye sobre una roca; eventualmente, el comportamiento cambiará y tomará una forma nueva, al igual que el agua cambia la forma de la roca. Eso tomará tiempo, pero si usted utiliza las técnicas descritas en estos capítulos, eventualmente verá cambios positivos en el comportamiento de sus hijos.

Capítulo 6
Los Elogios son Poderosos

L os elogios ayudan a que los niños se vean a sí mismos y al mundo que los rodea de una manera diferente, más positiva. Los elogios no solo alimentan un sentido de autoestima, sino que también pueden ser un poderoso catalizador para mejorar la relación con sus hijos. Los elogios con sinceridad y entusiasmo pueden ayudar a sus niños a crecer emocionalmente, al igual que la comida los ayuda a crecer físicamente.

Concéntrense en lo Positivo

Los elogios no son un concepto nuevo; todos estamos familiarizados con ellos. Pero muchos de nosotros no los usamos tan a menudo como deberíamos. ¿Por qué? Una de las razones es que hemos sido condicionados para ver regularmente solo las cosas negativas. Es fácil ver lo que la gente hace mal. De hecho, muchas empresas que se centran en la atención al cliente creen en la regla "3:11". Esta regla predice que un cliente que experimenta un buen servicio en un negocio, probablemente les contará a otras tres personas al respecto. Por otro lado, cuando un cliente recibe un mal servicio, ¡es probable que haga correr la voz entre otras 11 personas! Las malas noticias viajan más rápido.

Los padres también suelen centrarse en los comportamientos negativos de los niños. Los errores y defectos de sus hijos son fáciles de detectar. Un padre que trabajó con nosotros nos dijo: "Cuando yo era niño, la única vez que sabía que estaba haciendo algo bien era cuando no escuchaba nada de mis padres. ¡Pero siempre los escuchaba cuando hacía algo mal!" ¿Cuántas veces ha pasado de puntillas junto a sus hijos cuando estaban "siendo buenos", con miedo de interrumpirlos y hacer que el buen comportamiento termine?

Elogiarlos de forma efectiva, sin embargo, en realidad tiene el efecto contrario. Si usted constantemente presta atención al buen comportamiento de sus hijos por medio de elogios, se dará cuenta de que repiten ese comportamiento, y la conducta problemática debería disminuir con el tiempo. Cuando se concentre en tantas cosas positivas como pueda, sus hijos se sentirán mejor sobre ellos mismos y sobre usted. La atención positiva que viene con los elogios hace que los niños se sientan cuidados y queridos. Hemos encontrado reiteradas veces una cosa que resulta verdadera: los elogios ayudan a los padres a enfocarse en lo bueno de sus hijos.

Cómo Usar los Elogios

La forma más fácil de motivar a una persona es decir cosas como, "Fantástico", "Excelente" o "Sigue así". Esto es lo que llamamos **elogios generales**. Es una manera rápida y fácil de enfocarse en las cosas positivas que sus hijos hacen. Estas palabras muestran su afecto y aprobación y realmente animan a sus hijos a hacer las cosas bien. Recuerde poco tiempo y esfuerzo, ¡ y los beneficios son maravillosos!

Sin embargo, usted puede hacer que los elogios generales sean incluso mejores. Al agregar un par de pasos, puede centrar su atención en los comportamientos específicos que le gustaría que su hijo siga teniendo en el futuro. Añadir ocasionalmente una recompensa por esos comportamientos hace que el elogio se aún más poderoso. Es por eso que hacemos una distinción

entre el elogio general y lo que llamamos **Elogios Eficaces.**
Los Elogios Eficaces consisten en elogiar a sus hijos por sus
comportamientos positivos específicos.

Cuándo Usar Elogios

Se requiere un esfuerzo para reorientarse y así ver las
cosas buenas que nuestros hijos hacen. Estas son tres áreas
generales en donde se produce la mayoría de las oportunidades para elogiarlos:

- **Las cosas que sus hijos ya hacen bien (y quiere**
  que las repitan)
- **Las mejoras en el comportamiento**
- **Los intentos positivos de usar una destreza nueva**

Como padre, es posible que a menudo se sienta subesti-
mado. ¿Cómo se sentiría si sus hijos de repente comenzaran
a notar todas las cosas que hace por ellos que por lo general
ellos dan por sentado? Además de sentirse bastante bien, probablemente esté dispuesto a hacer aún más por ellos. De la
misma manera, elogiar a sus hijos por lo que ya hacen bien es
como tomar una póliza de seguros para garantizar su buen
comportamiento a futuro. Los elogios aumentan las posibilidades de que sigan teniendo comportamientos que atraen su
atención positiva, ya sea que se trate de levantarse a tiempo,
ordenar sus habitaciones o jugar un juego con un hermano
menor. Solo tiene que tomarse el tiempo para darse cuenta de
las buenas conductas.

Luego, asegúrese de reconocer cuándo sus hijos hacen
mejoras en su comportamiento. Elogie los pequeños pasos en
el camino: hacer la cama aunque no todas las sábanas no están
metidas bajo el colchón, barrer el piso aunque no quede impecable o pedir permiso incluso si no hay manera de que usted

vaya a dejar que su hijo use el auto una noche en plena semana. Cuando los niños son reconocidos por el esfuerzo que hacen para mejorar, van a seguir tratando de mejorar.

Por último, ya que los niños no aprenden nuevas destrezas sin práctica y pasos en falso, es más probable que continúen haciéndolo si usted los elogia por sus intentos positivos. Por ejemplo, cuando su hijo llevó a casa su primer trabajo de arte del jardín de infancia, usted probablemente lo elogió en ese momento y por cada mejora a partir de entonces: desde el primer garabato a colorear dentro de las líneas hasta el cartel que ganó un concurso de la escuela. Esos primeros intentos estuvieron lejos de ser perfectos, pero sus elogios y atención motivaron a su hijo a seguir tratando de dominar la destreza. El mismo principio se aplica cuando los niños están aprendiendo nuevas destrezas sociales como aceptar la crítica sin discutir, admitir los errores y ofrecer ayuda, o destrezas para la vida, como hacer los deberes, lavar su ropa y solicitar un puesto de trabajo. Elogie el hecho que su hijo está intentando.

Pasos de los Elogios Eficaces

Estos son los pasos de los Elogios Eficaces y un ejemplo de cómo funcionan.

1. **Mostrar aprobación.**
2. **Describir el comportamiento positivo.**
3. **Dar una razón.**
4. **Aplicar una consecuencia positiva (opcional).**

Eric terminó su tarea antes de pedir permiso para salir a jugar. Así es como su mamá puede elogiarlo:

1. **Mostrar aprobación.**
   "¡Así se hace! Eric, ¡estoy orgullosa de ti!"

2. **Describir el comportamiento positivo.**
   "Hiciste toda la tarea antes de pedir permiso para salir".

3. **Dar una razón.**
   "Cuando terminas tu tarea temprano, tienes más tiempo para jugar".

Examinemos la importancia de cada paso de los Elogios Eficaces.

PASO 1: Mostrar Aprobación

A los niños les gusta cuando usted dice cosas buenas de ellos (¿a quién no?), y quedan incluso más cautivados por su aprobación cuando se hace con entusiasmo y sinceridad. Cuando se combina una señal o una acción de elogio (una inflexión de la voz, un gesto corporal o una expresión facial) con una frase alentadora, el elogio adquiere mucho más significado y poder.

Hay una gran variedad de palabras que pueden transmitir satisfacción con el comportamiento de su hijo. ¡Y mostrar un poco de emoción! Use palabras como *"¡Impresionante! ¡Magnífico! ¡Fabuloso! ¡Vas por buen camino! ¡Te amo! ¡Estoy impresionado! ¡Fantástico! ¡Increíble! ¡Eso es genial! ¡Eso es maravilloso! ¡Excelente!"* (¿Acaso no le hace sentir mejor solo el decir estas palabras?) Asegúrese de mantenerse alejado de los cumplidos no sinceros o del sarcasmo: *"¡Vaya, ya era hora de que ordenaras tu cuarto!"* Sus palabras tienen que transmitir sinceridad y entusiasmo.

Las acciones también son formas poderosas de mostrar su aprobación: Abrazos, besos, guiños, sonrisas, pulgares para arriba, chocar las manos, palmadas en el hombro, despeinarlos con la mano, aplaudir, asentir con la cabeza. Mostrar aprobación le permite a su hijo saber que usted está emocionado y contento por lo que él o ella está haciendo. A la larga, su hijo se sentirá motivado y disfrutará de estar cerca de usted.

PASO 2: Describir el Comportamiento Positivo

Después de haber mostrado su aprobación, describa los comportamientos positivos específicos que le gustaron. Asegúrese de que sus hijos entiendan lo que hicieron para que puedan repetir el comportamiento en el futuro. Describa claramente lo que usted acaba de ver o escuchar que su hijo hizo bien. Por ejemplo, diga, *"Sara, gracias por lavar los platos y ayudarme a guardar las sobras"*, o *"Joaquín, qué bien que te hayas lavado las manos después de ir al baño"*. Recuerde utilizar palabras que sus hijos entienden. Haga sus elogios breves y al grano. Simplemente hágale saber a su hijo lo que hizo bien.

PASO 3: Dar una Razón

Los niños se benefician al saber por qué un comportamiento es útil para ellos o para alguien más. Como ya comentamos en el Capítulo 5, las razones ayudan a que los niños comprendan la relación entre su comportamiento y lo que les sucede. Por ejemplo, si su hijo pequeño se ofrece para ordenar la sala familiar antes de que lleguen los invitados (y lo hace), explíquele por qué ese comportamiento es útil: *"Ordenar la sala familiar realmente nos ahorró mucho tiempo, y ahora todo está listo para cuando lleguen los invitados"*. Si su hijo es un adolescente, usted podría dar una razón diferente de por qué es importante ayudar: *"Ayudar a los demás es una verdadera ventaja. Si lo haces en el trabajo, tu jefe podría tomarte en cuenta para un aumento de sueldo o un ascenso"* o *"Ya que ayudaste, tendremos tiempo para una lección de manejo"*.

Las razones son particularmente valiosas cuando son apropiadas para la edad y explican los beneficios que su hijo puede recibir, ya sea de inmediato o en el futuro. Así que elija una razón que usted crea que va a tener más significado para su hijo. Y recuerde usar palabras de "posibilidad"; estas pueden ayudar a un niño a comprender la razón de la destreza o el comportamiento sin dar la impresión de que recibirá algo a cambio.

PASO 4: Aplicar una Consecuencia Positiva (opcional)

De vez en cuando, es aconsejable agregar un cuarto paso a los Elogios Eficaces: una consecuencia positiva (recompensa). Cuando usted está especialmente satisfecho con un cierto comportamiento, o su hijo ha hecho una gran mejora en un área determinada, puede recompensarlo con un privilegio especial. Las recompensas pueden ser grandes o pequeñas; eso depende de usted. Solo asegúrese de que el tamaño de la recompensa se ajuste al comportamiento que desea fomentar. Usar una consecuencia después de un comportamiento aumenta la probabilidad de que el comportamiento positivo se vuelva a producir.

Ejemplos de Elogios Eficaces

Veamos algunos ejemplos de cómo se pueden usar los Elogios Eficaces. En el primer ejemplo, su hijo adolescente acaba de llegar a casa antes de la hora de llegada una noche del fin de semana.

1. **Mostrar aprobación.**
   "¡Diego, estoy muy orgulloso de ti!"
   (Sonría y dele unas palmadas a su hijo en la espalda).

2. **Describir el comportamiento positivo.**
   "Llegaste a casa a horario".

3. **Dar una razón.**
   "Cuando estás en casa a la hora de llegada, eso me muestra que eres responsable y que puedo confiar en ti cuando sales con tus amigos".

4. **Aplicar una consecuencia positiva (opcional).**
   "Ya que llegaste a casa a tiempo, puedes llegar 30 minutos más tarde el próximo fin de semana cuando salgas con tus amigos".

En este ejemplo, su hijo aprendió específicamente lo que hizo bien y por qué era tan importante. Usted aumentó la probabilidad de que él llegue a horario la próxima vez que salga.

En el siguiente ejemplo, su hija ignoró las burlas de su hermano.

1. **Mostrar aprobación.**
"¡Así se hace, Camila!"

2. **Describir el comportamiento positivo.**
"Ignoraste a tu hermano cuando se estaba burlando de tu vestido".

3. **Dar una razón.**
"Me has demostrado que sabes cómo llevarte bien con los demás, incluso cuando es difícil".

4. **Aplicar una consecuencia positiva (opcional).**
"¿Por qué no vemos si podemos encontrar unos pendientes míos que combinen bien con tu vestido?"

En este último ejemplo, su hijo hizo una solicitud y aceptó con calma que usted respondió "No".

1. **Mostrar aprobación.**
"¡Eric, buen trabajo!"
(Hágale una señal de aprobación con el pulgar).

2. **Describir el comportamiento positivo.**
"Cuando te dije 'No' cuando preguntaste si podías salir un rato con tus amigos, tu respiraste profundo y contaste hasta diez para calmarte".

3. **Dar una razón.**
"Esto me demuestra que estás aprendiendo a manejar la decepción de una forma más adulta.

Si sigues así, es más probable que te dé permiso para pasar tiempo con tus amigos".

4. **Aplicar una consecuencia positiva (opcional).**
   "Como reaccionaste de una forma muy calmada, mañana en la noche puedes pasar 15 minutos más fuera de casa".

¿Funcionan Siempre los Elogios?

Algunos padres nos dicen que elogian a sus hijos, pero eso no parece cambiar en nada su comportamiento. Algunos de estos padres se centran solo en los logros sobresalientes. Pierden muchas oportunidades de percatarse de los pasos pequeños y positivos que dan en la dirección correcta. Le pedimos a un papá que buscara cosas pequeñas para elogiar. Después de comenzar a buscar de cerca y elogiar pequeñas mejoras, se dio cuenta de muchos cambios positivos en el comportamiento de sus hijos. Además, sentía que se estaba llevando mejor con sus hijos.

Otros padres nos cuentan que elogian a sus hijos con frecuencia, pero no parece importarles mucho. Una madre compartió con nosotros que ella elogiaba a sus hijos todo el tiempo, ¡ya fuera que estuvieran haciendo algo bien o no! Después de un tiempo, sus hijos comenzaron a ignorarla, e incluso a dejarla hablando sola. Ella no lograba entenderlo. "¿Acaso elogiar a los niños no es algo bueno?", se preguntaba. El problema aquí es que esta madre estaba tratando de aumentar la autoestima de sus hijos, esperando que sus constantes elogios motivaran el buen comportamiento. Aunque el amor de un padre siempre debe ser incondicional, dado simplemente por lo que un niño es, los Elogios Eficaces se deben dar por lo que un niño hace. Si esta mamá quiere que los elogios mejoren el comportamiento de sus hijos, deben estar sujetos a, o decirlos después del comportamiento positivo.

Algunos padres nos han preguntado: *"¿Por qué debería elogiar a mis hijos por algo que se supone que deben hacer?"* Nosotros les contestamos con otra pregunta: *"¿A ustedes les gusta que reconozcan las cosas que hacen bien, independiente de si se supone que deben hacerlas?"* Por ejemplo, ¿les gusta que su jefe les diga lo bien que están haciendo su trabajo? La mayoría de los padres responde *"Por supuesto"*. Así como los elogios de un jefe pueden construir una relación positiva con los empleados, elogiar a sus niños mejora las relaciones familiares.

Los Elogios Eficaces se deben utilizar con frecuencia, pero deben darse solo después de que los niños se los hayan ganado. ¡Por eso es que funcionan! Cuando los padres elogian y motivan por cosas muy específicas que sus hijos han hecho, esta atención aumenta la probabilidad de que estos mismos comportamientos se repitan.

Resumen

Cada uno de sus hijos le da motivos para estar contento. Todos los niños hacen muchas cosas, por pequeñas que sean, que merecen elogios. Asegúrese de que cuando vea un buen comportamiento, sus hijos reciban el reconocimiento adecuado.

En entrevistas con algunos de los miles de padres que han tomado nuestras clases de crianza, muchos nos han contado que los Elogios Eficaces han tenido un efecto duradero en sus familias. Los padres se encuentran siendo más positivos con respecto a sus hijos, y los niños, a su vez, son más positivos con respecto a sus padres. Con los Elogios Eficaces, todos ganan.

 REPASO DEL CAPÍTULO

¿Qué son los Elogios Eficaces?

Elogiar eficazmente significa elogiar a los niños por los comportamientos positivos específicos que muestran.

¿Por qué es importante elogiar comportamientos específicos?

Es más probable que los niños sepan qué es lo que sus padres quieren que hagan de nuevo y así repetir esos comportamientos.

¿Cuáles son los pasos de los Elogios Eficaces?

1. Mostrar aprobación.
2. Describir el comportamiento positivo.
3. Dar una razón.
4. Aplicar una consecuencia positiva (opcional).

☆ PLAN DE ACCIÓN

1. Tómese su tiempo para responder a las siguientes preguntas:
   - ¿Qué es lo más importante que aprendió en este capítulo?
   - ¿Qué planea cambiar como resultado de lo que ha aprendido?

2. Haga un esfuerzo por usar las cosas que aprendió de este capítulo en la vida diaria de su familia. Al menos una vez a la semana, durante una comida familiar, pida a cada miembro de la familia que elogie algo sobre la persona que está sentada a su izquierda. La semana siguiente, comience la vuelta de los elogios en la dirección contraria. O bien, pida a sus hijos que digan algo agradable sobre uno de los padres después de que usted elogie a los niños.

   Otra variante podría ser que cada niño hable de algo que él o ella hizo esa semana que lo haya hecho sentir bien. Elogie a los niños por esos comportamientos y pregúnteles

por qué creen que sus acciones les produjeron
sentimientos positivos.

PARA PADRES

¿Se supone que debo darle algo a mi hija cada vez que hace algo bien?

No. Los elogios con una consecuencia positiva están diseñados para aumentar los comportamientos que a su hijo le resultan difíciles o que no hace rutinariamente. Puede que tenga que dar una consecuencia positiva con frecuencia al principio para ayudar a su hija a comenzar a tener el comportamiento positivo que usted quiere ver. Una vez que su hija empieza a tener el comportamiento con más frecuencia y regularidad, puede utilizar elogios verbales y dejar de lado la recompensa.

¿Qué pasa si mi hijo no hace nada por lo que yo crea que debería ser elogiado?

Nadie hace "todo" mal. Comience a buscar cosas pequeñas o rutinarias o intentos de tener comportamientos positivos nuevos. Por ejemplo, supongamos que su hijo está rebotando una pelota de baloncesto en el piso de la cocina y usted le pide que pare. Si se detiene inmediatamente, puede decirle: "Gracias por parar de inmediato. Realmente lo aprecio cuando me escuchas". Elogie hasta la más mínima señal de progreso. Eso ayudará a que su hijo se encamine en la dirección correcta.

¡A mi hijo no le gusta que lo elogien! ¿Qué debo hacer?

Muchos de nosotros nos sentimos incómodos ya sea al dar o recibir elogios. Con el tiempo, mientras siga usando los elogios, usted comenzará a sentirse más cómodo al darlos y su hijo estará más receptivo para recibirlos. De hecho, ¡su hijo probablemente aprenderá a disfrutarlo! Pero a algunos niños no les gusta que los elogien en público, sobre todo delante de los amigos. Si este es el caso, guarde el elogio para un momento cuando este a solas con su hijo.

Capítulo 7

Enseñar para Evitar Problemas

L as familias saludables toman un montón de medidas preventivas. Instalan detectores de humo, ponen el auto a punto, llevan a los niños al médico para hacerles chequeos, y mantienen un botiquín de primeros auxilios abastecido y listo para usar. Hacemos todas estas cosas preventivas para evitar posibles problemas, desde un incendio hasta una rodilla raspada. Aunque la prevención no puede eliminar todos los posibles problemas, a menudo puede hacer que los problemas que suceden sean más pequeños y más fáciles de manejar. En este capítulo le enseñaremos a adoptar el mismo enfoque preventivo con los problemas de comportamiento infantil.

Creemos que los padres deben dedicar tiempo a enseñarles destrezas importantes a los niños antes de que necesitan usarlas. Una de las mejores maneras que conocemos de hacer esto se llama **Instrucción Preventiva**. Probablemente ya haya usado este tipo de noción al enseñarle a su hijo a cruzar la calle de forma segura, o al ayudarlo a memorizar el número de teléfono que debe marcar en caso de emergencia, o al enseñarle a conducir un auto de forma segura o a cambiar un neumático. En estos casos, usted anticipó o trató de evitar los problemas a los que sus hijos podrían enfrentarse, y además aumentó sus posibilidades de tener éxito si esos problemas surgían. Con la Instrucción Preventiva, puede hacer lo mismo con el comportamiento social de su hijo. **La Instrucción Preventiva consiste en enseñarles a sus hijos lo que deben hacer o decir en situaciones futuras y practicarlo con anticipación.** Preparar a los niños ayudándolos a aprender las destrezas sociales adecuadas no solo ayuda a prevenir su mal comportamiento, sino también puede salvarlos de experimentar situaciones incómodas o embarazosas.

Cuándo Usar la Instrucción Preventiva

Hay dos tipos de situaciones en las que usted puede utilizar la Instrucción Preventiva:

- **Cuando sus hijos se enfrentan a una situación nueva.**

- **Cuando sus hijos han tenido dificultades en una situación pasada que es probable que se repita.**

En cada caso, la clave está en utilizar la Instrucción Preventiva **antes** de que su hijo se enfrente a la situación nueva o **antes** de que su hijo se enfrente a situaciones en las que ha habido problemas en el pasado. Por ejemplo, si su hijo va a pedirle a la maestra que le dé una tarea de crédito adicional para subir su calificación, usted puede utilizar la Instrucción Preventiva para demostrarle cómo puede pedirle y cómo podría responder la maestra. O, si su hija con frecuencia discute con usted o le responde de forma abusiva cuando le pide que cuelgue el teléfono o deje de enviar mensajes de texto, puede usar la Instrucción Preventiva antes de que escriba otro mensaje para que pueda practicar cómo responder adecuadamente a su solicitud. En ambos ejemplos, la Instrucción Preventiva se produce antes de que el niño se enfrente a la situación real. (Lo mejor es utilizar la Instrucción Preventiva cuando su hijo está tranquilo y atento, no justo después de producirse una mala conducta o cuando él o ella se siente mal).

Por supuesto, las áreas de comportamiento en las que usted se centra cuando usa la Instrucción Preventiva varían con cada niño. Pero todos los niños pueden aprender algo nuevo o mejorar los comportamientos que han causado problemas en el pasado. Tal vez quiera que su hijo pequeño aprenda a preparar su propio desayuno o a hacer la cama. O bien, tal vez quiera que su hija mejore las áreas donde ha tenido dificultades en el pasado, como hacer amistades o irse a la cama a horario. Para un adolescente, aprender a preguntarle a alguien si quiere salir en una cita (o rechazar una invitación) o a postularse para un trabajo sin duda será muy útil. O bien, tal vez quiera que su hijo mejore la forma en que responde en situaciones en las que podría perder los estribos o cuando se enfrente a un acosador.

La Instrucción Preventiva es un concepto simple, pero los padres no suelen usarlo tan a menudo o en tantas situaciones como podrían. Estos son algunos ejemplos de situaciones en las que otros padres han usado la Instrucción Preventiva. Antes de que sus hijos se enfrentaran a una situación determinada, ellos les enseñaron a hacer lo siguiente:

- **Entrar a casa en seguida cuando están jugando afuera y se les pide que entren.**
- **Pedir ayuda para llenar una solicitud de empleo.**
- **Decir "Hola" cuando les presentan a los invitados.**
- **Decir "No" si alguien les ofrece alcohol.**
- **Preparar y dar un discurso ante sus compañeros de clase.**
- **Pedir los artículos de la tienda y no simplemente tomarlos.**
- **Decir "Está bien" sin discutir ni quejarse cuando se les dice que es hora de dormir.**
- **Aprender a estacionar el auto en paralelo para la prueba de manejo.**

Al pensar en situaciones que les han causado problemas a sus hijos, usted puede notar cómo van surgiendo los malos comportamientos en una serie de entornos. Por ejemplo, si su hijo se queja o fastidia mucho -ya sea que estén en la tienda, en el auto o al acostarse- usted puede darse cuenta de que decir "No" es lo que suele dar inicio a este comportamiento negativo. Enseñarle a su hijo a aceptar un "No" como respuesta ayudará a aclarar este mal comportamiento en muchas otras situaciones. (Los pasos para esa destreza y muchas otras destrezas sociales útiles se tratan en el Capítulo 12, y pueden incorporarse en la Instrucción Preventiva).

Los Pasos de la Instrucción Preventiva

Los pasos de la Instrucción Preventiva combinan dar mensajes claros y razones orientadas a los niños con otro paso nuevo: la práctica. La práctica les da a los niños la oportunidad de ensayar cómo usarían la destreza antes de entrar en una situación de la vida real, sin tener que preocuparse por fallar. La práctica también le permite observar y evaluar cómo su hijo usa la destreza y poderlo orientar y aconsejar cuando sea necesario.

Veamos los pasos de la Instrucción Preventiva:

1. **Describir el comportamiento deseado.**
2. **Dar una razón.**
3. **Practicar.**

Este es un ejemplo de una situación de Instrucción Preventiva. Carlos está a punto de irse de camping con sus abuelos por primera vez. En visitas anteriores a la casa de los abuelos, Carlos no siempre ha seguido las instrucciones que le dan, especialmente con las tareas. Su padre podría prepararlo de la siguiente forma para el viaje:

1. **Describir el comportamiento deseado.**

   Papá: *"Carlos, cuando la Abuela o Papi te piden que hagas una tarea, míralos y hazles saber que escuchaste lo que dijeron y responde 'Está bien'. Asegúrate de hacer lo que pidieron de inmediato. Y luego, avísales cuando hayas terminado".*

2. **Dar una razón.**

   Papá: *"Si sigues las instrucciones de inmediato, puedes ir a hacer las cosas que te gustan más pronto".*

3. **Practicar.**

   Papá: *"Hagamos de cuenta que yo soy la Abuela. Voy a pedirte que limpies la mesa de picnic. Carlos, por favor limpiar la mesa. Ahora, ¿qué vas a decir y hacer?"*

   Carlos: *"Está bien, y entonces yo limpiaría la mesa y le haría saber a la Abuela cuando hubiera terminado".*

   Papá: *"¡Genial! Ahora ve a divertirte. Recuerda seguir las instrucciones esta noche cuando te llame para que vuelvas de jugar con tus amigos".*

Examinemos la importancia de cada paso de la Instrucción Preventiva.

PASO 1: Describir el Comportamiento Deseado

Antes de que sus hijos pueden hacer lo que usted quiere, primero tienen que saber qué es lo que usted espera. Sea específico y describa los comportamientos positivos que usted quiere que tengan. Asegúrese de usar palabras que su hijo entienda. Por ejemplo: Su hija discutió con usted la última vez que la llevó de compras. Antes de su próxima salida de compras, puede enseñarle cómo reaccionar cuando se recibe un "No" como respuesta. Usted podría decir: *"Sandra, esta noche cuando vayamos de compras, es posible que tenga que decir 'No' a ciertas prendas de vestir que tal vez quieras comprar. Recuerda verme y decir 'Muy bien' con voz tranquila. Si sientes que te estás enojando, respira profundo o pide un tiempo a solas".*

PASO 2: Dar una Razón

Las razones le explican a un niño cómo las nuevas destrezas y los comportamientos apropiados son útiles e importantes, así como la forma en que los comportamientos inapropiados son perjudiciales. Si las razones son personales para los niños, es más probable que acepten lo que usted les está enseñando. Por ejemplo, podría decirle a su hija antes de ir de compras, *"Cuando levantas la voz y te enojas conmigo, eso reduce el tiempo que tenemos para ir de compras y no disfrutamos la salida"* o *"Cuando aceptas un 'No', es más probable que yo esté dispuesta a negociar en otras cosas".* A veces es difícil encontrar razones que signifiquen mucho para su hijo justo en ese preciso momento. Si no sabe qué decir y no puede pensar en una razón, pídale una a su hija. Por ejemplo, podría decir, *"¿Por qué crees que las cosas funcionan mejor cuando aceptas un 'No' sin discutir?"*

PASO 3: Practicar

Saber *qué* hacer y saber *cómo* hacerlo son dos cosas diferentes. Cualquier destreza nueva debe practicarse. Usted puede decirle a su hijo cómo se maneja una bicicleta, pero difícilmente eso sea una garantía de que él se subirá y podrá manejarla. Del mismo modo, usted puede decirle a su hija cómo rechazar una cita sin herir los sentimientos del chico, pero es más probable que ella tenga éxito si ha tenido la oportunidad de practicar lo que debe hacer y decir. La práctica aumenta las posibilidades de que su hijo tenga éxito en la nueva destreza. A veces, los niños se resisten a practicar, sobre todo cuando se les enseña una nueva destreza. Pueden sentirse avergonzados, carecer de confianza en sí mismos o pensar que practicar es una pérdida de tiempo. El hecho es que la práctica en realidad reduce la vergüenza y aumenta la confianza de los niños en sus propias destrezas cuando se enfrentan a la situación real. Anímelos mientras practican y use una gran cantidad de elogios, empatía y paciencia.

Al practicar con los niños más pequeños, trate de hacer que la práctica sea divertida, pero realista. Los padres comentan que sus hijos pequeños, en particular, disfrutan practicando mientras juegan un juego o cuando se les anima a usar la imaginación. A los niños pequeños les gusta fingir que son alguien más y encarnar diferentes papeles cuando practican. Esta es una oportunidad para que usted se divierta con ellos y al mismo tiempo les enseñe algunas destrezas. Por ejemplo, usted podría enseñarle a su hijo a seguir instrucciones al hacer que practique después de que usted le muestre cómo patear un tiro libre. O, comentar y practicar cómo un personaje de una película o programa de televisión que están viendo juntos podría haberse calmado en lugar de enojarse.

Los niños mayores y los adolescentes pueden ser un desafío más grande cuando se trata de practicar. Evite hablar con aires de superioridad o sonar demasiado serio; esto es algo que definitivamente desmotiva a la mayoría de los adolescentes. Con los niños mayores, diga cosas como, *"Muéstrame cómo manejarías..."* o *"Veamos, en el mismo tipo de situación, ¿qué dirías?"* Esto les da a los niños mayores la oportunidad de demostrar realmente su capacidad y le da a usted una oportunidad de ver lo que necesitan mejorar.

Una vez terminada la práctica, elogie las cosas que su hijo hizo bien y anímelo a que trabaje en las áreas que necesita mejorar. No espere la perfección la primera o incluso la segunda

117

vez que practican. ¡Los niños le darán un montón de oportunidades para practicar otra vez!

Si su hijo está practicando una destreza compleja o una situación difícil, tal como la forma de hacer frente a un acosador o pedir disculpas a un maestro, nunca prometa que la situación real va a funcionar perfectamente. Enfatícele a su hijo que él o ella está practicando posibles maneras de manejar una situación y que el resultado no siempre será el mismo que el de la práctica. No puede garantizar el éxito de sus hijos en toda situación posible, solo puede aumentar sus probabilidades de tener éxito. Practicar diversas situaciones le da a su hijo expectativas más realistas.

Además, cuantos más tipos de situaciones y destrezas practique con sus hijos, es más probable que tengan éxito en la situación real. Usted estará ayudándolos a aprender más y más maneras de resolver problemas. En el ejemplo anterior, usted le estaba enseñando a su hija a mantener la calma cuando recibe un "No" como respuesta en una salida de compras. Cuando sea el momento de practicar, usted podría decir, *"Bien, Sandra, esta es otra destreza que puedes usar cuando alguien te dice 'No': cómo no estar de acuerdo de manera apropiada. Estamos en la tienda y te digo 'No' a una falda que quieres. Muéstrame lo que harías y dirías para mantener la calma y dime por qué no está de acuerdo".*

Indicaciones para Prevenir

Después de usar la Instrucción Preventiva varias veces para enseñar una destreza, es posible que solo tenga que darle un recordatorio a su hijo en lugar de pasar por los tres pasos cuando llegue el momento en que tenga que usar la destreza. Este recordatorio se llama **indicaciones para prevenir.** Por ejemplo, digamos que usted y su hija han practicado la forma en que debe aceptar un 'No' como respuesta en varias ocasiones. Antes de entrar en una tienda, usted podría decir, *"Sandra,* *si yo digo 'No' a algo, recuerda mantener la calma y aceptarlo como practicamos en casa"*. El propósito de una pauta preventiva es recordarle a su hija lo que ya practicó antes, justo antes de que la situación se vuelva a producir.

Ejemplos de la Instrucción Preventiva

Estos son algunos ejemplos más de la Instrucción Preventiva:

Un niño de 6 años de edad, con frecuencia se enoja y discute con su mamá cuando llega la hora de bañarse. Antes de la hora del baño, ella usa la Instrucción Preventiva para enseñarle la destreza de mantener la calma.

1. Describir el comportamiento deseado.

Mamá: *"Michael, a veces peleas y te molestas conmigo cuando llega la hora de bañarte. En lugar de pelear conmigo, quiero que finjas que estás soplando unas velas y respires así"*.

(La mamá entonces le muestra cómo respirar profundo y sacar todo el aire).

2. Dar una razón.

Mamá: *"Al soplar las velas imaginarias, me estarás haciendo saber que estás molesto, pero no te meterás en problemas como lo haces cuando gritas y peleas conmigo. Luego, cuando hayas terminado de soplar las velas, podemos hablar de por qué estás molesto, ¿de acuerdo?"*

3. Practicar.

Mamá: *"Ahora, finge que estás molesto porque te dije que es hora de tomar un baño. Muéstrame cómo soplarías las velas para hacerme saber que estás molesto".*

(Michael respira profundo y pretende apagar las velas tres veces).

Mamá: *"¡Eso es genial! Sopla las velas cada vez que sientas que estás enfadándote. Después podemos hablar de por qué estás molesto".*

Un chico adolescente que va al cine con una chica por primera vez. Su padre quiere enseñarle a ser un caballero cuando llegue a la casa de la chica.

1. Describir el comportamiento deseado.

Papá: *"Bien, Juan, hay algunas cosas que quiero hablar contigo antes de que vayas al cine con Cristina. En primer lugar, tienes que llegar a su casa puntual y eso significa tomar el autobús de las 5:20. Luego, quiero que te presentes con su mamá. Dale la mano y di algo como, 'Hola, soy Juan. Es un placer conocerla señora Johnson'. Por último, quiero que te asegures de sostener la puerta abierta para Cristina y dejar que pase primero. ¿De acuerdo?"*

Sean: *"Sí, papá. Voy a estar bien. No sé por qué estás haciendo tanto alboroto por esto".*

2. Dar una razón.

Papá: *"Bien, si le causas una buena impresión a su mamá, es probable que te deje ir al cine con Cristina en otra ocasión. Y si tratas a Cristina con respeto, ella podría aceptar ir a ver otra película contigo".*

3. Practicar.

Papá: *"Ahora, supongamos que yo soy la señora Johnson. Muéstrame cómo te presentarías cuando ella llegue a la puerta. Y recuerda verme y darme la mano".*

(Juan estrecha la mano de su papá y se presenta a sí mismo).

Papá: *"Bien, ahora pretende que yo soy Cristina y muéstrame lo que harías cuando estemos listos para irnos".*

(Juan le abre la puerta de su papá).

Papá: *"Muy bien, Juan. Estoy seguro de que la madre de Cristina estará impresionada. Diviértanse".*

Una adolescente va a ir una fiesta con unos amigos y su mamá quiere asegurarse de que ella sepa qué hacer si alguien que pudo haber estado bebiendo alcohol le ofrece llevarla a casa. En este ejemplo, la mamá le pide a su hija que describa el comportamiento que quiere ver, variando la secuencia de los pasos, pero manteniendo una Instrucción Preventiva eficaz. (La mamá también podría enseñarle a su hija cómo irse de una fiesta en la que hay menores de edad bebiendo alcohol).

1. Describir el comportamiento deseado.

Mamá: *"Hemos hablado de esto antes, Laura, pero es realmente importante, así que solo quiero repasarlo antes de que salgas esta noche. ¿Te acuerdas lo que puedes decir si alguien te ofrece llevarte a casa y tú piensas que esa persona ha estado bebiendo?"*

Laura: *"Sí, mamá. Debo decir, 'No deberías conducir si has estado bebiendo. Por favor, dame las llaves y yo te llevaré a casa'. Si la persona se niega, no debo subir al auto. En cambio, debo llamarte desde mi celular".*

Mamá: *"¡Genial! Ahora, ¿qué harías si un grupo de chicos de empezar a molestarte?"*

Laura: *"Podría decir, 'Chicos, ustedes me caen bien, pero no estoy dispuesta a beber. Y definitivamente no voy a entrar en un auto con alguien que ha estado bebiendo. Me gustan mis partes del cuerpo allí donde están'".*

2. Dar una razón.

Mamá: *"Laura, yo sé que a veces es difícil, pero hacerles saber a tus amigos que no estarás con ellos cuando beben te ayudará a mantenerte fuera de problemas. El consumo de alcohol entre menores de edad es ilegal y peligroso. Mientras te mantengas alejada del alcohol y las drogas, yo te dejaré ir a fiestas. ¿De acuerdo?"*

3. Practicar.

(En esta situación, Laura ya ha practicado diciendo lo que les diría a sus amigos, por lo que su madre podría utilizar una pauta preventiva antes de que Laura salga de la casa).

Resumen

La Instrucción Preventiva promueve cambios de comportamiento graduales en las áreas donde sus hijos están teniendo problemas y los ayuda a prepararse para situaciones desconocidas. Puede aumentar la autoestima de sus hijos al mostrarles que pueden aprender a cambiar sus comportamientos y tener éxito. Y, quizás lo más importante, la Instrucción Preventiva permite que usted y su hijo practiquen destrezas y trabajen juntos para alcanzar los objetivos. Dedicar tiempo a estar con sus hijos y mostrarles que los quiere ayuda a mejorar las relaciones, y beneficia a toda la familia.

Puede hacer dos listas: una para las áreas en las que su hijo necesita aprender algo nuevo, y otra para las áreas en las que su hijo ha tenido problemas antes. Luego use la Instrucción Preventiva con estas situaciones antes de que ocurran en el futuro. Después de utilizar la Instrucción Preventiva, esté muy pendiente a cuando haya mejoras y elogie a sus hijos cuando mejoran.

 # Repaso del Capítulo

¿Qué es la Instrucción Preventiva?

La Instrucción Preventiva consiste en enseñarles a sus hijos lo que deben decir en situaciones futuras y practicarlo con anticipación.

¿Por qué es importante hacer que los niños practiquen?

Es más probable que los niños tengan éxito y cumplan con las expectativas de sus padres.

¿Cuáles son los pasos de la Instrucción Preventiva?

1. Describir el comportamiento deseado.
2. Dar una razón.
3. Practicar.

☆ PLAN DE ACCIÓN

1. Tómese su tiempo para responder a las siguientes preguntas:

   - ¿Qué es lo más importante que aprendió en este capítulo?

   - ¿Qué planea cambiar como resultado de lo que ha aprendido?

2. Haga un esfuerzo por utilizar los pasos para la Instrucción Preventiva en la vida cotidiana de su familia. Asegúrese de que sus hijos aprenden y practiquen una destreza diferente cada semana.

   Por ejemplo, digamos que la destreza de la semana es mostrar consideración por los demás. Usted puede enseñar esta destreza a sus hijos mientras se divierten. Planifique un campamento de verano en el jardín trasero. Antes de armar la tienda de campaña, enséñeles a sus hijos a ser considerados con los vecinos al practicar la forma de hacerles saber temprano que ese día la familia va a acampar en el jardín trasero, cómo mantener sus voces bajas durante la noche y cómo seguir instrucciones y recoger toda la basura que podría volarse al jardín de los vecinos durante la noche.

Este es otro ejemplo: Si quiere enseñarles buenos modales
en la mesa, desafíelos a que demuestren buenos modales
en la cena por seis noches seguidas. Si tienen éxito,
planifique una noche en la que compran pizza o preparan
un menú de sus comidas favoritas para la cena en la
séptima noche.

PʏR

PARA LOS PADRES

P **¿Qué debo hacer cuando mi hijo de 16 años de edad se niega a practicar cuando estoy tratando de enseñarle una destreza?**

R Una opción es decir: "Está bien". Más tarde, cuando él le pregunta si puede hacer o tener algo, diga, "Con gusto te daré una respuesta después de que probemos la destreza de la que hablamos antes". Además, no use siempre la palabra "práctica"; esta puede desanimar a los niños. Puede decir algo como: "Hagamos el intento" o "Muéstrame cómo lo harías tú". Sea comprensivo. Dígale a su hijo que usted entiende que él podría sentirse incómodo al principio, pero que es importante que usted vea que él puede usar la destreza en una situación simulada. Esto permitirá que usted se sienta más cómodo con su capacidad para manejar una situación de la vida real con éxito por su cuenta.

P **¿Qué pasa si practicamos la Instrucción Preventiva y aun así mi hijo se porta mal?**

R Para la mala conducta persistente, puede usar la Instrucción Correctiva, la cual se explica en el Capítulo 10. La mayoría de los niños no aprenderán una destreza o comportamiento después de una sola práctica. Enseñar nuevas destrezas lleva tiempo y mucha práctica. Siga usando la Instrucción Preventiva y compleméntela con Elogios Eficaces y consecuencias positivas y negativas. Además, verifique si usted necesita mejorar la forma en que describe lo que le gustaría ver o si necesita usar mejores razones.

P **¿Puedo utilizar la Instrucción Preventiva para enseñarle a mi hijo a no usar drogas?**

R ¡Por supuesto! La Instrucción Preventiva es una herramienta excelente para hablar sobre y enseñar este tipo de cuestiones. La Instrucción Preventiva le permite hablar sobre todo tipo de situaciones con los niños y cómo manejar tales situaciones. Usted puede enseñarles a los hijos exactamente qué decir o hacer cuando se enfrentan a la opción de usar o no usar drogas. La decisión, en última instancia, es de ellos, pero los niños son más propensos a decir "No" si se les ha enseñado cómo y por qué deberían hacerlo.

P **Hace pocos días practicamos la Instrucción Preventiva antes de ir a comer y mi hijo de todos modos se portó muy mal. ¿Qué debo hacer?**

R Practicar, practicar, practicar, ¡y luego practicar un poco más! No espere la perfección al primer intento. Continúe enseñando y aplicando consecuencias y elogios hasta que su hijo puede hacer lo que usted espera en la situación real. La Instrucción Preventiva no es garantía, pero hace que el comportamiento positivo sea más probable.

Capítulo 8

Lograr Objetivos con el Uso de Cuadros y Contratos

na forma eficaz de mantener la armonía familiar es buscar maneras de estar pendientes de las responsabilidades familiares mediante el uso de cuadros y contratos. La mayoría de las familias ya ha usado algún método de monitorear el progreso en el comportamiento. Por ejemplo, la mamá puede llevar un diario de su dieta para controlar sus hábitos de alimentación, mientras que Daniel de 6 años de edad mantiene un pequeño calendario en su cajón para anotar las noches en que no moja la cama. Papá podría firmar un contrato para reducir el consumo de cigarrillos, y Julia tiene un contrato de teléfono celular para pagar la factura de los mensajes de texto del mes pasado. Estos son todos casos en los que un cuadro o contrato ayudan a padres y a niños a cumplir ciertos objetivos.

Siempre que haga un acuerdo con un niño, debe explicar en detalle sus expectativas con anticipación. Describa claramente lo que el niño ganaría o perdería cuando se comporte de cierta manera. Con los cuadros y contratos, las consecuencias dependen de los comportamientos o destrezas sociales específicos que desea ver en sus hijos; por ejemplo: *"Esta semana cuando sigas instrucciones sin discutir y ordenes tu habitación tan pronto como llegues a casa de la escuela, podrás ganarte una hora para salir a jugar con tus amigos en el parque al otro lado de la calle".* Si usted escribió este acuerdo y lo firmó con su hijo, tendría un contrato. Los cuadros son contratos que utilizan elementos visuales como calcomanías o estrellas. Los cuadros generalmente funcionan mejor con los niños más pequeños. Para un niño en los primeros años de la escuela secundaria, un cuadro podría ser en forma de notas de la escuela o un diario electrónico de tareas que lleva un registro del progreso escolar o de las calificaciones, lo que permite que el niño a siga participando en las actividades extracurriculares.

Los cuadros y los contratos tienen tres puntos principales. Ambos 1) especifican el comportamiento o la destreza social que su hijo necesita tener para mejorar; 2) identifican los privilegios o cosas que se pueden ganar o perder; y 3) indican el tiempo que el acuerdo estará vigente. El objetivo de un acuerdo, ya sea un cuadro o un contrato, es ayudar a los niños a formar su autoestima y su carácter mediante el establecimiento de una meta razonable y alcanzarla.

Cuándo utilizar Cuadros y Contratos

Además de ayudar a mantener un registro de lo bien que su hijo está aprendiendo las nuevas destrezas y a manejar los problemas pasados, los cuadros y contratos también muestran la eficacia de su enseñanza. Un acuerdo escrito entre usted y su hijo les permite a ambos ver el progreso del niño; independientemente de cuán pequeño sea. En concreto, puede utilizar cuadros y contratos:

Cuando quiere centrarse en un problema de comportamiento pasado. Por ejemplo, su hijo podría quejarse con frecuencia cuando se le pide que haga algo, pelear con sus hermanos o hermanas, o llegar constantemente tarde a la escuela por la mañana.

Cuando su hijo tiene un objetivo en mente. Tal vez su hijo quiera ganar dinero para un teléfono inteligente nuevo, poder irse a dormir más tarde, tener permiso para usar el auto durante la semana o conseguir un trabajo.

Cuando usted tiene una nueva meta que le gustaría que su hijo alcance. Tal vez quiera que su hijo abra una cuenta de ahorros, se involucre más en las actividades escolares, o lave su propia ropa.

En cada una de estas situaciones se puede usar un cuadro o un contrato para controlar y registrar los avances logrados hacia la meta que usted o su hijo tienen en mente. A menudo, se puede vincular un objetivo que usted tiene para su hijo con uno que él o ella esté ansioso por alcanzar. Por ejemplo, si a su hija le gustaría conseguir un trabajo después de clases, usted puede relacionar eso con su meta de que ella complete y entregue sus deberes a tiempo.

Contratos

Estos son tres ejemplos de cómo los padres podrían utilizar los contratos para supervisar la capacidad de sus hijos para tener más libertad, mejorar una rutina por la mañana y fortalecer su carácter mediante la vinculación de los privilegios a los comportamientos.

Muchas veces, los adolescentes están ansiosos por tener más libertad. Puede utilizar un contrato para ayudarlos a demostrar que pueden manejar las responsabilidades que van de la mano con el aumento de la libertad. Este es un contrato que los padres podrían utilizar con Roberto, de 16 años de edad, quien quiere conducir el auto de la familia los fines de semana, pero que también tiene que mejorar sus calificaciones en la escuela.

Observe cómo los padres de Roberto decidieron usar un calendario para ayudar a trazar su progreso. Esto les permitirá realizar un seguimiento diario del acuerdo semanal. El uso de este tipo de cuadros como complemento de un contrato es una buena manera para que los padres de Roberto prevengan problemas.

ACUERDO DE ROBERTO SOBRE EL AUTO

Yo, **Roberto,** me comprometo a hacer mis deberes por las noches de domingos a jueves a las 9 p. m. Además, todos los viernes, me comprometo a entregar a mis padres un informe de mis maestros que demuestre mi progreso en sus clases. Tengo que hacer esto cada semana antes de que pueda usar el auto el sábado. Si entrego tarde una tarea o un proyecto, me quedaré en casa el viernes y el sábado para recuperar el trabajo y no tendré permitido usar el auto hasta una semana después de entregar mis deberes y recibir informes positivos de mis maestros.

Nosotros, **Mamá y Papá,** acordamos permitir que Roberto use el auto de la familia de 8 a 11:30 p. m. el sábado por la noche cuando termine su tarea y reciba informes positivos de sus maestros para la semana.

Roberto hará una anotación en el calendario de la familia cada noche después de mostrarnos su tarea. Todos los viernes después de recibir el informe escrito de sus maestros, le haremos saber a Roberto que puede usar el auto. Esto continuará por tres meses o hasta que el contrato se vuelva a negociar.

_____   _____
(Firma de Roberto)   *(Fecha)*

_____
(Firmas de los padres)

Los contratos pueden ser útiles cuando los padres quieren mejorar las rutinas familiares, como hacer que los hijos lleven a cabo las actividades después de clases, se mantengan concentrados durante el tiempo de estudio o participen en las reuniones familiares. En el siguiente ejemplo, Mamá ayuda a Carmen a trabajar en sus problemas con la rutina por las mañanas aprovechando su deseo y motivación de tener privilegios con el teléfono.

ACUERDO DE CARMEN SOBRE EL TELÉFONO

Yo, **Carmen,** me comprometo a no tomarme más de 10 minutos para bañarme de domingos a lunes en las mañanas antes de ir la escuela o la iglesia. Esos días entraré al baño a las 6:30 a. m. Si paso más de 10 minutos en el baño, voy a perder el uso de cualquier teléfono hasta el día siguiente. Entiendo que si no pongo el cronómetro antes de comenzar a bañarme, no podré usar el teléfono celular ese día.

Yo, **Mamá,** permitiré que Carmen use el teléfono celular o el de la casa durante no más de una hora cada noche, cuando haya salido de bañarse a tiempo. Carmen debe presentarse conmigo cada mañana antes de su hora del baño y luego otra vez después de que termine la ducha y apague el cronómetro. Seguiremos con este contrato por dos semanas.

_____   _____
        (Firma de Carmen)   *(Fecha)*

_____
        (Firmas de mamá)

Una vez que las cosas funcionen consistentemente mejor por la mañana, el contrato puede ser suspendido.

Este es un ejemplo de cómo los padres pueden usar un contrato para ayudar a un hijo a manejar una situación difícil fuera de casa. Kevin, de 14 años, recientemente dejó de ayudar con las actividades de la escuela dominical para niños pequeños. En un comienzo, a Kevin realmente le gustaban las actividades, las cosas que aprendía, el maestro de escuela dominical, el Sr. Estrada, y los niños. Pero ahora el número de niños de la clase se triplicó, y el Sr. Estrada se frustra cuando la clase se vuelve ruidosa y caótica. Él realmente necesita la ayuda de Kevin, pero a veces se enoja y le grita a Kevin. Después de hablar sobre esto con el Sr. Estrada y Kevin, la mamá y el papá de Kevin sugieren probar con un contrato para ayudar a Kevin a mantenerse involucrado y mejorar su capacidad para hacerse respetar sin ser grosero o inapropiado.

ACUERDO DE LA ESCUELA DOMINICAL DE KEVIN

Yo, **Kevin,** acepto continuar ayudando en las actividades de la Escuela Dominical de la iglesia. Si el Sr. Estrada grita y me siento molesto o incómodo, le pediré en forma amable que me disculpe. Tomaré un descanso de no más de cinco minutos, en caso que necesite calmarme. Más tarde, le preguntaré al Sr. Estrada si puedo hablar con él. Le diré, "Sr. Estrada, entiendo que a veces las cosas se complican, pero más temprano me gritó y me sentí incómodo y asustado. En otras oportunidades, hable conmigo sin gritarme".

Yo, **el Sr. Estrada,** permitiré que Kevin tenga un descanso de cinco minutos para calmarse si se siente asustado o incómodo. Kevin me dirá con voz tranquila lo que le molesta y me permitirá responder con calma. Vamos a respetar este contrato por dos semanas.

_____   _____
             (Firma de Kevin)   *(Fecha)*

_____
       (Firma del Sr. Estrada)

A partir de un simple contrato como este, Kevin puede adquirir destrezas para el fortalecimiento de su carácter como mostrar y ganarse el respeto, tomar decisiones eficaces y ser responsable y leal. En este contrato no se mencionó una recompensa tangible porque las consecuencias positivas que Kevin adquiere al cumplirlo son más naturales y lógicas. Él tiene la oportunidad de seguir haciendo algo que le gusta, y se gana el respeto de su maestro. Experiencias como ésta son su propia recompensa.

Cuadros

Los cuadros son herramientas visuales que ayudan a los niños a trabajar en función de metas específicas y muestran si las han alcanzado o no. Pueden ser muy motivadores, y también pueden hacer que aprender nuevas destrezas y comportamientos sea divertido para padres e hijos. Algunos cuadros son simples, mientras que otros pueden ser muy elaborados, dependiendo de la situación y del niño. Por ejemplo, es probable que a los niños menores de 8 años les gusten más los cuadros elaborados con piezas móviles. Demos un vistazo a un cuadro que Gabriela, de 6 años de edad, y sus padres crearon. Gabriela tiene dificultades para ir a la cama a tiempo, sobre todo los fines de semana cuando ambos padres están en casa. Sus padres quieren que Gabriela aprenda a seguir instrucciones sin discutir. Ellos deciden usar un cuadro móvil, llamado "Pasos de Gabriela para ir a la Cama", para ayudarla a aprender a seguir las instrucciones a la hora de dormir e ir a la cama a tiempo.

Para hacer el cuadro, los padres de Gabriela trazan su huella en cinco pedazos de papel de color. Recortan las huellas y escriben un número (del 1 al 5) en cada una de ellas. Del otro lado de las huellas, escriben una instrucción específica que quieren que Gabriela siga (cepillarse los dientes, tomar un baño, ponerse la pijama, decir una oración/buenas noches y estar en la cama a las 8:00 p. m.). Luego cortan una bolsa de papel marrón del supermercado y le piden a Gabriela que trace las cinco huellas y escriba "Mi Meta" sobre el papel. En cada huella trazada, los padres de Gabriela escriben una recompensa específica de poco valor económico, como mamá preparando una merienda o papá leyendo un cuento antes de dormir. Luego pegan el cuadro en la puerta del dormitorio de Gabriela.

Cada noche durante la semana, comenzando a las 7:30 p. m., Gabriela debe seguir al menos tres instrucciones antes de dormir (de las que aparecen en las huellas) sin discutir. Las huellas deben ubicarse en los lugares a donde Gabriela debe ir para prepararse para ir a la cama, como en el espejo del baño o bajo las sábanas de su cama. Por cada instrucción que ella sigue con éxito antes de las 8 p. m., Gabriela pega la huella del color correspondiente al cuadro en su puerta. Además, cada noche que Gabriela sigue las cinco instrucciones y reúne las cinco huellas, ella gana 10 minutos extra para quedarse despierta el siguiente fin de semana.

Si bien el cuadro aquí descrito se creó para ayudar a una niña a irse a tiempo a la cama, también ayuda a la niña a aprender la destreza social de "Seguir Instrucciones". Aprender a seguir instrucciones en función de su meta de ir a la cama ayudará a Gabriela en situaciones similares en las que ella tenga que seguir instrucciones para alcanzar otros objetivos, como hacer los deberes, estar lista para la escuela a tiempo en la mañana o mantener su habitación limpia.

Los cuadros no deben ser aburrido; si lo son, a los niños no los motivará usarlos. Recuerde que su hijo debe ser quien se encarga de mantener el cuadro, bajo supervisión suya.

Al final de este capítulo hay varios ejemplos de cuadros que puede adaptar para sus hijos. A muchos padres les gusta idear cuadros creativos para sus hijos. Algunos de los diseños más creativos son de los mismos niños. A los más pequeños, en particular, les encanta tomar los crayones y hacer cuadros coloridos. Esta es una manera positiva de hacer que su hijo participe en el proceso y le da a usted algo más para elogiar.

Consejos Útiles

Defina la meta en términos afirmativos.

Diga, *"Cuando termines tu tarea, puedes ver televisión"* en lugar de, *"Si no terminas tu tarea, no puedes ver televisión"*. Cualquiera de estos puede ser verdad, pero es más fácil para los niños alcanzar una meta si están trabajando hacia algo positivo.

Refuerce las destrezas sociales.

Cuando sea posible, utilice una destreza social para describir el comportamiento que desea. Podría decir, *"Cuando sigas instrucciones y termines tu tarea, puedes ver la televisión".* Vincular una destreza social a la conducta que desea ver ayuda a que su hijo a aprenda a aplicar la destreza en otras situaciones. (Hablaremos más sobre las destrezas sociales y la aplicación de destrezas en otras situaciones en el Capítulo 12).

Cumpla el acuerdo al pie de la letra.

Asegúrese de revisar el progreso de su hijo cada día y de motivarlo para que siga adelante. Cuando su hijo llegue a la meta, cumpla lo que prometió. ¡Y elógielo!

Establezca metas específicas y medibles.

La meta de "hacer los deberes todas las noches" es más fácil de medir que la de "mejorar en la escuela". Del mismo modo, es más fácil determinar si su hijo está "ofreciendo ayudar a mamá una vez al día" que determinar si él o ella "está siendo más responsable". Establecer metas específicas y medibles le permite saber cuándo su hijo ha alcanzado una meta.

Mantenga las metas razonables.

Establecer metas alcanzables es especialmente importante cuando se está introduciendo la idea de un cuadro o un contrato. Cuando los niños ven que pueden alcanzar una meta, estarán más motivados para trabajar para alcanzarla.

Hágalo divertido.

Los padres usan cuadros y contratos para ayudar a los niños a alcanzar sus metas y alcanzar el éxito. Esto será más agradable si es divertido para usted y su hijo. Dé bastante importancia al progreso cotidiano y use muchos elogios durante el día cuando su hijo esté trabajando hacia la meta.

Resumen

Los cuadros y los contratos son una excelente forma de ayudar a sus niños a establecer metas y ver los éxitos que logran. Los cuadros y contratos también abren líneas de comunicación entre usted y sus hijos y ayudan a alcanzar las metas juntos. Identificar las metas y planificar cómo alcanzarlas requiere la conversación y la negociación entre usted y su hijo. El tiempo que pasa con sus hijos elaborando cuadros o contratos les muestra que a usted le importan y está interesado en ayudar a que tengan éxito.

Antes de que los niños puedan hacer lo que quieren, tienen que honrar su parte del trato. Los cuadros y los contratos son simples, directos y están dirigidos a ayudar a los padres y los niños a hacer mejoras y alcanzar las metas.

Ayuda para la Tarea de Valentina

1. **Comenzar con la tarea inmediatamente después de la cena.**

2. **Pedir a mamá que controle la tarea.**

3. **Terminar la tarea antes de las 8:30 p. m.**

4. **Leer durante 20 minutos.**

Cada día que se completen las cuatro estrellas, podré elegir una de las siguientes opciones:

- 45 minutos para usar el teléfono
- 45 minutos para ver la televisión
- 45 minutos para usar la computadora

LAS PELOTAS DE BÁSQUET DE REGINA

Cada día que termine mi tarea de alimentar al perro, podré pintar una pelota de básquet. Todos los días que pinte una pelota, podré jugar al básquet con mi papá durante 15 minutos.

PREMIO DE FINA DE SEMANA

El sábado, obtengo un premio por tener 4 o más pelotas pintadas durante la semana.

4 pelotas pintadas = ver una película el sábado
5 pelotas pintadas = recibir amigos en casa el sábado
6 pelotas pintadas = paseo en bicicleta el domingo
                   con papá
7 pelotas pintadas = invitar amigos a dormir a casa
                   el sábado

CUADRO DE COMPORTAMIENTO DE VALENTINA DE CUATRO ESTRELLAS

	Llevarse bien con su hermano y hermana	Abrazar con una sonrisa a mamá y papá después de la escuela	Ser amable con mamá y papá	Prepararse para ir a la cama y acostarse antes de las 9 p. m.
DOM				
SÁB				
VIE				
JUE				
MIÉ				
MAR				
LUN				

☆☆☆

Cada día que tenga **3 estrellas**, podré elegir uno de los siguientes:

1. Llamar a un amigo por el teléfono.
2. Andar en bicicleta.
3. Elegir un juego para jugar con mamá o papá.

☆☆☆☆

Cada día que obtenga **4 estrellas**, podré elegir dos de esta lista o de la lista de 3 estrellas.

1. Ir a la cama 15 minutos más tarde.
2. Usar la computadora durante 30 minutos.
3. Ver la televisión durante 30 minutos.

141

Calendario de Tareas de Luis

	Hacer la cama	Vaciar los cestos de basura	Retirar los platos sucios de la mesa	Poner la ropa sucia en el cesto
DOM				
SÁB				
VIE				
JUE				
MIÉ				
MAR				
LUN				

✿ ✿ ✿ ✿

Puedo ganar **4 calcomanías** cada día. El número de calcomanías que tengo en mi cuadro me indica qué cosas especiales puedo hacer cada día.

1 calcomanía   =   Comer un bocadillo después de la escuela.

2 calcomanías =   Comer un bocadillo y dar un paseo en bicicleta.

3 calcomanías =   Comer un bocadillo, dar un paseo en bicicleta y jugar un videojuego por 30 minutos.

4 calcomanías =   Todos los beneficios antes mencionados y acostarse 15 minutos más tarde de lo habitual.

142

REPASO DEL CAPÍTULO

¿Cuál es el objetivo de usar cuadros y contratos?
Supervisar y cambiar el comportamiento de los niños.

¿Cuándo se deben usar los cuadros y contratos?
Cuando usted quiere enfocarse en un problema de comportamiento pasado, cuando su hijo tiene una meta en mente y cuando usted tiene una meta que quiere que su hijo alcance.

PLAN DE ACCIÓN

1 Tómese su tiempo para responder a las siguientes preguntas:

- ¿Qué es lo más importante que aprendió en este capítulo?

- ¿Qué planea cambiar como resultado de lo que ha aprendido?

2. Elija un problema de conducta que le gustaría ver que su hijo mejore. Si su hijo es un adolescente, siéntese con él o ella y escriba un contrato que prometa una recompensa por la mejora de ese comportamiento. Sea específico en la descripción de las mejoras que desea ver. Pregúntele a su hijo qué privilegio desea como recompensa si el comportamiento mejora. Escriba la recompensa en el contrato.

Si su hijo es menor, cree un cuadro (basado en una de las muestras proporcionadas en este capítulo) que enumere los comportamientos positivos que desea ver. Hable con su hijo sobre el o los premios que le gustaría recibir por alcanzar las metas de comportamiento. Coloque el cuadro en un lugar bastante visible (en el refrigerador o en la puerta de la habitación). Proporcione marcadores de colores o calcomanías que su hijo pueda utilizar para marcar su progreso en el cuadro cada día.

SECCIÓN III

CORRECCIÓN DEL COMPORTAMIENTO PROBLEMÁTICO

En nuestra experiencia, la principal razón por la cual los padres buscan ayuda con sus hijos es para poder lidiar con el mal comportamiento. El mal comportamiento es un hecho de la vida para cualquier padre; los niños van a llorar, discutir, resistirse, no seguir instrucciones e incluso enojarse tanto que arremeten cuando las cosas no salen como quieren. Los padres deben recordar que esto no significa que sus hijos sean malos o estén enojados, o que ellos son malos padres que están fallándoles a sus hijos. La mayoría de los niños se porta mal porque no están motivados para aprender conductas positivas o porque no tienen las destrezas suficientes para corregir sus comportamientos negativos.

A menudo, los niños se portan mal como una forma de llamar la atención. Para muchos, recibir atención por su mal comportamiento es mejor que no recibir ninguna atención en absoluto. Otros niños dejan que sus emociones los dominen y se portan mal antes de pensar en cómo su comportamiento los afecta a ellos y a las personas que los rodean. Muchos niños pequeños (e incluso algunos más mayores) no han alcanzado un nivel de madurez en el que puedan controlar sus emociones y abstenerse de utilizar el comportamiento negativo. Los padres deben ver la mala conducta como una oportunidad para enseñarles a los niños una nueva forma de comportarse.

La primera clave para lidiar con el mal comportamiento de los niños es mantener la calma. Nada se logra si usted grita igual de fuerte que su hijo o muestra el mismo comportamiento al que está intentando ponerle fin. Este tipo de situaciones sólo conducen a herir los sentimientos y a malas relaciones entre padres e hijos. Cuando los padres pierden el control de sus emociones, también les envían un mensaje a los niños de que la manera de manejar un problema es gritando y perdiendo el control.

En esta sección, vamos a analizar primero cómo puede mantener la calma cuando se enfrente a algún tipo de mal comportamiento por parte de sus hijos, ya sea de menor importancia tal como correr por la casa o de mayor importancia tal como un gran berrinche. A continuación, le brindaremos dos valiosas destrezas de crianza que le ayudarán a lidiar con las situaciones a menudo frustrantes de cuando sus hijos no hacen lo que se espera que hagan, hacen algo que no deberían, o hacen algo que podría ser perjudicial para ellos mismos u otras personas.

La primera destreza que aprenderá se llama **Instrucción Correctiva**, que se puede utilizar para una gran variedad de comportamientos negativos de los hijos. La segunda destreza, la **Enseñanza del Dominio Propio**, se utiliza en situaciones en las que al padre le es imposible continuar enseñándole al hijo porque este último no responde a la Instrucción Correctiva, o porque su comportamiento ha empeorado o ha llegado a ser demasiado perturbador. Esto podría implicar que el hijo pierda totalmente el control emocional o se "cierre" y se niegue a hablar o a responder.

El resultado exitoso depende de que usted sepa si la Instrucción Correctiva ha cumplido con el objetivo de poner fin al comportamiento negativo de su hijo o si debe utilizar la Enseñanza del Dominio Propio. A veces, los hijos están dispuestos a recibir correctivos; se portan mal, y usted puede abordar ese comportamiento mediante el uso de la Instrucción Correctiva. Pero cuando los hijos están tan molestos que no pueden calmarse, usted tendrá que utilizar la Enseñanza del Dominio Propio.

Es igualmente importante que usted continúe enseñando y ayudando a sus hijos a poner en práctica conductas positivas alternativas después de que se haya puesto fin a un problema de conducta o después de que su hijo haya recuperado el dominio propio. Y, en cualquier situación de enseñanza, debe estar tranquilo y velar por la seguridad de su hijo como su principal prioridad, sin importar lo que su hijo diga o haga. Algunos padres piensan que porque su hijo está fuera de control ellos tienen derecho a enojarse. Pero acuérdese de que usted puede controlar sólo su propio comportamiento. Usted debe mantener la calma y concentrarse en lo que está tratando de enseñarle a su hijo al dar su propio ejemplo positivo.

Capítulo 9
Mantener la Calma

M uchos padres nos cuentan que el mayor desafío que enfrentan al lidiar con el comportamiento problemático de sus hijos es mantener la calma. Todos sabemos que hay momentos en que nuestros hijos nos van a hacer enojar. Los hijos pueden ser sarcásticos, desafiantes, rebeldes, y hasta violentos a veces. Usted puede prepararse para momentos como estos aprendiendo a mantener la calma.

Entienda que no decimos que dejará de enojarse. Eso es imposible, e incluso puede ser poco saludable, ya que el enojo es una emoción humana básica. Enojarse mucho por el comportamiento de su hijo, sin embargo, puede empeorar estas situaciones. Le indicamos a los padres que la "ira" está sólo a un paso de distancia del "peligro".

Cuando los padres describen lo que hacen cuando están enojados, por lo general admiten que gritan, maldicen, o amenazan a sus hijos. Algunos dicen que golpean, arrojan o patean cosas. Muchos padres están convencidos de que estas respuestas cargadas de ira logran mostrarles a sus hijos que "están hablando en serio". En cierto sentido, tienen razón. Estas respuestas cargadas de ira a menudo logran poner fin al problema de conducta, al menos temporalmente. Pero, ¿qué es lo que los hijos realmente aprenden de ese comportamiento de los padres? Aprenden a gritar, golpear, arrojar o patear cosas cuando están alterados.

Cuando los padres llegan a nuestras clases de La Crianza Práctica de los Hijos, una de las cosas más importantes que aprenden es a mantener la calma en situaciones de mucha tensión. Y, cuando lo hacen, se informan los siguientes resultados:

1. Los berrinches o problemas de conducta de sus hijos llegan a su fin antes.

2. Los problemas de conducta no son tan graves.

3. Los padres se sienten mejor sobre la forma en la que manejaron la situación.

Un padrastro nos dijo: "Esa cosa de la 'calma' realmente funciona. Mi hijo solía huir con frecuencia. Por lo general, ocurría después de haber hecho algo mal y yo me enojaba con él. Luego, comenzábamos a discutir y él se retiraba. Después de aprender a mantener la calma y a no enojarme, los dos nos quedamos más tranquilos y pudimos resolver las cosas sin que él se retirara".

Por supuesto, mantener la calma fue sólo uno de los cambios efectivos que este padre implementó en su estilo de crianza. Además de aprender a mantener la calma, fue capaz de poner en práctica sus otras destrezas de crianza. Esto dio lugar a un cambio radical y positivo en la relación con su hijastro.

Planear con anticipación es importante para mantener la calma. Si usted espera hasta estar en medio de una situación emocional para encontrar la manera de calmarse, es poco probable que tenga éxito. Tener un "Plan para Mantener la Calma" es una buena manera de desarrollar y poner en práctica estrategias efectivas para mantener la calma. La elaboración de su Plan para Mantener la Calma consta de cuatro pasos:

1. Identifique **lo que dicen y hacen sus hijos** que lo hace enojar.

2. Reconozca los signos (cómo se siente y lo que hace) que indican que se está poniendo molesto.

3. Decida **lo que podría hacer de manera diferente para mantener la calma en el futuro.**

4. Elabore un **Plan para Mantener la Calma** que le dé resultado.

Paso Uno: ¿Qué lo Hace Enojar?

Saber qué nos hace enojar es el primer paso para poder responder con calma al comportamiento problemático de nuestros hijos. Normalmente, los hijos son capaces de provocar nuestro enojo, de decir o hacer lo que nos irrita. Cuando les pedimos a los padres que nos digan lo que más les molesta, a menudo responden con, *"Odio cuando me responde"*, o *"¡Su mal humor me vuelve loca!"*. Lo que resulta más útil que estas declaraciones de carácter general es que los padres describan los comportamientos específicos que los irritan y les molestan. Por ejemplo, deberían decir: *"Cuando le pido a mi hijo que vacíe los botes de basura, dice cosas como: '¿Qué apuro hay? Ellos todavía estarán allí mañana'"*, o *"Cuando le pregunto a mi hija cómo estuvo su día en la escuela, se pone de mal humor y se niega a responderme"*. Si los padres pudieran determinar de antemano las conductas que desencadenan su enojo, van a estar en mejores condiciones para reducir la intensidad y gravedad de su propia respuesta a esas conductas.

En una hoja de papel, dibuje cuatro columnas. En la parte superior de la primera columna, escriba las palabras, "Los problemas de comportamiento de mi hijo". En esa columna, detalle una lista de los problemas específicos de comportamiento que sus hijos tienen que realmente le molestan. Asegúrese de describir específicamente lo que dicen sus hijos, lo que hacen, y el tono de voz que utilizan. También, incluya dónde y cuándo suelen tener ese comportamiento. ¿Ocurre después de que usted les da una instrucción, les corrige un mal comportamiento, o les pide que ayuden en la casa? ¿O sucede en un momento determinado del día, como por ejemplo después de la escuela o justo antes de dormir? Cuanto más específica usted haga su lista, más probable será que reconozca situaciones similares en sus primeras etapas en el futuro.

En la parte superior de las tres columnas restantes, escriba los siguientes títulos: "Molesto", "Enojado" y "Muy Enojado". Entonces, para cada comportamiento que usted haya descrito y consignado en la primera columna, ponga una marca de verificación en la columna que mejor describe el nivel de ira que siente cuando su hijo tiene ese comportamiento. Este ejercicio lo ayudará a reconocer las situaciones y conductas que más necesitan su atención al momento de elaborar su Plan para Mantener la Calma.

Paso Dos: ¿Cuáles son sus Señales de Alarma?

Hay toda una serie de cambios biológicos y emociones que inundan nuestros cuerpos cuando nos empezamos a molestar. Como resultado, nuestro comportamiento a menudo cambia drásticamente. Reconocer estas "alarmas" nos permite pensar antes de actuar. Es mucho más fácil mantener la calma cuando reconocemos estas "alarmas" desde el principio, antes de que aumente nuestro enojo.

¿Cuáles son sus "alarmas"? ¿Su corazón se acelera o su cara se poner roja? ¿Aprieta los dientes, cierra el puño o siente que se le tensan los músculos? ¿Habla más rápido o más alto, o comienza a señalar y a hacer movimientos abruptos? ¿Comienza a sentirse ansioso, frustrado o incluso enfermo? Dedique un poco de tiempo a pensar en las señales iniciales de alarma que indican que está comenzando a alterarse. En el reverso de la hoja de papel en la que enumeró las conductas de sus hijos y sus niveles de ira, anote las cosas que siente o hace cuando está empezando a enojarse o molestarse. Estas serán las primeras señales de alarma que le indiquen que es hora de calmarse. La identificación inmediata de sus "señales de alarma" es la clave para mantener la calma de manera exitosa.

Paso Tres: ¿Qué Puede Hacer para Mantener la Calma?

A continuación, piense en dos o tres cosas que podría hacer y que lo ayudarían a mantener la calma. Considere cosas que puede hacer o decir que sean inmediatas y que no requieran el apoyo de nadie ni de nada. Por ejemplo, es posible respirar profundamente, contar hasta 10, o ir a un lugar tranquilo para tranquilizarse y pensar. Algunas personas pueden necesitar distanciarse de la situación por un rato o desahogarse haciendo algo que las distraiga física o mentalmente. Las actividades tales como pasar la aspiradora, hacer un crucigrama, salir a caminar, escuchar música, entre otras, pueden ser útiles. A continuación se detallan algunas otras cosas que los padres hacen para calmarse en situaciones molestas:

- *"Cuento hasta 10, muy lentamente. Me concentro en hacer eso, sin importar lo que esté gritando mi hijo".*
- *"Pongo las manos en los bolsillos. Tiendo a gestualizar mucho, especialmente cuando me enojo. Antes, cuando no hacía esto, creo que mi hija pensaba que la iba a golpear. No era así, pero ella veía mi comportamiento como una amenaza".*
- *"Oro, medito o leo las Escrituras. Le pido a Dios fortaleza para mantener la calma".*
- *"Me siento. Si estoy de pie, comienzo a temblar. Sentarme me calma por alguna razón. Puedo decirle igualmente a mi hijo lo que está haciendo mal, pero lo digo con mucha más calma".*
- *"Respiro profundo y dejo salir el aire lentamente. Esto me sirve como válvula de escape para mí. Es como si dejara salir vapor de mi cuerpo".*

- *"Sólo me aparto de la situación por un momento. Voy a otra habitación hasta poder controlarme. Pienso que, si mi hijo está así de furioso, tomarme un poco de tiempo para recobrar el dominio propio no puede causar ningún mal. Puedo manejar la situación mucho mejor de esa manera. A veces, incluso él está tranquilo cuando regreso".*

- *"Puede sonar raro, pero llevo una banda elástica en la muñeca, que estiro y suelto cada vez que siento que me estoy empezando a alterar. Esa es una señal que me indica que mejor me calmo".*

- *"Solía molestarme tanto con mi hijo de 15 años de edad que tenía que salir a la calle a dar un paseo para calmarme. No podía hacer esto todo el tiempo, pero ha sido útil en muchas ocasiones".*

- *"Llamo a alguien, como mi mejor amiga o mi hermana. Al hablar de la situación, puedo volver y abordarla con más calma".*

- *"Me siento y escribo en un papel lo molesto que estoy. A veces ni siquiera puedo leer lo que he escrito. Pero eso no es tan importante como el hecho que no me desquito con mi hijo. Cuando me calmo, siempre me sorprende cuánto me altero por algo tan insignificante".*

Ahora es el momento para que usted haga una lista de tres estrategias diferentes que desee utilizar para calmarse, dependiendo de si usted está molesto, enojado o muy enojado. Es posible que desee combinar algunas estrategias para obtener un mejor resultado; por ejemplo, "Voy a contar hasta 10 mientras me enjuago la cara con agua fría". Estos métodos relajantes, junto con las listas anteriores que ha realizado, le brindarán la información necesaria para la creación de su propio Plan para Mantener la Calma.

Paso Cuatro: Elabore un Plan para Mantener la Calma que le Dé Resultado

Juntemos toda la información de los pasos anteriores. Eso significa combinar:

1. Lo que su hijo hace que lo enfada

2. Las señales de alarma tempranas que le indican que se está enfadando

3. Una manera de mantener la calma que le dé resultado

En una nueva hoja de papel, escriba un Plan para Mantener la Calma para usted mismo. Los padres dicen que cuando redactan su plan, tienen más probabilidades de recordarlo y usarlo en situaciones de enfrentamiento con sus hijos. Su plan debe seguir este esquema:

La próxima vez que mi hijo *(el problema de comportamiento de mi hijo)*, **y yo empiece a** *(señales de alarma tempranas)*, **haré** *(lo que voy a hacer para mantener la calma)*.

El siguiente es un ejemplo del Plan para Mantener la Calma de una madre:

"La próxima vez que Juan me responda y se niegue a ir a la cama, y yo comience a sentir latir mi corazón, voy a respirar profundo tres veces y exhalaré lentamente antes de corregirlo".

Mantener la calma no siempre fue fácil para esta madre, al principio. Tuvo que poner dedicación. Pero cuanto más se concentró en su plan y lo puso en práctica, más éxito tuvo en mantener la calma. Dijo que se sentía mejor con la manera en que interactuaba con su hijo y sentía orgullo por mantener el dominio propio. Una vez que haya escrito su plan, practique lo

155

que hará la próxima vez que el comportamiento de su hijo lo haga enojar.

Consejos para Mantener la Calma

Aprender a controlar sus reacciones negativas llevará tiempo. No se desanime si pierde el control de vez en cuando. Estas son algunas sugerencias que han ayudado a otros padres:

Practique el pensamiento positivo.

Los pensamientos negativos y autodestructivos suelen conducir a más problemas. Si se encuentra teniendo pensamientos negativos, interrúmpalos diciéndose "¡Basta!" a usted mismo. Luego, vuelva a concentrarse con pensamientos positivos. Estos son algunos ejemplos:

- *"Relájate. Tómalo con calma".*
- *"Voy a ayudar a mi hijo".*
- *"Enfrenterlo poco a poco".*
- *"Soy un buen padre y puedo hacer esto".*
- *"Va a mejorar. Es cuestión de tiempo".*

Descubrirá que cuanto más seguido tenga este pensamiento positivo, mejor se sentirá consigo mismo y con su rol de madre o padre. Aunque no observe ningún cambio inmediato en el comportamiento de su hijo, ciertamente puede evitar que el problema empeore. Al recurrir al pensamiento positivo, no sólo aprende a controlar sus emociones, sino que también puede concentrarse mejor en la tarea que lo ocupa: enseñarles a sus hijos maneras positivas de comportarse.

No tome los dichos de su hijo como ataques personales.

Esto puede ser muy difícil cuando su hijo lo está insultando. Debe convencerse de que esto sucede porque su hijo aún no ha adquirido las destrezas necesarias para hacer frente a su propia ira o frustración. No reaccione cuando su hijo lo insulte o lo acuse de ser un pésimo padre. Cuando usted deje de lado los comentarios negativos y cargados de ira, su enseñanza será más eficaz. Si a usted le preocupa algo que su hijo/a dice, utilice un enfoque de resolución de problemas después de que él o ella se haya calmado.

"Tómese cinco minutos".

En lugar de soltar una respuesta cargada de ira, propóngase tomarse cinco minutos para pensar en lo que está sucediendo y en cómo debería reaccionar. Es notable cómo este período de tranquilización puede ayudarlo a recuperar el dominio propio y a poner las cosas en perspectiva. A veces, sólo apartarse de la situación puede ayudar a "distender" un enfrentamiento volátil.

Concéntrese en el comportamiento real en lugar de lo que cree que son las razones de la mala conducta de su hijo.

No busque motivos; en cambio, aborde la forma en la que su hijo actúa. Puede llegar a enloquecer tratando de averiguar por qué su hijo se comporta mal. Una vez que el problema esté resuelto, tómese tiempo para hablar con su hijo acerca de lo que ocurrió y por qué.

Si se enoja y dice o hace algo de lo que se arrepiente, diga que lo siente.

Discúlpese, diga qué hizo mal y qué va a hacer diferente la próxima vez. Esto sirve de ejemplo a sus hijos de lo que deben hacer cuando cometen un error. A algunos padres les preocupa pedirles disculpas a sus hijos porque piensan que significa que están perdiendo parte de su autoridad como padres. Pero disculparse ayuda a que los hijos se den cuenta de que todos, niños y adultos, cometemos errores. Admitir un error es la responsabilidad que tiene. Lo mejor es pedir disculpas y hacer su mejor esfuerzo para evitar que suceda de nuevo.

Mantener la calma no significa ser totalmente pasivo.
Hay momentos en los que es conveniente levantar la voz, pero usted debe utilizar un tono de voz firme y serio que no sea demasiado fuerte ni demasiado emocional. Puede ser enfático, pero sólo si lo que dice es una descripción específica de la conducta de su hijo y no un juicio de valor, un insulto, o la expresión de los sentimientos negativos.

Plan para un Hogar Seguro

Cuando están molestos, los hijos pueden llegar a ser agresivos e incluso violentos. Pueden enojarse con todo el mundo, o su comportamiento puede estar tan fuera de control que haga que el hogar no sea seguro para los demás, especialmente para los hermanos. En casos especiales como estos, los padres deben enseñarles a sus hijos maneras seguras de responder cuando un hermano esté fuera de control.

Estas son algunas sugerencias que puede utilizar para desarrollar su propio Plan para un Hogar Seguro:

1. **Los padres deben discutir y decidir sobre los detalles del plan con anticipación.** Decida qué problemas de comportamiento podrían conducir- lo a poner en práctica el Plan para un Hogar Seguro (por ejemplo, los hijos que amenazan con hacerse daño, que amenazan con dañar a los demás, con destruir objetos, etc.). Identificar las conductas específicas que otros niños en el hogar deben o no deben tener cuando el plan se ponga en práctica (por ejemplo, salir de la habitación, no sumarse a la discusión). Ponerse de acuerdo sobre las consecuencias positivas y negativas que

va a utilizar cuando sus hijos cumplan o no con el plan.

2. **Hable con sus hijos en una Reunión Familiar** (cubierto en el Capítulo 14) sobre el Plan para un Hogar Seguro antes de usarlo o conviértalo en un plan oficial de la familia.

3. **Anote los puntos clave sobre cómo funcionará el plan** y coloque la lista en un lugar donde todos puedan verla y cumplir con el plan cuando llegue el momento. (Trate de no abusar ni utilizar menos veces el plan; este tipo de extremos hacen que el plan sea menos eficaz).

Un ejemplo de un Plan para un Hogar Seguro podría ser:

"Cada vez que nos parezca que un miembro de la familia está comportándose fuera de control de manera tal que podría ser peligroso para esa persona o para otros integrantes de la familia, pondremos en práctica el Plan para un Hogar Seguro. Tiene que ir inmediatamente al lugar seguro designado en la casa (su dormitorio) o salir de la casa con Mamá o Papá, si es necesario. Cuando se calme la situación, uno de nosotros va a dar por concluido el Plan para un Hogar Seguro. Todo aquel que cumpla con el plan ganará (enumere las consecuencias positivas). A todo aquel que no cumpla con el plan le tocará (enumere las consecuencias negativas).

Resumen

No siempre es fácil mantener la calma cuando usted está lidiando con el comportamiento negativo de los hijos. Pero los padres informan que es una de las claves más importantes para la crianza efectiva. Si usted puede mantener la calma, verá que es más fácil enseñarles a sus hijos maneras positivas de lidiar con problemas. Identifique lo que hace su hijo que lo hace enojar. Mire sus propias señales de alarma tempranas que le indican cuándo se molesta. A continuación, desarrolle un plan para mantener la calma. Por último, utilice su plan para mantener la calma para ayudarlo a lidiar con situaciones emocionalmente intensas con sus hijos.

Repaso del Capítulo

¿Cuáles son los pasos para crear un Plan para Mantener la Calma?

1. Identificar lo que dicen y hacen sus hijos que lo hace enojar.

2. Reconocer los signos (cómo se siente y lo que hace) que indican que se está enfadando.

3. Decidir lo que podría hacer de manera diferente para mantener la calma en el futuro.

4. Elaborar un Plan para Mantener la Calma que le dé resultado.

¿Por qué es importante mantener la calma?

Los padres pueden evitar dañar su relación con sus hijos y ser más eficaces en el tratamiento de sus comportamientos y en la enseñanza de destrezas.

¿Cuándo debe utilizar un Plan para un Hogar Seguro?

Cuando los niños amenacen con hacerse daño a sí mismos, amenacen con dañar a otros, o dañen o destruyan propiedad.

☆ PLAN DE ACCIÓN

1. Dedique unos minutos a responder las siguientes preguntas:
   - ¿Qué es lo más importante que aprendió en este capítulo?
   - ¿Qué planea cambiar como resultado de lo que ha aprendido?

2. Seleccione una conducta que su hijo tiene y a usted le molesta. Elabore un Plan para Mantener la Calma para dicha conducta y practique el plan durante una semana. Si su estrategia de calmarse no funciona bien, elija y ponga en práctica una diferente. A la semana siguiente, añada otro problema de conducta al plan y póngalo en práctica para tratar ese comportamiento.

PʏR

PARA LOS PADRES

P **"¿Qué debo hacer cuando más de un hijo se está portando mal y conspira contra mí?"**

R Utilice el mismo Plan para Mantener la Calma. Asimismo, use su Plan para un Hogar Seguro para separar de inmediato a los hijos, antes de que se contagien del comportamiento negativo de los demás. Cuando los hijos "conspiran" contra los padres, es el momento de que los padres empiecen a efectuar una enseñanza más proactiva y menos reactiva. Una vez que las cosas se calmen, haga que sus hijos pasen mucho tiempo con usted practicando cómo calmarse, analizando el Plan para un Hogar Seguro, desarrollando un Plan para Mantener la Calma para ellos mismos, y trabajando en la consecuencia negativa significativa que hubiesen obtenido por su comportamiento.

P **¿Cómo puedo corregir a mis hijos por gritarse unos a otros cuando mi pareja les grita a ellos?**

R Hable con su pareja acerca de que ambos deben hacer un esfuerzo consciente para utilizar buenas destrezas de comunicación como ejemplo para sus hijos. Cambiar los hábitos viejos es difícil, y a veces cometerá errores. Así que cree una "frase recordatoria" para usted y su pareja para utilizar cuando uno u otro comience a gritar, algo que ambos hayan acordado de antemano; por ejemplo: "Cariño, las galletas se están quemando". La frase debería recordarle a la persona que está gritando que debe usar su Plan para Mantener la Calma. Después de haberse calmado, ese padre debe pedirle disculpas a todo el mundo y lidiar con calma con la conducta de los hijos. Convertirse en un padre más tranquilo no va a suceder de la noche a la mañana. Pero si usted y su pareja se apoyan mutuamente y realmente trabajan en ello, usted y sus hijos podrán ver una mejoría.

Capítulo 10
Corrección de los Malos Comportamientos

"No, ¡no quiero ir a la cama!"
"La maestra miente. ¡Hice mi tarea!"
"Mamá ... ¡él me golpeó!"

Le suena familiar? Los hijos ponen a prueba constantemente los límites. En muchos aspectos, esto es saludable. Probar los límites es una manera de que los hijos crezcan y aprenden sobre el mundo que los rodea. Sin embargo, cuando los hijos continuamente ponen a prueba los límites y se portan mal, los padres pueden perder la paciencia y cuestionar su capacidad para hacer frente al difícil comportamiento de sus hijos. La mala conducta constante y la ira y la frustración de los padres que derivan de ella puede hacer que el hogar sea un lugar muy estresante e infeliz. Es por eso que muchos padres en nuestras clases de La Crianza Práctica de los Hijos no pueden esperar a que hablemos de cómo ponerle fin a la conducta problemática de los hijos. La **Instrucción Correctiva** es una técnica de crianza que pone fin a los malos comportamientos, utiliza consecuencias y les enseña a los hijos una manera positiva y alternativa de comportarse.

Es importante señalar que la corrección de la conducta negativa debe ser sólo una parte de su enfoque de la crianza efectiva. Mientras aprende los pasos de la Instrucción Correctiva, recuerde que también debe enseñarles a sus hijos sus expectativas con antelación mediante la Instrucción Preventiva para que sepan lo que quiere. Y, debe construir relaciones positivas con sus hijos a través de los Elogios Eficaces para que estén más dispuestos a cooperar con usted en momentos de estrés. A los padres que no utilicen estas dos herramientas de crianza con frecuencia les costará, en general, corregir eficazmente a sus hijos cuando se porten mal.

Los padres por lo general no tienen problemas para enumerar los tipos de comportamientos negativos que los frustran. Es muy probable que algunas de las siguientes quejas que hemos escuchado también se apliquen a su familia:

- *"Siempre tengo que pedir las cosas dos o tres veces cada vez que quiero que mis hijos hagan algo".*

- *"Parece que mis hijos pelean todo el tiempo. Ellos simplemente se provocan, se provocan, se provocan entre sí hasta que uno de ellos se enoja".*

- *"Mi hijo no hace más que jugar videojuegos. No hace su tarea. No ayuda. Sólo se sienta frente a esa pantalla".*

- *"No puedo conseguir que mis hijos hagan algo en la casa a menos que los amenace con quitarle beneficios".*

- *"Cuando le pregunto a mi hijo sobre su tarea, él dice que la ha hecho o que la dejó en la escuela. Tarde o temprano, recibiré una nota del maestro".*

- *"Estoy tan cansado de que mis hijos discutan o lloriqueen cada vez que les pido que hagan algo. Simplemente me agota".*

- *"Mi hija saca dinero de mi bolso y luego miente al respecto cuando la enfrento".*

Estos padres, como la mayoría de los padres preocupados, están buscando una manera constructiva y eficaz de responder a los problemas de comportamiento de sus hijos. El proceso de cinco pasos de la Instrucción Correctiva ayudó a estos padres, y puede ayudarlo a usted también.

Cuándo Usar la Instrucción Correctiva

Al corregir el mal comportamiento de su hijo, lo mejor es escoger sus batallas. A veces, cuando su hijo pone a prueba sus límites, sólo se puede utilizar una instrucción firme, pequeñas consecuencias, o la redirección para corregir su mal comportamiento. La redirección consiste simplemente en utilizar la orientación física suave o la instrucción verbal para apartar el punto de interés de un niño de un comportamiento negativo hacia un comportamiento adecuado. Por ejemplo, si su hijo lloriquea ante un largo viaje en auto, puede darle un juguete para jugar o jugar con él para redirigir su atención de lo que se queja.

Por otra parte, **cuando los hijos con frecuencia hacen cosas que no deberían hacer, o no hacen cosas que deberían hacer, o se involucran en comportamientos que no son seguros, es el momento de utilizar la Instrucción Correctiva.** Si usted limita el uso de la Instrucción Correctiva a los momentos en los que su hijo muestra un comportamiento desafiante persistente o grave, puede evitar el uso excesivo o el mal uso de esta destreza.

Decidir si una situación amerita o no el uso de la Instrucción Correctiva es una destreza que debe dominar si su instrucción pretende ser eficaz. Observe los ejemplos a continuación y decida si podría corregir el problema de comportamiento con una instrucción simple, una pauta, una consecuencia, o la redirección, o si necesita la intervención más seria de la Instrucción Correctiva.

1. Todos los viernes, su hijo adolescente se olvida de hacer su tarea diaria de sacar la basura antes de que lleguen los recolectores de basura.

2. Encuentra a su hijo de 8 años de edad jugando con fósforos en su armario.

3. Por tercera vez en una semana, su hija se viste de manera provocativa para ir a la escuela y le discute cuando le pide que se cambie.

4. Le dice a su hijo de 15 años que no puede asistir a una fiesta esta noche, y él sale corriendo de la casa y no vuelve hasta la medianoche.

5. Sus mellizos de 6 años de edad se culpan mutuamente cuando les pregunta quién rompió su nuevo juguete.

6. Por lo general, su hija carga gasolina en el auto cuando sale con sus amigos, pero hoy el indicador de combustible está en cero cuando usted quiere usar el auto para ir a trabajar.

7. A su hijo de 10 años de edad se le cae accidentalmente un galón entero de leche al suelo.

De estos siete casos, los cuatro primeros son buenos ejemplos de momentos en los que debe utilizar la Instrucción Correctiva porque implican conductas negativas que son graves o que ponen a prueba sus límites con frecuencia. Las últimos tres situaciones implican malos comportamientos accidentales, poco frecuentes, o menores que usted podría intentar abordar mediante la aplicación de una pequeña consecuencia o una instrucción firme. Por supuesto, cada padre tiene sus propios límites y expectativas. Usted puede optar por utilizar la Instrucción Correctiva para poner fin y abordar cualquier problema de conducta.

Pasos de la Instrucción Correctiva

Un padre nos dijo: *"La Instrucción Correctiva me da un plan que establece cómo y qué enseñarles a mis hijos cuando se portan mal. Yo hacía eso a veces (tal como aplicar las consecuencias) pero no estaba enseñando realmente. Así que mis hijos nunca aprendieron lo que debían hacer. Ellos sólo se enteraron de lo que no me gustaba".*

Tal como este padre descubrió, la Instrucción Correctiva combina mensajes claros con consecuencias y la práctica de las destrezas necesarias para ayudar a que los padres respondan a los problemas de comportamiento. Cuando se utiliza para abordar conductas que con frecuencia ponen a prueba los límites, la Instrucción Correctiva le brinda un paquete completo de pasos eficaces y sencillos para responder ante la mala conducta y enseñarle a los hijos los comportamientos alternativos deseados.

El primer paso de la Instrucción Correctiva es describirle al hijo el problema de conducta y decirle con firmeza que le ponga fin. El padre entonces le aplica al hijo una consecuencia negativa, ya sea la pérdida de un beneficio o la adición de una tarea. A continuación, el padre describe el comportamiento deseado que el hijo debe tener en lugar de la mala conducta y explica por qué se debe tener el comportamiento deseado. Finalmente, el padre hace que el hijo practique el comportamiento deseado. Este paso final le asegura al padre que el hijo entienda y pueda realizar el comportamiento deseado. Aquí están los pasos de nuevo:

1. Dentenerse/describir el comportamiento problemático.
2. Aplicar una consecuencia negativa (pérdida de beneficios o tarea añadida).
3. Describir el comportamiento deseado.
4. Dar una razón
5. Practicar.

Veamos un ejemplo de la Instrucción Correctiva: Usted llega a casa del trabajo y su hija invitó a un montón de niños ruidosos a la casa. No llamó para preguntar si estaba bien llevar a sus amigos después de clases. Le dice a su hija que la fiesta ha terminado y es hora de que le diga a sus amigos que se deben ir. Ella discute con usted, le dice que es injusto, y le dice que sus amigos no estaban haciendo nada malo. Mediante el uso de un tono de voz firme pero tranquilo le dice que lo siga a la cocina o al dormitorio. Dar esta instrucción le ayuda a ver si ella está dispuesta a recibir su corrección. También le quita las distracciones y la motivación para ser desafiante frente a sus amigos. Una vez que usted y su hija estén solos, puede comenzar a seguir los pasos de la Instrucción Correctiva. Esto es a lo que puede parecerse su enseñanza:

1. **Dentenerse/describir el comportamiento problemático.**

   Madre: *"Estefanía, estás discutiendo y poniendo excusas porque te dije que les digas a tus amigos que se vayan. Por favor, detente". (Estefanía deja de discutir).*

2. **Aplicar una consecuencia negativa.**

   Madre: *"Como discutiste y no seguiste mis instrucciones, **esta noche no** podrás usar tu teléfono celular ni la compu**tadora"**.*

3. **Describir el comportamiento deseado.**

   Madre: *"Sé que te gusta invitar a tus amigos, pero cuando te doy una instrucción, quiero que **me obedezcas y me digas 'Está bien', y que luego hagas lo que te pido. Si no estás de*** *acuerdo,* recuerda **calmarte** *antes de discutir conmigo. ¿De acuerdo?".*

4. Dar una razón.

Madre: *"Es importante seguir las instrucciones* **porque es más probable que te escuche".**

5. Practicar.

Madre: *"Practiquemos esto. Voy a darte una instrucción, y tú síguela diciéndoles a tus amigos que es hora de irse a casa. Ahora, muéstrame cómo vas a seguir las instrucciones la próxima vez que te pida que les digas a tus amigos que es hora de irse a casa".*

Estefanía: **"Te miraré y diré 'Está bien', y luego les diré a mis amigos que tienen que irse a casa".**

Madre: *"¡Genial! ¿Qué pasa si comienzas a enojarte?"*

Estefanía: **"Bueno, debería tratar de mantener la calma y esperar a estar más tranquila para hablarlo contigo".**

Madre: *"¡Exactamente! Cuando estés tranquila, es más probable que te escuche.* **Vamos a ver si puedes hacer lo que te pido a continuación.** *Quiero que les pidas a tus amigos que se vayan, que ordenes la sala de estar y que luego me ayudes a preparar la cena".*(Estefanía dice *"Está bien",* y se dirige a la sala de estar).

Por supuesto que no siempre las cosas serán así de fáciles cada vez que utilice la Instrucción Correctiva, pero este ejemplo le da una idea de qué pasos debe seguir. Si su hijo intenta distraerlo al hablar o discutir, usted simplemente debe decirle: *"No hablaremos de eso ahora. Vamos a centrarnos en tu comportamiento".* O simplemente ignorar la discusión y continuar corrigiendo a su hijo.

Si su hijo comienza a gritar o se niega a hacer lo que le pide, o si la conducta de su hijo empeora en otros aspectos, es hora de pasar a otra técnica de crianza llamada **Enseñanza del Dominio Propio**. Esta destreza le brinda una manera de responder ante situaciones emocionalmente intensas con sus hijos. (Hablaremos sobre la Enseñanza del Dominio Propio en el próximo capítulo).

La siguiente es una breve explicación de cada uno de los pasos de la Instrucción Correctiva:

PASO 1: Dentenerse/Describir el Comportamiento Problemático:

Poner fin a la conducta problemática cuanto antes es más fácil que esperar a que el comportamiento se prolongue durante mucho tiempo o se intensifique. Esperar a corregirla también podría darle a su hijo la falsa impresión de que el mal comportamiento es aceptable o no es importante para usted. Comience con los elogios y la empatía, a continuación, busque con calma la atención de su hijo, describa el problema de conducta, y déle una instrucción clara, como, *"Jaime, yo sé que estás molesto, pero deja de gritar y empujar a tu hermano. Por favor, ven aquí y siéntate en esta silla".* Elimine todas las distracciones en la medida de lo posible y póngase al nivel de los ojos de su hijo. Esto ayudará a que su hijo se concentre en usted y en su enseñanza. Una vez que el problema de conducta se haya detenido, descríbalo específicamente. Por ejemplo, una madre podría decir, *"Raquel, por favor, ven aquí para que pueda hablar contigo. (Raquel se acerca a su madre). Sé que querías relajarte, pero antes de irme a la tienda, te pedí que recogieras tu ropa y guardaras los platos limpios. Tu ropa está todavía en el suelo, los platos no están guardados, y parece que has estado tirada en el sofá, escuchando música en su lugar".*

PASO 2: Aplicar una Consecuencia Negativa.

Las consecuencias ayudan a que los hijos conecten lo que hacen y lo que ocurre como resultado de sus acciones. Las consecuencias negativas, tales como la eliminación de un beneficio o la adición de una tarea, reducen la frecuencia y/o gravedad del comportamiento que tienen. En otras palabras, si la madre quiere que Raquel siga las instrucciones de inmediato, ella debería decir: *"Como no hiciste lo que le pedí, puedes doblar toda la ropa después de recoger tu ropa y guardar los platos. Todo esto debe ocurrir antes de que vuelvas a escuchar música de nuevo".*

Usted puede utilizar una o una combinación de pequeñas consecuencias para motivar a sus hijos a que cambien su comportamiento. Si el problema de conducta es importante y requiere una gran consecuencia, prepare a su hijo y bríndele la oportunidad de recuperar algún beneficio; por ejemplo: *"Cuando estés en condiciones de aceptar una consecuencia, será más probable que vuelvas a tener algunos de los beneficios que perdiste".* Cuando usted elija las consecuencias, recuerde las características que las hacen efectivas: importancia, inmediatez, frecuencia, tamaño, y contingencia.

Los dos pasos siguientes son muy importantes porque ayudan a que los padres se centren en enseñarles a los hijos un comportamiento deseado que pueden utilizar en lugar de lo que hicieron mal.

PASO 3: Describir el Comportamiento Deseado

Esto es similar al paso que utilizó con Elogios Eficaces y la Instrucción Preventiva. Nombre la destreza, sea claro y específico, y solo describa el comportamiento que usted desea que su hijo tenga en lugar de la conducta problemática. (Use las destrezas descritas en el Capítulo 12 como ayuda para identificar lo que quiere que su hijo haga en vez de la mala conducta). En nuestro ejemplo, Raquel no siguió las instrucciones de su madre de hacer un par de tareas. Su madre podría decir, *"Raquel, cada vez que te dé una instrucción, quiero que digas 'Está bien' y empieces a hacerlo de inmediato".*

PASO 4: Dar una Razón

Dar una razón ayuda a explicarle a su hijo la importancia de utilizar una destreza o comportamiento. Durante la Instrucción Correctiva, dar una razón también puede ayudar a que su hijo conecte el comportamiento con la consecuencia o resultado; por ejemplo: *"Ahora, terminarás tus tareas cuanto antes y podrás volver a escuchar música".*

PASO 5: Practicar

Cada vez que sus hijos practican hacer las cosas bien, usted les aumenta las oportunidades de éxito y reduce la probabilidad de observar el problema de conducta en el futuro. Mediante la práctica, les da una oportunidad más de aprender algo nuevo. La práctica los ayuda a recordar exactamente lo que pueden hacer para evitar problemas y hacer las cosas bien. Por ejemplo, la madre podría decir: *"Raquel, muéstrame cómo vas a seguir las instrucciones y cumplir con tus tareas la próxima vez".* Y Raquel podría responder tranquilamente, *"Está bien",* y retirarse para empezar a cumplir con sus tareas. Un poco más tarde, la madre puede decirle a Raquel, *"Gracias por comenzar de inmediato".*

Ejemplos de la Instrucción Correctiva

Estos son algunos ejemplos más de la Instrucción Correctiva:

Un padre le dice a su hijo que está castigado y no podrá salir con sus amigos ni conducir el auto durante las próximas dos semanas, por haber sido suspendido en la escuela al iniciar una pelea.

1. **Dentenerse/describir el comportamiento problemático.**

    Padre: *"Marcos, por favor, escúchame y mírame a los ojos.*

    (Marcos mira a su padre).

    Gracias. Sé que las cosas pueden ser difíciles en la escuela, pero la violencia nunca resuelve nada".

2. **Aplicar una consecuencia negativa.**

    Padre: *"Dado que no fuiste respetuoso con los demás, no tendrás permitido salir con tus amigos ni conducir tu auto por dos semanas. Además, tendrás que pedirles disculpas a los chicos con los que peleaste cuando regreses a la escuela".*

3. **Describir el comportamiento deseado.**

    Padre: *"Cuando no estás de acuerdo con alguien y las cosas comienzan a descontrolarse, recuerda que debes mantener la calma y respirar profundamente, realizar un conteo para tus adentros, o simplemente alejarte de la situación".*

4. **Dar una razón.**

    Padre: *"Recuerda, si te quedas tranquilo, no empeorarás la situación para ti mismo".*

5. **Practicar**

    Padre: *"Aquí tienes una oportunidad para que me muestres que sabes cómo mantener la calma. Has hecho un gran trabajo escuchando hasta el momento. Vamos a practicar lo que harías o dirías si estás tratando de terminar tu tarea esta noche y tu hermano interrumpe y comienza a provocarte".*

Marcos: (Suspira)

"Me gustaría respirar profundamente, contar hasta diez, o alejarme de él por un tiempo para poder calmarme".

Padre: *"Bien. Eso es correcto".*

Dos jóvenes hermanas se pelean por un juguete, mientras que su padre está al teléfono en una llamada importante. El papá se excusa de la llamada y se sienta para estar al nivel de los ojos de sus hijas.

1. **Dentenerse/describir el comportamiento problemático.**

   Padre: *"Jazmín y Alicia, por favor, vengan y siéntense en el sofá. Sé que las dos quieren el juguete, pero mientras yo estaba hablando por teléfono, ustedes dos estaban peleando y gritando por él y no lo compartían".*

   Jazmín: *"Pero, papá, ¡ella empezó!"*

   Padre: *"Jazmín, no estamos hablando de quién empezó la pelea. Vamos a centrarnos en que ustedes dos no estaban compartiendo".*

2. **Aplicar una consecuencia negativa.**

   Padre: *"Como no estaban compartiendo, ambas tienen que sentarse aquí en Tiempo Quieto por seis minutos".* (Con los hijos pequeños, es probable que sea más eficaz que primero se sienten en Tiempo Quieto durante el tiempo requerido y luego les diga qué hacer en situaciones futuras).

3. Describir el comportamiento deseado.

Padre: *"Quiero que ustedes dos aprendan a compartir. Alicia, cuando tu hermana quiere un juguete que tú tienes pero con el que no has terminado de jugar, dile: 'Está bien. Voy a estar lista en cinco minutos'. Luego ajuste el cronómetro. Jazmín, si tú pides un juguete y tu hermana dice: 'No, recién empiezo a jugar con él', sólo dile 'Está bien' y busca otro juguete para jugar hasta que ella termine. Si aún necesitas ayuda, tranquilamente ven a buscarme. ¿De acuerdo?".*

4. Dar una razón.

Papá:: *"Cuando comparten, ambas son más propensas a divertirse jugando con el juguete".*

5. Practicar.

Padre: (hablando con ambas hijas) *"Vamos a suponer que una de ustedes está jugando con un juguete y la otra le pregunta si puede jugar con él. Ahora, vamos a practicar. ¿Qué puedes decir?"*

Alicia: *"¿Puedo jugar con eso cuando termines?"*

Padre: *"¡Bien! Eso es una gran manera de preguntar. Jazmín, ¿qué le dirías a tu hermana?"*

Jazmín: *"Voy a estar lista en cinco minutos".*

Padre: *"¡Bien! Recuerda que debes establecer el cronómetro y venir a buscarme si surge algún problema. ¿De acuerdo? ¡Buen trabajo, chicas, con la práctica de cómo compartir!"*

Consejos Útiles

Mantener la calma.

Esto es fácil de decir, pero no siempre es fácil de hacer. Si la mala conducta ocurre a menudo o el comportamiento en sí es muy molesto, puede que le resulte difícil mantener su temperamento bajo control. Sin embargo, los padres nos dicen constantemente que esto es lo más importante que se puede hacer al utilizar la Instrucción Correctiva. Al mantener la calma, también disminuyen las posibilidades de que su hijo se moleste o se tenga mala conducta.

Mantenga la atención en un solo problema.

La mayoría de los niños son maestros en lograr que sus padres desvíen su atención. Algunos padres pueden alejarse del tema de tal modo que se olvidan del tema central. Las líneas familiares como estas pueden ser particularmente eficaces en la reorientación de la atención de los padres:

- *"¡Tú me odias! ¿No?"*
- *"Mis amigos no tienen que hacer eso.*
  ¿Por qué eres tan duro conmigo?"
- *"No quiero hablar de eso.*
  Y no puedes obligarme".
- *"Puedes quitarme todo lo que quieras.*
  Simplemente no me importa".
- *"Quiero ir a vivir con papá.*
  ¡Él me quiere de verdad!"

Comentarios como estos nos pueden hacer daño o tentarnos a responder con sarcasmo. O, es posible que sienta que debe enumerar todas las cosas buenas que hace para su hijo. Es mejor, sin embargo, resistirse a responder a los comentarios provocativos o a problemas secundarios. Respete lo que quiere enseñar. Si su hijo realmente quiere hablar de otros temas, él o ella puede sacar el tema después de que el tema principal (el mal comportamiento) se resuelva.

Brinde la oportunidad de que recuperen parte de un beneficio.

Si su hijo es atento, acepta su responsabilidad por el mal comportamiento, y trabaja duro para compensar lo que hizo mal, y usted está satisfecho con el intento, permita que su hijo recupere parte del beneficio que le quitó. Esto se llama **corrección positiva.** Funciona así: Durante la Instrucción Correctiva, su hijo y su hija pierden una hora de tiempo de televisión, ya que estaban discutiendo. Después de terminar su enseñanza, ambos hijos se disculpan y trabajan juntos para poder terminar con sus tareas por la noche. Si cooperan y completan la tarea, podrán recuperar hasta la mitad del total del tiempo de televisión que perdieron. Hacer esto le permite a usted aplicar una consecuencia positiva para trabajar en la destreza de llevarse bien con los demás. La corrección positiva es una manera efectiva de enseñarles a los hijos a compensar los errores o los malos comportamientos.

Sea constante.

Saber qué se espera de uno ayuda a los hijos a sentirse seguros y los anima a portarse bien. Si establece un horario para que sus hijos vayan a la cama, usted debe corregirlos constantemente y aplicarles consecuencias cuando no lo respetan, y elogiarlos cuando están en la cama a horario. Asegúrese de utilizar los Elogios Eficaces y hasta incluso algunos premios creativos cuando cumplan con sus expectativas. Cuando su hijo se porte mal o no cumpla con alguna regla importante de la familia, utilice la Instrucción Correctiva consistentemente para enseñarle a su hijo que habla en serio.

Sea flexible.

Aunque usted debería utilizar constantemente la Instrucción Correctiva por los malos comportamientos, puede ser flexible en la forma de utilizarla. Nadie conoce a su hijo mejor que usted. Si su hija se molesta demasiado si le aplica una consecuencia justo después de haber puesto fin a un comportamiento negativo, aplique la consecuencia al final de la secuencia de enseñanza cuando posiblemente esté más tranquila.

Use consecuencias.

Algunos padres se sienten incómodos aplicando consecuencias, incluso a modo del último paso en la secuencia de enseñanza. Algunos comportamientos pueden cambiar cuando los padres utilizan la Instrucción Correctiva sin el paso "consecuencia", porque el tiempo que el padre pasa enseñándole al hijo es una consecuencia suficiente. Pero utilizar consecuencias por lo general aumentará la eficacia de la enseñanza, porque los hijos son más propensos a hacer la conexión entre lo que hicieron y lo que consiguen o no consiguen hacer. Pronto se dan cuenta de que al detener un comportamiento negativo, también pueden evitar la pérdida de beneficios y la obtención de tareas adicionales.

Resumen

Los padres que se toman el tiempo de usar cada una de las etapas de la Instrucción Correctiva, verán que ayuda a cambiar el comportamiento problemático. Los hijos aprenden que la mala conducta trae consecuencias. Al mismo tiempo, su enseñanza está ayudando a que aprendan nuevos y mejores comportamientos para reemplazar aquellos que los meten en problemas. Si es constante, sus hijos eventualmente entenderán cuál es su tolerancia y no pondrán a prueba sus límites con tanta frecuencia. Junto con la Instrucción Preventiva y los Elogios Eficaces, la Instrucción Correctiva puede reducir enormemente la cantidad de malos comportamientos que tendrá que enfrentar y hará de su hogar un lugar mucho más agradable y positivo para usted y sus hijos.

🕊️ REPASO DEL CAPÍTULO

¿Cuáles son los pasos de la Instrucción Correctiva?

1   Dentenerse/describir el comportamiento problemático.
2.   Aplicar una consecuencia negativa.
3.   Describir el comportamiento deseado.
4.   Dar una razón.
5.   Practicar.

¿Cuándo deben utilizar los padres la Instrucción Correctiva?

1.   Cuando los hijos no estén haciendo lo que deberían estar haciendo.
2.   Cuando los hijos estén haciendo algo que no deberían hacer.
3.   Cuando los hijos estén haciendo algo no seguro.

¿Qué es la corrección positiva?

La corrección positiva le permite a su hijo recuperar algunos de los beneficios que ha perdido, siempre y cuando se cumplan los siguientes criterios: Su hijo es atento, acepta la responsabilidad del mal comportamiento, y trabaja duro para compensar lo que hizo mal, y usted está satisfecho con el intento.

☆ PLAN DE ACCIÓN

1.   Dedique unos minutos a responder las siguientes preguntas:

   •   ¿Qué es lo más importante que ha aprendido en este capítulo?

179

- ¿Qué va a hacer de manera diferente como resultado de lo que ha aprendido?

2. Piense en uno de los malos comportamientos típicos de su hijo. Imagine lo que diría en cada paso de la Instrucción Correctiva para tratar el comportamiento. Practique los pasos delante de un espejo un par de veces antes de usarlos con su hijo. Los espejos son un lugar agradable para empezar; no contestan tanto como los hijos. Una vez que se haya visto y oído a usted mismo, y sienta que está listo para darle una oportunidad a su hijo, hágalo. La práctica da lugar a la confianza y la confianza conduce al éxito.

PᵧR
PARA PADRES

P **¿Qué pasa si yo trato de aplicar la Instrucción Correctiva y mi hijo dice que no le importa lo que yo digo y abandona el hogar?**

R En este punto, su hijo ha perdido el dominio propio y no está dispuesto a seguir sus instrucciones. En el siguiente capítulo, "Enseñanza del Dominio Propio", hablaremos de cómo manejar este tipo de situación. Por ahora, mientras usted se sienta tranquilo de que su hijo esté seguro cuando abandone la casa, puede esperar para continuar con su enseñanza y aplicar consecuencias a su regreso.

P **A veces corrijo mi hijo por malos comportamientos. Pero cuando se va a la casa de su padre por un fin de semana, se sale con la suya. ¿Qué se supone que debo hacer?**

R En un mundo perfecto, ambos padres tienen las mismas expectativas y son coherentes con su enseñanza y el uso de consecuencias. Pero, en realidad, es probable que no pueda hacer mucho para cambiar su estilo de crianza. Hable con él sobre lo importante que es para usted que ambos tengan expectativas similares con respecto a su hija y que utilicen sistemáticamente la enseñanza y las consecuencias para los problemas de comportamiento. Asimismo, utilice la Instrucción Preventiva para ayudar a su hija a entender que las expectativas y las reglas pueden cambiar de un lugar a otro (la escuela, la iglesia, la casa de su padre, etc.). Repase estas diferencias y cómo su hija puede manejarlas. También puede animar a su padre a que lea este libro o asista a clases de crianza.

P **Ninguna consecuencia que utilizo con la Instrucción Correctiva tiene efecto sobre los problemas de comportamiento de mi hijo. A él no parece importarle.**

R A veces se necesita un tiempo para encontrar la consecuencia correcta; sea paciente y siga enseñando. Además, es importante recordar que las consecuencias por sí solas no cambian los comportamientos; utilizar todas las destrezas de La Crianza Práctica de los Hijos es lo que va a ayudar a lograr los cambios deseados en el comportamiento de su hijo. Así que asegúrese de elogiarlo cuando se porte bien (mediante los Elogios Eficaces) y de recordarle en momentos neutrales los comportamientos que usted espera que utilice (Instrucción Preventiva).

P **Mi hija simplemente ignora todo lo que digo cuando la corrijo. Ella nunca sigue todos estos pasos.**

R Los pasos de la Instrucción Correctiva se han diseñado para ayudar a que usted mantenga la calma y se centre en un enfoque positivo de la corrección de los problemas de comportamiento. Pero está bien ser flexible al utilizar los pasos. En su caso, sea breve y vaya al punto. Los hijos, especialmente los más jóvenes, comúnmente dejan de prestar atención a los padres cuando usan demasiado vocabulario.

P **Si le aplico a mi hijo una consecuencia negativa de inmediato, simplemente se enoja mucho y se va.**

R Una vez más, sea flexible con los pasos. Puede guardar el paso de la consecuencia para el final para que su hijo tenga algún tiempo para calmarse.

P **Mi hija discute casi todo lo que digo. Ella nunca admite haber hecho algo malo, incluso si soy específico. Ella sólo se excusa o intenta hacerme enloquecer cuando la corrijo.**

R No permita que lo distraiga durante la Instrucción Correctiva. Muchos hijos discuten, dan excusas y recurren a todo tipo de cosas para desviar su atención de sus problemas de conducta y de la aplicación de consecuencias negativas. Mantenga la calma y céntrese en la corrección de un problema de conducta por vez.

P **¿Cómo puedo corregir a mis dos hijos por pelear cuando no sé quién empezó?**

R Se necesitan dos para pelear, por lo tanto ambos hijos deben recibir una consecuencia negativa. Pueden ser diferentes consecuencias, pero deben ser iguales y justas para ambos. Los hijos pequeños con el tiempo aprenderán que es malo pelear, sin importar quién comienza la pelea.

Capítulo 11
Enseñanza del Dominio Propio

U no de los aspectos más frustrantes de la crianza es lidiar con su hijo cuando se enoja mucho o se torna desafiante o simplemente se niega a hacer lo que le pide. Su hijo puede gritar, golpear, maldecir, lanzar objetos, amenazarlo, o simplemente cerrarse y negarse a responderle a usted en todo. El comportamiento de su hijo puede hacer que se sienta impotente, emocionalmente agotado, o simplemente furioso.

Si alguna vez se ha sentido así, usted no está solo. Todos los padres experimentan situaciones como esta en un momento u otro. De hecho, algunos padres se enfrentan a estas situaciones con frecuencia. Una cosa es cierta, sin embargo: Los hijos deben aprender que el comportamiento negativo y agresivo no es aceptable. Este es perjudicial para ellos y los demás. Cuanto más pronto aprendan los hijos a controlar sus acciones, más se verán beneficiados.

Hemos desarrollado un método de enseñanza, llamado **Enseñanza del Dominio Propio**, que ayuda a los padres a tratar con calma con sus hijos en situaciones emocionales. La **Enseñanza del Dominio Propio permite que los padres les enseñen a sus hijos mejores maneras de comportarse cuando están molestos o se niegan a responder a la corrección. La Enseñanza del Dominio Propio les da tiempo a todos para calmarse de manera que se pueda volver a intentar la instrucción.**

Hay dos partes fundamentales en la Enseñanza del Dominio Propio: conseguir que su hijo se calme y hacer el seguimiento de la enseñanza. Hablaremos de cada parte en detalle más adelante. En primer lugar, vamos a echar un breve vistazo a lo que sucede a menudo cuando un hijo le grita a uno de sus padres o se niega a hacer lo que se le pidió.

En estas situaciones, el hijo ciertamente no está interesado en abordar la situación racionalmente, y en algunos casos, no es capaz de hacerlo. Que el padre hable mucho no ayuda a mejorar la situación. A menudo, cuanto más habla el padre, más fuerte grita el hijo. Cuanto más fuerte grita el hijo, más fuerte habla el padre, hasta que el padre grita también. Este desagradable intercambio de palabras y acciones continúa intensificándose hasta que alguien decide que la conversación es demasiado dolorosa y la abandona. Puede ser el padre, que sale de la habitación con disgusto e ira. O puede ser el hijo, quien se enoja y se va a la habitación y cierra la puerta. En cualquier caso, el problema ha empeorado, no ha mejorado. Si usted ha tenido que lidiar con un hijo que no cooperará, usted sabe lo impotente que puede sentirse durante estos tiempos emocionalmente intensos.

La Enseñanza del Dominio Propio da a los padres una manera de detener los gritos o discusiones antes de que resulten perjudiciales y antes de que los problemas empeoren. También ofrece a los padres un método estructurado para ayudar a los niños a identificar cómo se sienten y para enseñarles cómo hacer frente a estos comportamientos en formas que sean útiles, no dañinas.

Cuándo Usar la Enseñanza del Dominio Propio

La Enseñanza del Dominio Propio debe utilizarse cuando los niños se nieguen a cooperar con usted, ya sea pasiva o agresivamente. La Enseñanza del Dominio Propio es apropiada en estos dos tipos de situaciones:

1. **Cuando su hijo se porta mal y no responde a la Instrucción Correctiva; y en su lugar, su hijo continúa con el mal comportamiento o la mala conducta empeora.**

2. **Cuando su hijo "pierde los estribos" y tiene un arrebato emocional repentino e intenso o se niega a hacer cualquier cosa que le piden los padres.**

Un ejemplo de comportamiento descontrolado y agresivo sería una situación en la que un padre le pide a su hijo que se levante y se prepare para ir a la escuela y el hijo le responda maldiciendo, gritándole a su padre para salir de su habitación, y poniendo el reproductor de CD a todo volumen. La conducta descontrolada también puede ser pasiva. En la misma situación, el hijo podría simplemente ignorar las reiteradas peticiones de su padre de levantarse de la cama.

Piense en los momentos en que sus hijos se molestaron cuando les corrigió su conducta o les pidió que hicieran algo. ¿Qué provocó su comportamiento negativo? ¿Qué es exactamente lo que hicieron? ¿Cómo respondió? Recordar momentos anteriores en los que se perdieron los estribos puede ayudar a planificar y a practicar cómo va a lidiar con ellos en el futuro. Algunas formas de prevenir que la persona pierda los estribos incluyen el uso de la Instrucción Preventiva (Capítulo 7) para ayudar a su hijo a aprender maneras más apropiadas de responder cuando él o ella se enoje o se moleste, y el uso de su plan para mantener la calma (Capítulo 9). Sin embargo, una vez que su hijo tiene un arrebato emocional, es el momento de utilizar los pasos de la Enseñanza del Dominio Propio.

Pasos de la Enseñanza del Dominio Propio

La Enseñanza del Dominio Propio tiene dos objetivos y dos partes. Los objetivos de la Enseñanza del Dominio Propio son:

- **Ayudar a que usted y sus hijos se calmen durante situaciones emocionalmente intensas.**

- **Enseñarles a sus hijos a controlar su comportamiento cuando se enojen.**

La primera parte de la Enseñanza del Dominio Propio (Calmarse) se orienta a la reducción de la intensidad de su interacción para que usted y su hijo pueden trabajar en la solución de la situación. La segunda parte (Fase de Instrucción) le da la oportunidad de enseñarle a su hijo algunas opciones aceptables para comportarse cuando él o ella se sienta mal. Al igual que las otras destrezas que ha aprendido, la Enseñanza del Dominio Propio enfatiza dar descripciones claras del comportamiento de su hijo, utilizando consecuencias, enseñándole a su hijo el comportamiento deseado, proporcionándole una razón para usar el comportamiento deseado, y poniéndolo en práctica. La Enseñanza del Dominio Propio les da a usted y a su hijo la oportunidad de calmarse cuando los ánimos se hayan encendido. Cuando todo el mundo tiene un poco de tiempo para calmarse antes de seguir con la enseñanza, los hijos son más propensos a aprender a compartir sus sentimientos en formas apropiadas y constructivas. Estos son los pasos de la Enseñanza del Dominio Propio y el siguientes es un ejemplo de cómo se podría utilizar:

Parte 1: Calmarse

1. Describir el comportamiento problemático.
2. Ofrecer opciones para calmarse.
3. Dejar pasar un poco de tiempo para recuperar la calma.
4. Comprobar que el niño tenga un comportamiento cooperativo.

Parte 2: Fase de Instrucción

5. Describir el comportamiento deseado (Mantener la calma).

6. **Dar una razón.**
7. **Practicar (Mantener la calma).**
8. **Aplicar una consecuencia negativa (por no mantener la calma).**

Ejemplo: Papá y mamá le dicen a su hijo de 17 años, Javier, que no puede utilizar la computadora de la familia durante las próximas dos semanas, ya que visitó un sitio web inadecuado. Javier se ríe y dice: *"¡Voy a usarla cuando no estén cerca! ¡O voy a ir a la casa de al lado y usaré la computadora de Esteban! ¡No pueden detenerme!"* Él se aleja de ellos, toma su teléfono celular, y empieza a hablar con su amigo sobre lo estúpido que son sus padres.

Parte 1: Calmarse

1. **Describir el comportamiento problemático.**

Padre: *"Javier, sé que quieres hablar por teléfono, pero ahora continuas hablando y te ríes en lugar de seguir mis instrucciones. Cuelga el teléfono y ven a la cocina".*

(Javier sigue hablando por teléfono y no sigue la orden de su padre).

2. **Ofrecer opciones para calmarse.**

Padre: *"Javier, sigue mis instrucciones y demuéstrame que estás dispuesto a cooperar dándome el teléfono y yendo a tu habitación a calmarte.*

(Javier comienza a salir de la habitación, pero sigue hablando por teléfono).

"Tomar la mejor decisión de no usar el teléfono depende de ti. Te sugiero que respires profundamente y pienses en lo que estás haciendo".

189

(Javier se detiene, pone fin a la llamada telefónica, y airadamente empuja el teléfono delante de la cara de su padre).

Javier: *"Esto es tan penoso. ¡Sólo déjame en paz!"*

3. **Dejar pasar un poco de tiempo para recuperar la calma**

   Padre: *"Puedo ver que todavía estás molesto.*

   (El padre toma el teléfono).

   Por favor, ve a tu habitación y yo estaré allí en un par de minutos para hablar".

   (Cuando Javier esté siguiendo las instrucciones y esté dispuesto a hablar con su papá sobre el problema, el papá pasará de la fase Calmarse a la Fase de Instrucción).

4. **Comprobar que el niño tenga un comportamiento cooperativo**

   Padre: *"Está bien, Javier, luces más tranquilo ahora. ¿Estás listo para hablar de esto?"*

   Javier: *"Sí, supongo".*

Parte 2: Fase de Instrucción

5. **Describir el comportamiento deseado (Mantener la calma).**

   Padre: *"Javier, sé que a veces es difícil mantener la calma cuando quieres hacer algo, pero esto es lo que puedes hacer la próxima vez que te molestes. Me gustaría que utilices el Plan que hemos acordado para Mantener la Calma. Respira profundamente y con calma pregúntame si puedes ir a tu habitación a pensar. Eso también significa no usar el teléfono ni tocar música."*

6. Dar una razón.

Padre: *"Es importante mantener la calma, ya que demostrará que estás madurando".*

7. Practicar (Mantener la calma).

Padre: *"Vamos a intentar esto. En poco tiempo, vas a recibir una consecuencia negativa por haber perdido el control y por no haber seguido las instrucciones de dejar de hablar por teléfono. Muéstrame cómo vas a controlarte si comienzas a enojarte".*

Javier: (Respira profundamente)

"¿Puedo ir a mi habitación hasta que me tranquilice?"

Padre: *"Eso es exactamente lo que debes hacer".*

8. Aplicar una consecuencia negativa (por no mantener la calma).

Padre: *"Como ya te he dicho, te has ganado una consecuencia negativa por haber perdido el control y por seguir usando el teléfono cuando te pedí que te detuvieras. No tienes permitido usar el teléfono hasta que hagas tres cosas importantes para mí o tu mamá por no mantener la calma".*

Nunca es fácil mantener la calma cuando su hijo está siendo abiertamente desafiante e irrespetuoso. Lo que es importante es centrarse primero en ayudar a que su hijo se calme y recupere el dominio propio antes de tratar la conducta problemática original. (En el ejemplo, el padre trata primero la pérdida de control de Javier. Una vez que Javier se calma, el padre puede volver a la cuestión del uso indebido de la computadora por parte de su hijo). Cada uno de los pasos de la Enseñanza del Dominio Propio es una manera que tienen los padres para determinar si su hijo está listo para cooperar y, finalmente, volver al problema inicial que causó que perdiera los estribos en un primer lugar. Estos pasos no sólo actúan como indicadores de la capacidad de su hijo para mantener la calma, sino que también dan a los padres un método probado para evitar ser arrastrados a las peleas de poder, discusiones que pueden agravarse, o lo que podría convertirse en una situación insegura para la familia.

Ahora, veamos en más detalle los pasos de la primera parte de la Enseñanza del Dominio Propio (Calmarse).

PASO 1: Describir el Comportamiento Problemático

El uso de la empatía ayuda cuando su hijo está molesto o enojado. Demuestra que entiende los sentimientos de su hijo. Por ejemplo, usted podría decir: *"Puedo ver que estás enojado en este momento. Y tu voz me dice que no estás satisfecho con lo que pasó".* Así se inicia la secuencia de enseñanza positiva y le muestra a su hijo que realmente se preocupa por sus sentimientos. Además, el uso de la empatía a menudo ayuda a que su hijo vea que está enfocado en calmar la situación y no en culpar o sacar ventaja.

En un tono de voz tranquilo, dígale *brevemente* a su hijo exactamente lo que está haciendo mal. Su hijo probablemente no esté interesado en escuchar lo que tiene para decirle en ese momento, así que decirle mucho no ayudará. Recuerde que usted tendrá tiempo para describir el problema en detalle una vez que su hijo se calme. Por ahora, sea claro y específico en lo que diga. No hable demasiado rápido ni diga demasiado; por ejemplo, diciendo: *"Marcos, sé que estás molesto, pero estás paseando por la habitación",* da al hijo un mensaje claro acerca de lo que está haciendo.

Los padres a menudo emiten juicios de valor cuando no les gusta el comportamiento de sus hijos, como *"Deja de actuar como un niño"* o *"No me gusta tu mala actitud".* Sin embargo, estas declaraciones críticas y valorativas sólo sirven para alimentar el fuego emocional en su hijo. Le sugerimos que describa simplemente lo que su hijo está haciendo mal sin enojarse, sin ser sarcástico, ni acusatorio.

PASO 2: Ofrecer Opciones para Calmarse

El propósito de este paso es decirle a su hijo exactamente lo que necesita hacer para comenzar a calmarse. Dé instrucciones simples como: *"Por favor, ve a tu cuarto hasta que te tranquilices"* o *"Ve a sentarte en el porche y cálmate".* O bien, haga declaraciones con calma para alentar a su hijo: *"Respira profundamente y trata de calmarte".* Al igual que cuando usted describió la conducta problemática, hable lo menos posible. No le dé demasiadas instrucciones ni las repita constantemente; su hijo podría percibir esto como darle una lección, un acoso, o una oportunidad para discutir. Dar opciones sencillas y claras para calmarse mantiene el enfoque en la recuperación del dominio propio por parte de su hijo.

Es muy importante que usted ponga en práctica estos dos primeros pasos. Practicar cómo ser breve, específico y claro, mantener la calma y demostrar comprensión en situaciones intensas es tiempo bien invertido. Además de darle a su hijo la oportunidad de recuperar el dominio propio, comunicar mensajes claros y opciones específicas sobre cómo calmarse ayuda a evitar que la atención se desvíe en discusiones inútiles o luchas de poder.

PASO 3: Dejar Pasar un Poco de Tiempo para Recuperar la Calma

Es probable que darles tiempo a los niños para calmarse sea un concepto nuevo para muchos padres. No obstante, si mantiene la calma y permite que los niños se tranquilicen, es más probable que se recompongan más rápido. Los padres nos dicen que recordar este paso los ayudó a centrarse en controlar la situación. Simplemente decir, *"Vamos a esperar un momento así nos calmamos. Vuelvo en unos minutos"*, puede tener una eficacia inesperada. A veces, darse un "espacio" para usted y su hijo ayuda a que ambos "eviten pasar un mal momento".

Mientras transcurra el tiempo dispuesto para calmarse, puede pensar en lo próximo que enseñará. Esta medida también permite a su hijo decidir si desea continuar con el mal comportamiento o calmarse. Acérquese al niño las veces que sea necesario para hacerle preguntas, tales como, *"¿Estás listo para hablar de lo que pasó?"* o *"¿Ya estás más tranquilo como para que hablemos?"*.

Cuando su hijo pueda responder con voz calma y esté dispuesto a colaborar, siga con la siguiente fase, la Fase de Instrucción. En este punto de la situación, el niño se mostrará muy contento, pero es importante que pueda prestar atención y hablar con usted sin perder el dominio propio de nuevo.

Si el niño intenta utilizar este "tiempo para calmarse" como una oportunidad para escuchar música fuerte, dormir, hablar por teléfono, o ir de una habitación a otra para molestar a los demás, debe recordarle que esos comportamientos sólo empeorarán las cosas en un futuro. Por ejemplo, si su hija se enoja cuando le dice que apague el television y se niega a dejar de ver televisión, parte de la consecuencia que impondrá, será perder tiempo para ver televisión. No amenace si está enojado; simplemente informe a su hijo que no dejó de portarse mal y por ese motivo, las consecuencias serán más grandes o negativas. Este es un buen momento para pedir al niño que tome mejores decisiones y para que le explique brevemente aquello que es importante para él o ella.

PASO 4: Comprobar Que el Niño Tenga un Comportamiento Cooperativo

Es importante que se tome tiempo para este punto. Ofrezca descripciones e instrucciones, según sea necesario, para verificar que su hijo esté preparado para pasar a la Fase de Instrucción. Lo más importante es mantener la calma y controlar lo que dice y hace.

Esta es una mirada más detallada a los pasos de la Fase de Instrucción.

PASO 5: Describir el Comportamiento Deseado (Mantener la Calma)

Explique a su hijo aquello que pueda hacer de manera diferente la próxima vez para mantener la calma. Explique otras formas y más positivas de expresar la frustración o la ira. Los niños tienen que aprender que perder el control cuando algo no tiene el resultado que pretenden, da lugar a consecuencias más negativas y a una reducción del tiempo para hacer las cosas que les gustan. Aproveche esta oportunidad para explicarle las instrucciones que le dio en el paso "Ofrezca opciones para calmarse" y alentarlo para que recuerde cómo calmarse.

Enseñamos a muchos padres a utilizar la frase **"En lugar de..."** para describir comportamientos positivos. Este sería un ejemplo:

- *"En lugar de gritar y salir corriendo por la puerta, la próxima vez que te molestes, dime que estás enojado y pregúntame si puedes ir a tu habitación a calmarte".*

- *"En lugar de maldecir, ¿por qué no preguntas si puedes sentarte en el porche hasta que estés listo para hablar sobre lo sucedido?"*

El propósito de esta frase es enseñar a los niños que estos son comportamientos positivos que pueden utilizar la próxima vez que se enfaden. Parte de esta enseñanza puede incluir ayudarlos a reconocer en qué momento comienzan a molestarse y a enseñarles a decir algo como: *"Me estoy enojando. ¿Puedo esperar unos minutos para calmarme?"*

Una vez que los niños se calman, pueden verbalizar las circunstancias que provocaron su enojo y hablar con usted sobre una solución. Si los padres y niños aprenden a hablar sobre cómo se sienten en estas situaciones, pueden resolver sin dificultades el problema en lugar de atacarse mutuamente.

PASO 6: Dar una Razón

Dar una razón enseñará a su hijo por qué es importante mantener la calma en una situación difícil; por ejemplo, *"Mantener la calma nos permite hablar sobre tus preocupaciones"*. Las razones son más eficaces cuando son personales para el niño; es decir, cuando se relacionan con la destreza de mantener la calma y pueden ser utilizadas en diferentes situaciones. Además, el uso de palabras que hagan referencia a una "posibilidad", como *"Es más probable..."*, sirve para evitar la promesa de resultados.

PASO 7: Practicar (Mantener la Calma)

Ahora que su hijo sabe qué hacer, es importante que sepa cómo hacerlo. Pídale que respire profundo varias veces con usted, que cuente hasta 10 o que repita un pedido de tiempo para calmarse, como *"Estoy muy molesto en este momento. ¿Puedo ir a mi habitación por unos minutos?"* Una vez que haya finalizado la práctica, permita que su hijo sepa qué hizo en forma correcta y cuáles son aquellas cosas que debe mejorar. Sea tan positivo como pueda, especialmente si su hijo está haciendo un esfuerzo honesto por hacer lo que usted pide. La práctica le permite ver si su hijo controla sus emociones y si está dispuesto a cooperar con sus instrucciones y reconocer la responsabilidad por el comportamiento.

PASO 8: Aplicar una Consecuencia Negativa (por no mantener la calma)

Este es un paso fundamental para Enseñanza del Dominio Propio. Un error común que cometen los padres con los que trabajamos, es que se olvidan de aplicar una consecuencia negativa para el comportamiento que los niños no pueden controlar. Algunos nos dicen que sienten tanta alegría cuando los niños dejan de gritar que se olvidan de aplicar una consecuencia. Otros padres dicen que no aplican una consecuencia negativa porque no quieren molestar más a sus hijos. A veces, después de un momento de enojo intenso, los padres quieren dejar de ser tan estrictos con los niños o el remordimiento del niño los convence de aplicar la consecuencia. Estos sentimientos son comprensibles, pero no contribuyen a cambiar el comportamiento de un niño. Por el contrario, las consecuencias hacen posible el cambio de comportamiento, pero solo si se utilizan de forma coherente.

Mediante el uso de la Enseñanza del Dominio Propio, siempre debe aplicar una consecuencia negativa apropiada y sostenerla. Los niños deben aprender que no pueden perder el control ni tener rabietas cuando las cosas no salen como quieren. En la escuela, estos comportamientos pueden generar penitencias, suspensiones, expulsiones u otras sanciones disciplinarias. En un ámbito laboral, podrían ser despedidos. Y lo más probable es que, si tienen dificultades para controlar su temperamento, no puedan mantener sus amigos por mucho tiempo. Como padres, debemos enseñarles a responder de maneras menos emocionales y dañinas, incluso cuando se enojan. Las consecuencias aumentan la eficacia de su enseñanza y todo el proceso de Enseñanza del Dominio Propio ayuda a sus hijos a aprender mejores maneras de comportarse.

Ejemplo de Enseñanza del Dominio Propio

Observemos otro ejemplo de Enseñanza del Dominio Propio. Esta es la situación: La madre le dice a su hijo Pablo de 10 años que no puede ir a la casa de un amigo porque no vino directamente a casa después de la escuela como ella pidió. Él grita, "¡Eso es una estupidez! ¡Te odio! Nunca me dejas hacer nada". Y comienza a patalear, gritar y maldecir en la sala de estar.

Parte 1: Calmarse

1. Describir el comportamiento problemático.

- Comience con elogios o demuestre comprensión.
- Describir el comportamiento descontrolado.

Madre: *"Entiendo que es difícil para ti aceptar que no puedes ir a la casa de tu amigo, pero estás gritando y maldiciendo".*

2. Ofrecer opciones para calmarse.

- Aporte alternativas.
- Describir específicamente cómo calmarse.

Madre: *"Por favor, deja de gritar y ve a tu habitación o quédate aquí y siéntate en el sofá. Decidas lo que decidas, respira profundo y trata de calmarte".*

3. Dejar pasar un poco de tiempo para recuperar la calma.

- Permita que haya un espacio.
- Procure que exista el tiempo necesario.
- Supervise.

4. Comprobar que el niño tenga un comportamiento cooperativo.

Madre: *"Pablo, ¿cómo te sientes ahora? ¿Estás listo para que hablemos con calma?"*

o *"Me parece que todavía estás molesto. Vuelvo en unos minutos".*

(Cuando Pablo siga las instrucciones de su mamá y esté dispuesto a hablar sobre el problema, la madre podrá pasar de la fase Calmarse a la Fase de Instrucción).

Parte 2: Fase de Instrucción

5. Describir el comportamiento deseado (Mantener la calma).

- Piense en una manera mejor en la que su hijo pueda reaccionar cuando se enoje. Describa qué puede hacer de manera diferente.

Madre: *"Esto es lo que puedes hacer la próxima vez que te enojes, Pablo. Lo que me gustaría que hagas cuando te estés enojando, es que me lo digas y me preguntes si puedes ir a tu habitación y calmarte".*

6. Dar una razón.

Madre: *"Si puedes mantener la calma, podremos resolver esto más rápido".*

7. Practicar (Mantener la calma).

- Establezca la práctica con claridad.
- Permita que el niño practique de acuerdo con los criterios.
- Ofrezca comentarios.

Madre: *"Practiquemos esto. Voy a decirte que no puedes salir a jugar. ¿Qué debes hacer"?*

Pablo: *"Mamá, estoy muy enojado en este momento. ¿Puedo ir a mi habitación hasta que me tranquilice?"*

Madre: *"¡Eso fue genial, Pablo! Me lo pediste con un tono de voz agradable".*

8. **Aplicar una consecuencia negativa (por no mantener la calma).**

* Ayude a prevenir que el problema ocurra de nuevo.

Madre: *"Recuerda que gritar y maldecir tiene consecuencias negativas. Esta noche, deberás lavar los platos de la cena y no podrás comer un bocadillo".*

En situaciones de la vida real, probablemente su hijo no coopere con esta rapidez. Es posible que pase de discutir y jurar que mantendrá la calma a comenzar a discutir de nuevo en un instante. Algunos niños demuestran una gran resistencia cuando están molestos; por lo tanto, es mejor entender que pueden necesitar más tiempo para resolver el problema. Además, en estas situaciones, pueden aparecer otras cuestiones que deba resolver: sus otros hijos necesitan algo, suena el teléfono, la sopa está hirviendo en la cocina, etc. Las interacciones con su hijo no suceden en el vacío; siempre hay otras cosas que ocurren y que afectan su comportamiento. En esos casos, en que hay otros niños, use el Plan para un Hogar Seguro que aprendió en el Capítulo 9, "Mantener la Calma", y adapte las medidas y su estilo de enseñanza a la situación. Atengase a utilizar descripciones e instrucciones sencillas, utilice la comprensión y mantenga la calma. Además, cuando los niños hacen mal uso de privilegios en momentos en que están molestos (música a todo volumen en su teléfono inteligente), deberían perder el acceso a esos privilegios (no usar el teléfono inteligente por el resto del día) como parte de la consecuencia.

Consejos Útiles

Concéntrese en la tarea.

No desvíe su atención de lo que está tratando de enseñar. Implemente todos los pasos de la Enseñanza del Dominio Propio. Centrarse en el comportamiento de su hijo es mucho más fácil cuando se tiene un marco para seguir. Enseñar el dominio propio ofrece ese marco. Este lo ayuda a mantener la calma y evitar las discusiones que lo alejan de lo que quiere enseñar.

Es probable que su hijos intenten discutir sobre lo que dice o lo insulten. Pueden decirle que no lo quieren o que es muy injusto. Seguramente digan otras cosas para que se sienta culpable o inútil, o se enoje. Espere estos comentarios, pero no responda. Si se distrae con todas estas cuestiones secundarias, se aleja del propósito original que es calmar a su hijo y enseñarle el dominio propio. Además, puede perder de vista el problema original y cómo tiene que tratarlo. Si responde a lo que le dice su hijo, recuerde usar una frase clave: *"Hablaremos de eso cuando te calmes"*. Mantener el enfoque en la tarea le asegura que no comenzará a discutir ni se enojará.

Sea consciente de sus acciones físicas.

Estos momentos pueden ser de mucha tensión a nivel emocional. No use palabras ni gestos amenazantes que puedan provocar represalias físicas de parte de su hijo. Algunos padres descubren que sentarse en lugar de estar de pie ayuda a calmar la situación. Cuando los padres se ponen de pie, especialmente los papás, representa una actitud más amenazante para los hijos. Cualquier acción que su hijo vea como agresiva solo empeorará las cosas y disminuirá la probabilidad de que se calme.

Señalar con el dedo índice, colocar las manos en su cadera, fruncir el ceño, inclinarse sobre su hijo y levantar un puño son ejemplos de acciones físicas que tienden a aumentar la tensión en estas situaciones delicadas. Haga su mejor esfuerzo por evitar estos gestos. Mantenga las manos en los bolsillos o cruce los brazos sobre el pecho; simplemente, haga algo con sus manos y brazos que no sea agitarlos delante de su hijo.

Planifique las consecuencias por adelantado.

Piense en una variedad de consecuencias negativas apropiadas con anticipación, especialmente si la pérdida del dominio propio es un problema para su hijo. La toma de decisiones en momentos de enojo puede generar la aplicación de consecuencias demasiado importantes que son imposibles de seguir.

Cuando su hijo no esté enojado, encuentre un momento para explicarle la consecuencia por discutir y pelear con usted. Por ejemplo, podría decir, *"Sara, cuando te digo 'No', a veces discutes conmigo. Y te enojas mucho y comienzas a gritar. A partir de ahora, si haces esto, perderás tus privilegios de usar el teléfono y enviar mensajes de texto durante dos noches"*. Luego explíquele a Sara por qué tiene que aceptar las decisiones y por qué no debería discutir ni gritar. Conocer la consecuencia que se aplicará ayudará al niño a pensar e intentar mantener la calma en lugar de perder el dominio propio en el futuro.

Realice un seguimiento.

A medida que su niño se calme y usted complete la secuencia de enseñanza, pueden aparecer otros temas secundarios. Algunas situaciones pueden requerir de un enfoque comprensivo. Es probable que los niños lloren después de una situación intensa. Lo hacen simplemente porque no saben cómo manejar lo que sienten en su interior. Entonces, puede decir, *"Vamos a sentarnos y hablar sobre por qué te has enojado tanto. Tal vez pueda ayudar. Al menos, puedo escuchar"*.

Algunos niños disfrutan de "reconciliarse" con los padres después de una situación emocional intensa. En estas situaciones, procure que el final de la Enseñanza del Dominio Propio sea firme, pero comprensivo, y que el seguimiento sea breve. Esto los desalienta a perder el control de nuevo y les permite aceptar abrazos y besos luego de que todo se calmó.

Simplemente indique que el comportamiento del niño fue inaceptable y finalice la interacción: *"Está bien; practicaste lo que debes hacer la próxima vez. Ahora, ve a la habitación de tu hermano y pídele disculpas"*.

Independientemente del enfoque que adopte, estará determinado por su sentido común y las decisiones que tome. Todo depende de cómo se sienta con respecto a la situación y lo que se quiere enseñar.

Anteriormente, enfatizamos el hecho que no debería desviar su atención hacia las quejas y acusaciones que los niños pueden manifestar cuando están enojados. No obstante, eso es solo durante el proceso de Enseñanza del Dominio Propio. Una vez que todos se hayan calmado, debe hablar con su hijo sobre esos comentarios que podrían molestarlo o preocuparlo. Esta es su oportunidad para descubrir las razones que motivaron el brote de ira.

Durante estas situaciones, que son emocionalmente intensas, es probable que los niños hagan más comentarios negativos, en especial cuando comienza a usar la Enseñanza del Dominio Propio, porque este tipo de comentarios pueden haberlo distraído antes. Pueden pensar que si tan solo lo siguen presionando, evitarán la aplicación de una consecuencia. En otras situaciones, los niños pueden hacer estos comentarios porque sinceramente no saben cómo expresar sus sentimientos sin herir a los demás. A veces, los niños les dicen a sus padres que hicieron comentarios negativos porque estaban muy enojados. Otras veces, los niños realmente tienen preocupaciones o se sienten frustrados. Algunos niños desconocen por completo por qué hicieron esos comentarios, pero analizarlos y permitirles que compartan sus sentimientos ayuda al comienzo de la resolución.

Cuando haya terminado con la Enseñanza del Dominio Propio y ambos estén tranquilos, tal vez quiera discutir algunos de estos comentarios. Dígale a su hijo que está preocupado por lo que dijo. Háblele acerca de la confianza. Pídale al niño que comparta sus sentimientos y opiniones. Independientemente de por qué hizo esos comentarios, dedique el tiempo necesario a escuchar lo que su hijo tiene para decir. Siempre que sea posible, implemente las sugerencias que el niño haga. Al hacerlo, le estará abriendo la puerta a tener conversaciones más constructivas con su hijo. Además, reducirá la probabilidad de que su hijo exprese sentimientos negativos en formas destructivas.

Los padres deben compartir con sus hijos cómo se sienten y hacerles saber que tienen que ser capaces de confiar en ellos. Este diálogo abierto ofrece a padres y niños una forma segura y más eficaz de comunicar lo que realmente piensan sin sentirse heridos ni rechazados. Transitar estos tiempos difíciles juntos genera vínculos emocionales más estrechos entre usted y sus hijos.

Por último, como parte del seguimiento, debe encontrar un momento neutral con su hijo (cuando el niño no se sienta mal) y desarrollar un Plan para Mantener la Calma para el niño. Ayude a su hijo a recorrer los mismos pasos que siguió en el desarrollo de un plan para usted mismo (Capítulo 9): Identifique aquellas cosas que le molesten al niño y seleccione un método para calmarse. Tener un plan propio ayuda a los niños a reconocer en qué momento comienzan a sentirse molestos y les ofrece métodos específicos para mantener la calma. Luego, cuando sea momento de usar la Enseñanza del Dominio Propio, es probable que su hijo solo necesite que le dé una indicación para darse cuenta de que es momento de controlar sus emociones negativas.

Resumen

Los padres deben tener una paciencia extrema si sus hijos tienen un problema de dominio propio. Los padres más sabios son los que se dan cuenta de que enseñarles a sus hijos sobre el dominio propio es un proceso continuo. Esto implica un tiempo prolongado. No trate de acelerar el proceso de aprendizaje;

tener demasiadas expectativas en poco tiempo puede crear más problemas de los que pueda resolver. Esté atento a los pequeños logros; elogie incluso el progreso más insignificante que haga su hijo. (Y, ya que está en este punto, felicítese. El uso de Enseñanza del Dominio Propio implica un gran esfuerzo).

Busque pequeños cambios positivos con el paso del tiempo. Su hijo debería tener menos ataques de ira y estos deberían ser más breves y no tan intensos. La Enseñanza del Dominio Propio ayuda a los padres y niños a interrumpir el ciclo doloroso de las discusiones y luchas de poder. Cuando la tensión alcanza su punto más alto, la Enseñanza del Dominio Propio ofrece a todos una manera constructiva de resolver los problemas.

 # REPASO DEL CAPÍTULO

¿Cuáles son las dos partes de la Enseñanza del Dominio Propio?

Calmarse y Fase de Instrucción

¿En qué momento deben utilizar los padres la Enseñanza del Dominio Propio?

1. Cuando los niños se portan mal y no responden a la Instrucción Correctiva.

2. Cuando los niños se descontrolan y se niegan a hacer lo que el padre les pide.

¿Qué pasa si un niño usa sus privilegios cuando pierde el dominio propio?

Más adelante, ese niño debería perder el acceso a esos privilegios como parte de la consecuencia.

☆ PLAN DE ACCIÓN

1. Dedique unos minutos a responder las siguientes preguntas:

   - ¿Qué es lo más importante que ha aprendido en este capítulo?

   - ¿Qué va a hacer de manera diferente como resultado de lo que ha aprendido?

2. Piense en situaciones del pasado en las que su hijo perdió el control. Elija la situación que cree que es más probable que ocurra de nuevo. En una hoja, enumere los pasos para la Enseñanza del Dominio Propio y, a continuación, describa una situación de lo que puede decir o hacer en cada paso para controlar la situación. Vuelva a observar la situación y piense en lo que hará si su hijo se niega a calmarse fácilmente. ¿Qué le sugerirá a su hijo que haga para calmarse? ¿Qué consecuencia cree que será la más eficaz? ¿Qué hará para mantener la calma?

   Practique los pasos con su cónyuge o con un amigo para sentirse más cómodo la hablarle a su hijo. Consulte la situación varias veces en los próximos días a fin de, si su hijo pierde el control, estar preparado para controlar la situación.

PARA PADRES

P **¿Aplico la consecuencia en la Enseñanza del Dominio Propio por no seguir las instrucciones (por ejemplo, si mi hijo no hizo la cama) o por la rabieta posterior?**

R Su hijo debe recibir una consecuencia por su berrinche. Más adelante, cuando esté tranquilo, podrá enseñarle de nuevo a seguir instrucciones. Si, en un principio, le había aplicado una consecuencia por no seguir las instrucciones, esa consecuencia debe sostenerse así como también la consecuencia por perder el control.

P **¿Qué pasa si envío a mi hija a su habitación a que se calme y se queda allí toda la noche?**

R Si ella decide quedarse en su habitación toda la noche, eso está bien. Simplemente, acérquese a la habitación con cierta frecuencia para asegurarse de que esté bien. Si no se calmó o es incapaz de resolver las cosas antes de dormir, deje que se vaya a dormir y termine la Fase de Instrucción la mañana siguiente. Procure que no esté despierta toda la noche, especialmente si es joven. A veces, una buena noche de sueño es la mejor medicina para ayudar a un niño a calmarse. No obstante, es importante cumplir con la Fase de Instrucción.

P **¿Qué debería hacer mi hija si le doy un tiempo para que se tranquilice?**

R Debe hacer algo que la ayude a calmarse. Algunas sugerencias son: escuchar música relajante, respirar en forma profunda, contar hasta 100, escribir en un diario o ir a dar un paseo. Recuerde usar la Instrucción Preventiva para elaborar un Plan para Mantener la Calma con su hija antes de que se produzcan situaciones intensas de manera que ambas sepan qué hacer.

P **¿Qué pasa si mi hijo pierde la calma en la mañana cuando tengo que ir a trabajar y él tiene que ir a la escuela?**

R Tiene dos opciones: mandarlo a la escuela y retomar la enseñanza más tarde (después del trabajo) en el punto en que la dejó, o llamar a la escuela y a su trabajo para avisar que ambos llegarán tarde; esto le permitirá encargarse de la situación de inmediato. Dependerá de lo mal que esté su hijo y si piensa que puede ir a la escuela sin causar más problemas.

P **¿Qué sucede si mi hijo se enoja y me golpea o golpea a otra persona?**

R Una vez que tenga la seguridad de que no existen riesgos para usted, para su hijo y para los demás, interrumpa la situación y aléjese de su hijo por unos minutos. Necesita tiempo para recomponerse. Nunca arrincone ni se acerque de manera agresiva a su hijo, especialmente si el niño tiene una tendencia a atacar cuando está alterado o enojado. Intente siempre mantener la calma. Recuerde que su hijo deberá recibir una consecuencia por su mal comportamiento después de que se calme y usted siga con la Fase de Instrucción.

P **¿Cómo sé si mi hija se ha calmado lo suficiente como para pasar a la Fase de Instrucción?**

R Su hija debe ser capaz de seguir algunas instrucciones simples, como "Vamos a hablar a la cocina" o "Siéntate aquí". Si sigue sus instrucciones, puede pasar a la Fase de Instrucción. De lo contrario, si no está lo suficientemente tranquila, tendrá que darle más tiempo para que se tranquilice.

USEMOS TODO LO QUE APRENDIMOS

Hasta ahora, presentamos una cantidad de valiosas destrezas de crianza que se centran en cómo y qué enseñarles a los niños, la importancia de construir relaciones fuertes con sus hijos, y cómo desarrollar un estilo de crianza que sea firme y cariñoso. Esperamos que haya practicado y utilizado estas destrezas con sus hijos.

En esta sección, impulsaremos dos conceptos que son cruciales para una mejor crianza de los hijos: hacer lo posible para que las nuevas destrezas de crianza formen parte de su vida diaria familiar y de la "personalidad" de su crianza, y aceptar y comprometerse con el enfoque (o el estilo) de crianza que se usará a partir de ahora.

Esto se puede lograr a través de la enseñanza de destrezas sociales a sus hijos; la generación de actividades, como reuniones familiares, las rutinas y tradiciones; la toma de decisiones juntos; y la creación de un plan para una mejor crianza de los hijos. Vamos a ofrecer consejos y sugerencias para estos aspectos, pero la forma en que los implemente en su familia en última instancia reflejará su forma de ser como padre y los cambios que decida hacer en su enfoque de la crianza.

El cambio requiere de paciencia. No siempre es fácil y puede implicar muchas modificaciones en una familia. Obviamente, la edad de los niños determinará cómo utiliza las destrezas nuevas y eso cambiará a medida que sus hijos crezcan. Además, a medida que cambie su estilo de crianza, la función que usted tiene en la vida de sus hijos tendrá una dimensión diferente; habrá más interacciones, sabrá cuándo contenerse y cuándo intervenir, y la crianza será más fluida.

El objetivo principal de todo esto es elaborar y adoptar un enfoque de crianza que incorpore todas las destrezas de enseñanza que aprendió y que se comprometa en forma total con ese enfoque. Una vez que aprenda nuevas formas de crianza, es importante que formen parte de lo que es como persona y del sistema de valores de su familia. Este compromiso es el primer paso para decidir que interrumpirá el ciclo de cómo era como padre y cambiar aquello que no funcionaba. Además, si bien la enseñanza de nuevas formas de conducta a los niños mediante la crianza efectiva tendrá un impacto inmediato en las relaciones y en los comportamientos dentro de su familia, también organizará un estilo de crianza eficaz y afectivo al que los niños podrán acudir cuando tengan sus propios hijos. De este modo, La Crianza Práctica de los Hijos crea una base sólida para las futuras generaciones de padres.

Anteriormente en este libro, analizamos cómo disciplinar a los niños a través de la enseñanza. Las actividades y los conceptos de esta sección le permitirán pasar de simplemente disciplinar a sus hijos a ayudarlos a aprender a disciplinarse. En este punto es donde todas las herramientas y destrezas se unen para que los padres y niños se asocien en el proceso de la autodisciplina positiva. La autodisciplina implica tomar decisiones adecuadas y asumir la responsabilidad por las acciones, y saber cuándo y cómo utilizar diferentes destrezas sociales en diferentes situaciones. Los niños que pueden hacer esto están mejor preparados para el futuro, tanto para cuando viven con sus padres como cuando se independizan.

Capítulo 12
Enseñanza de Destrezas Sociales

L as destrezas de La Crianza Práctica de los Hijos que abarcamos hasta este momento se centran en el "cómo" de la enseñanza infantil efectiva; las destrezas sociales se refieren a "qué" es lo que debe enseñar.

Las destrezas sociales son conjuntos de comportamientos específicos vinculados entre sí en un cierto orden. Cuando las destrezas sociales se utilizan en forma correcta y en el momento adecuado, nos ayudan a convivir con otras personas y a tomar decisiones adecuadas en situaciones sociales. Piense por un minuto en lo que hace cuando conoce a alguien por primera vez. Probablemente adopta una postura corporal derecha, mira a la persona, sonríe, la saluda con la mano firme, dice su nombre y algo como "Gusto en conocerte". Ese es un ejemplo de cómo se combinan determinados comportamientos para conformar la destreza social de "Presentación personal".

Todos los días, usamos las destrezas sociales para saludar a compañeros de trabajo, pedir ayuda a un empleado, llamar por teléfono a un amigo, hablar con un vendedor sobre un producto, elogiar a un persona y la lista sigue. El uso de estas destrezas en forma adecuada influye mucho en cómo los demás nos tratan y cómo nos relacionamos con el mundo. Si aprendemos una gran variedad de destrezas sociales, podremos manejar con eficacia más situaciones y llevarnos mejor con más personas. Obviamente, es esencial que los niños también aprendan destrezas sociales. Las destrezas sociales les definen qué comportamiento es aceptable o inaceptable en la interacción con otras personas y con la sociedad en general. Para los padres, las destrezas sociales proporcionan un marco para enseñarles a los niños a comportarse.

Use la Instrucción Preventiva y la Instrucción Correctiva para enseñarles destrezas sociales a los niños. Cuando sus hijos usen destrezas en forma adecuada e intenten usarlas, puede recompensarlos y ratificar sus esfuerzos a través de los Elogios Eficaces. En otras palabras, elija la técnica de enseñanza que mejor se adapte a la situación en la que está con sus hijos. De hecho, los pasos de cada destreza social suelen adaptarse sin problemas a los pasos de cualquier método que use de la enseñanza de La Crianza Práctica de los Hijos. Esto le permite enseñarles a los niños cómo, por qué y dónde deben utilizar estas destrezas.

Si sus hijos pueden utilizar las destrezas sociales en forma adecuada, es más probable que sepan qué hacer o decir cuando se relacionan con otras personas, y que sus interacciones sean más satisfactorias. Los padres que activamente les enseñan destrezas sociales a sus hijos les están proporcionando "destrezas de supervivencia" para llevarse bien con los demás, aprender sobre el dominio propio y, en general, para tener una vida exitosa.

¿Qué Debo Enseñar?

Observemos algunos ejemplos de cómo los padres pueden usar las técnicas de La Crianza Práctica de los Hijos para enseñar o elogiar el uso de destrezas sociales.

- La madre pide a Jeremías que saque la basura y él le dice, *"¿Por qué siempre tengo que hacerlo yo?"* La madre puede utilizar la Instrucción Correctiva para enseñar la destreza social de "Seguir Instrucciones".

- Cristina está sentada a la mesa con su padre y comienza a contarle sobre un amigo que estaba bebiendo cerveza en el juego de fútbol de anoche. El padre puede utilizar Elogios Eficaces para reforzar la destreza social de "Ser Honesto".

- El padre de Tomás está en la cocina cuando el niño entra corriendo y le dice que se va a la casa de un amigo. Su papá le dice que la cena está casi lista y que tiene que quedarse en casa. Tomás comienza a protestar. El padre puede utilizar la Instrucción Correctiva para enseñarle la destreza social de "Aceptar un 'No' como respuesta".

- En oportunidades anteriores, Nicole tuvo dificultades para entender su tarea de matemáticas. Antes de que comience a hacer la tarea, su mamá le recuerda cómo pedir ayuda con los problemas que no entienda. La madre utilizó la Instrucción Preventiva para fomentar en Nicole el uso de la destreza social de "Pedir Ayuda".

En cada uno de estos ejemplos, los padres enseñan una destreza social específica que ayudará a sus hijos en situaciones futuras.

Más adelante en este capítulo, presentaremos una explicación más detallada de 16 destrezas sociales importantes. Las razones y sugerencias prácticas que complementan estas destrezas sociales son ejemplos de lo que puede decirles a sus hijos mientras enseña estas destrezas. Los comportamientos enumerados para cada una de las destrezas son pautas generales; pueden modificarse a fin de que se adapten según su criterio de aquello que los niños necesitan aprender.

Los niños usarán las destrezas sociales muchas veces todos los días como ayuda para tener buenos resultados en la casa y la escuela. Y lo más importante es que el dominio de estas destrezas será la clave de su capacidad para alcanzar el éxito y evitar conflictos con los demás.

Debido a que los niños aprenden a ritmos diferentes, es posible que tenga que modificar su enseñanza de un niño a otro, incluso si tienen casi la misma edad. Algunos niños lo entienden de inmediato; otros requieren de más práctica y repetición para aprender realmente lo que les está enseñando. Algunos niños no tienen la capacidad de atención para una sesión de enseñanza prolongada. No dude en cambiar y modificar los pasos de las destrezas sociales según la capacidad de su hijo.

Uso de la Instrucción Preventiva para Enseñar Destrezas Sociales

Observemos el ejemplo de una madre que utilizaba Instrucción Preventiva para enseñarle a su hijo de 10 años cómo aceptar un "no" como respuesta. Antes, cuando se le decía que "no", por lo general, discutía, se quejaba o hacía pucheros. Estos comportamientos le causaron problemas no sólo en la casa sino también en la escuela.

Los pasos de la destreza "Aceptar un 'No' como respuesta" son:

1. **Mire a la persona.**
2. **Diga "De acuerdo".**
3. **Con calma, pida una razón si realmente no entiende.**
4. **Si no está de acuerdo, hable sobre esto más tarde.**

Así es como la Instrucción Preventiva podría aplicarse en esta situación.

1. **Describir el comportamiento deseado.**

    Madre: *"Javier, quiero que hablemos sobre cómo aceptar respuestas negativas, en especial de tu maestra. Lo primero que tienes que hacer es mirarla. No mires hacia otro lado ni hacia abajo. ¿De acuerdo?"*

    Javier: *"Eh, está bien".*

Madre: *"Después de que la mires, tienes que decirle 'Está bien' con voz agradable. Si realmente no entiendes por qué te dijeron que 'No', pide con calma que te den una razón, pero sólo si no lo entiendes. Si no estás de acuerdo con la respuesta, en forma amable le preguntas más tarde".*

2. Dar una razón.

Madre: *"Si aprendes a aceptar un 'no' como respuesta sin discutir, es más probable que tu maestra escuche lo que tienes que decir. ¿Lo entiendes?"*

Javier: *"Sí, mamá. ¿Hemos terminado?"*

3. Practicar.

Madre: *"No del todo. Hagamos de cuenta que soy la Srta. López y vas a pedirme que permiso para utilizar la computadora".*

Javier y su madre pueden practicar esta situación u otras a las que el niño podría enfrentarse en la escuela. Mientras Javier practica, la mamá puede observar en qué puntos no tiene dificultades y en cuáles tiene que esforzarse más. Por ejemplo, tal vez su tono de voz suena bastante duro o negativo, o se mueve mucho cuando habla. La madre puede practicar con Javier hasta que se sienta más cómodo con cada paso de la destreza. También puede proporcionar razones reales por las cuales el aprendizaje de esta destreza social permite que las cosas sean más tranquilas para él.

Observe que la madre eligió un momento para usar la Instrucción Preventiva en que Javier colaboraba y no estaba ocupado en otra cosa. Usó un tono de conversación tranquilo y preguntó a Javier si entendía lo que le estaba enseñando.

Uso de la Instrucción Correctiva para Enseñar Destrezas Sociales

En situaciones en las que está corrigiendo el comportamiento inadecuado de su hijo, lo que mejor funciona para enseñar destrezas sociales es la Instrucción Correctiva. Por ejemplo, pensemos en el caso del papá de Rita, de 9 años, que la escucha insultar a su hermana con palabras tales como "estúpida" e "idiota". Este es un ejemplo de cómo la Instrucción Correctiva podría usarse para enseñar la destreza "Pedir Ayuda".

1. **Dentenerse/describir el comportamiento problemático.**

   Padre: *"Rita, cuando entré en la habitación, escuché que insultabas a Tamara y le decías 'estúpida' e 'idiota'. Estoy seguro de que heriste sus sentimientos, ¿no te parece?"*.

   Rita: *"Pero papá, ella me estaba molestando"*.

   Padre: *"Es probable, pero insultarla no es la manera de resolver la situación"*.

2. **Aplicar una consecuencia negativa.**

   Padre: *"Por insultar a Tamara, quiero que te disculpes con ella y luego la ayudes a ordenar los juguetes en su habitación"*.

   Rita: *"Ah, está bien"*.

3. **Describir el comportamiento deseado.**

   Padre: *"Cuando Tamara te moleste, decide exactamente qué es lo que te molesta. Luego, pídele que deje de hacerlo. Si sigue haciendo las cosas que te molestan, me avisas o le dices a mamá y pides ayuda para resolver el problema. ¿De acuerdo?"*

   Rita: *"De acuerdo"*.

Padre:	*"Si tienes que pedir ayuda, debes mirar a la persona, decirle exactamente cuál es el problema, pedir ayuda con una voz tranquila y agradecer después a la persona por la ayuda. ¿Está claro?"*
Rita:	*"Sí, supongo que sí".*

4. Dar una razón.

Padre:	*"Si le dices a Tamara qué es lo que te está molestando y le pides en forma educada que deje de hacerlo, es más probable que te escuche. ¿Lo entiendes?"*
Rita:	*"Sí".*

5. Practicar.

Padre:	*"Antes de que le pidas disculpas, muéstrame cómo me pedirías ayuda si Tamara te estuviera molestando".*
Rita:	*"De acuerdo. Te miraría y diría algo como 'Papá, Tamara me quita los juguetes y me saca la lengua. Le pedí que dejara de hacerlo, pero no lo hizo. ¿Me puedes ayudar?'. Después de que me ayudaste, te diría 'Gracias'".*
Padre:	*"¡Buen trabajo! Ahora ve a decirle a tu hermana que lo sientes".*

Procure siempre que los pasos de la destreza sean fáciles de entender y asegúrese de que sean adecuados para la edad, el nivel de desarrollo y las capacidades de su hijo. Si sus hijos son más jóvenes o tienen problemas para recordar cada paso, puede enseñar y practicar los dos primeros hasta que los entiendan por completo y, más adelante, añadir los otros dos.

Enseñar destrezas sociales a sus hijos puede ayudarlos a construir relaciones sólidas con los demás y con usted. Al enseñar estas destrezas, use explicaciones sencillas y ejemplos que su hijo entienda. Cuando vea que su hijo intenta utilizar una destreza, muestra mejorías o usa una destreza adecuada, use los Elogios Eficaces.

Consejos Útiles

Enseñe cada una de las destrezas paso a paso.

Trate de incluir una breve pausa después de cada paso para que el niño tenga tiempo de procesar la información. Dedique los minutos necesarios a explicarles a sus hijos cuándo pueden usar estas destrezas y ofrézcales razones positivas orientadas a los niños sobre cómo y por qué estas destrezas los ayudarán. Permítales que vean cómo una destreza se superpone con otras áreas. Por ejemplo, saber cómo aceptar las críticas de los padres es muy similar a aceptar las críticas de otros adultos con autoridad, como un maestro o entrenador.

Intente que el aprendizaje de las destrezas sociales sea divertido.

Elogie a sus hijos o recompénselos con algo especial por dedicar tiempo a aprender. Es probable que no se den cuenta de inmediato de cuáles son los beneficios de aprender destrezas sociales. No obstante, cuanto más utilicen estas destrezas y vean la forma positiva en que otras personas les responden, mayor será el entendimiento de las destrezas.

Por último, sea paciente.

Después de que sus hijos aprendan una destreza nueva, es probable que transcurra un tiempo hasta que se sientan cómodos usándola y se convierta en parte de su personalidad. Aprender destrezas nuevas es un proceso continuo. No alcanza con haber practicado las destrezas una o dos veces. Se pueden hacer comparaciones con casi cualquier otra destreza que hayamos aprendido. No se aprende a botar una pelota de baloncesto en un solo intento; no se aprende a conducir un automóvil la primera vez que se está detrás del volante. Los buenos resultados no se logran si no se practica en forma incansable.

Resumen

Las destrezas sociales ofrecen a sus hijos una base sólida para convivir con los demás y tener más éxito en muchas áreas de sus vidas. Este es un beneficio para niños de todas las edades. Los niños pequeños, los estudiantes de primaria y los adolescentes, todos pueden aprender destrezas como "Seguir Instrucciones" y "Elogiar". No dude en enseñarles a sus hijos formas aceptables de comportarse. El momento de comenzar la enseñanza de destrezas sociales es ahora.

Este capítulo incluye 16 destrezas sociales básicas que todos los niños deberían aprender y dominar. Recuerde que cuando enseñe estas destrezas, debe utilizar expresiones y explicaciones que se adapten a la edad, nivel de desarrollo y capacidades de su hijo.

 REPASO DEL CAPÍTULO

¿Qué son las destrezas sociales?

Las destrezas sociales son conjuntos de comportamientos específicos vinculados entre sí en un cierto orden.

¿Por qué los niños necesitan aprender destrezas sociales?

En el caso de los niños, las destrezas sociales definen qué comportamiento es aceptable o inaceptable en la interacción con otras personas y la sociedad en general. Las destrezas sociales proporcionan un marco para enseñar a los niños cómo comportarse.

☆ PLAN DE ACCIÓN

1. Dedique unos minutos a responder las siguientes preguntas:

   - ¿Qué es lo más importante que ha aprendido en este capítulo?

   - ¿Qué planea cambiar como resultado de lo que ha aprendido?

2. Haga un esfuerzo por utilizar las cosas que aprendió en este capítulo en la vida cotidiana de su familia. Organice una Semana de la Destreza Social. Después de un análisis grupal, decidan sobre una "destreza social determinada" para cada miembro de la familia. El objetivo de la semana para cada miembro de la familia es tratar de utilizar su destreza social determinada tantas veces como sea posible con otros miembros de la familia.

   Cada día, los padres y los niños podrán compartir un momento durante la comida familiar y hablar sobre cómo usaron la destreza social ese día. Use un cuadro para realizar un seguimiento del progreso. El séptimo día, el niño que haya registrado el uso más frecuente de su destreza social determinada podrá elegir una actividad divertida de una lista que usted haya creado y aprobado.

PʏR

PARA PADRES

P **¿Cómo puedo hacer que mi hijo use con sus amigos las destrezas que le enseño?**

R No puede obligarlo a usar las destrezas sociales que practica en casa en forma general, pero puede alentarlo a que se esfuerce por utilizar sus destrezas con los amigos. Trate de que el contacto con amigos dependa de su capacidad de utilizar sus destrezas sociales en otros lugares. Por ejemplo, si su hijo llega a casa en forma puntual de una excursión con sus amigos, felicítelo por seguir las instrucciones.

P **Mi hija no presta atención el tiempo suficiente para que yo pueda enseñarle una destreza social. ¿Qué puedo hacer?**

R Si su hija tiene una capacidad de atención breve o, a menudo, se distrae con sus propios pensamientos, intente que los pasos sean breves y la enseñanza concisa. Procure que siga entretenida y pregúntele si entiende lo que le dice, pídale que repita los pasos y que le diga cómo la ayudará esta destreza.

P **¿Qué pasa si mi hijo no usa una destreza social, incluso después de que hablamos al respecto y practicamos?**

R Lograr que los niños acepten el uso de destrezas nunca es fácil y no sucede de un día para otro. Algunos niños no entienden completamente el uso de destrezas; otros no ven cómo las destrezas sociales pueden ayudarles. Otros tal vez no quieran usarlas porque son abiertamente desafiantes. En cualquier caso, los padres deben tener paciencia y utilizar todas sus destrezas para fomentar la cooperación de sus hijos. Intente usar consecuencias positivas desde el principio para recompensar a su niño cuando utilice una destrezas adecuadamente.

Seguir Instrucciones

Cuando recibas una instrucción, debes hacer lo siguiente:

1. **Mira a la persona que está hablando.**
2. **Demuestra que entiendes.**
   (Puedes decir, *"Entiendo", "Está bien"* o *"Lo haré"*). Asegúrate de esperar hasta que la persona termine de hablar antes de hacer lo que te pide. Por lo general, lo mejor es responder, pero a veces, asentir con la cabeza será suficiente para mostrarle a la persona que entiendes.
3. **Haz lo que se te pide de la mejor manera que puedas.**
4. **Avisa** a la persona que terminaste.

Razones para el uso de la destreza: es importante que hagas lo que se te pide porque demuestras que puedes cooperar y te permite volver a hacer las cosas que te gustan. Seguir instrucciones te ayudará en la escuela, en la casa y con los adultos y amigos.

Consejos Útiles

- Después de que sepas exactamente qué tienes que hacer, comienza con la tarea de inmediato.
- Si crees que lo que te pidieron hacer generará algún tipo de consecuencia negativa o no entiendes, consulta a un adulto de confianza.
- Haz lo que te pidieron de la manera más agradable posible.
- Avisa ni bien hayas terminado. Esto aumentará las posibilidades de que te feliciten por hacer un buen trabajo. También significa que otra persona no tendrá tiempo de estropear lo que hiciste antes de que hayas avisado.

222

ACEPTAR LAS CRÍTICAS

Cuando los demás te dicen su opinión sobre cómo puedes mejorar, te dan una crítica. Para aceptar la crítica en forma apropiada:

1. **Mira a la persona.**
   No utilices expresiones faciales negativas.
2. **Mantén la calma y la tranquilidad mientras la persona está hablando.**
3. **Demuestra que entiendes.**
   (Puedes decir, *"Bueno"* o *"Entiendo"*).
4. **Trata de corregir el problema.**
   Si se te pide que hagas algo diferente, hazlo.
   Si te piden que dejes de hacer algo, interrumpes tu actividad.
   Si no puedes dar una respuesta positiva, al menos, ofrece una que no te genere problemas. (Puedes decir, *"Está bien", "Entiendo"* o *"Gracias"*).

Razones para el uso de la destreza: ser capaz de aceptar las críticas demuestra que puedes aceptar la responsabilidad de lo que haces y los consejos de los demás. También evita tener problemas con personas de autoridad. Si puedes controlarte y escuchar lo que otros tienen para decir acerca de cómo se puede mejorar, tendrás menos problemas. ¡Y las críticas realmente pueden ayudarte!

Consejos Útiles

- Lo más importante es mantener la calma. Respira profundo, si es necesario.

- Enojarse o hacer expresiones faciales negativas sólo te generará problemas.

223

- Si respondes a la persona que te está dando la crítica, usa un tono de voz que sea lo más agradable posible. Recibirás críticas toda tu vida, todas las personas lo hacen. La forma en que manejas estas situaciones determina cómo te tratarán los demás.

- La mayoría de las críticas intentan ayudarte; sin embargo, a veces es difícil aceptarlas. Si no estás de acuerdo con la crítica, habla con tu mamá, papá u otro adulto de confianza.

- Pregunta siempre que no entiendas. (Pero no juegues preguntando cuando de verdad entiendes y solo estás siendo terco). ¡Aprovecha la oportunidad para mejorar!

ACEPTAR UN "NO" COMO RESPUESTA

1. **Mira a la persona.**
2. **Puedes decir "De acuerdo".**
3. **Con calma, pide una razón** si realmente no entiendes.
4. **Si no está de acuerdo, hable sobre esto más tarde.**

Razones para el uso de la destreza: en tu vida, muchas veces te dirán *"no"*. Enojarse o molestarse sólo genera más problemas. Si eres capaz de aceptar un "no" como respuesta, es más probable que las personas puedan decir *"sí"* a tus pedidos futuros.

Consejos Útiles

- Trata de evitar la mirada perdida, hacer muecas o mirar hacia otro lado. Si estás molesto, controla tus emociones. Trata de relajarte y mantener la calma. Escuchar atentamente te ayudará a entender lo que la otra persona está diciendo.

- Responde de inmediato y habla con claridad. Si sientes que estás molesto, respira profundo.

- No pidas una razón siempre porque pensarán que eres un quejoso. Si pides una razón con calma, la gente pensará que quieres conocerla de verdad. No sigas pidiendo razones después de que te hayan dado una. En el futuro, usa lo que aprendas de estas situaciones.

- Dedica un tiempo a planificar cómo acercarte a la persona que te dijo *"no"*. Planea con anticipación lo que dirás. Acepta la respuesta, incluso si todavía es *"no"*. Agradece al otro por escuchar. Al menos, tuviste la oportunidad de compartir tu opinión.

Mantener la Calma

Cuando la gente se siente enojada o molesta, es difícil mantener la calma. Si sentimos que estamos por "explotar", algunas veces tomamos malas decisiones. Y, por lo general, cuando tomamos malas decisiones, lo lamentamos más adelante. Si sientes que estás por perder el dominio propio, haz lo siguiente:

1. **Respira profundo.**
2. **Relaja** los músculos.
3. Puedes decirte a ti mismo **"Mantén la calma"** o **contar hasta diez.**
4. **Comparte tus sentimientos.** Una vez que estés relajado, cuéntale a alguien de confianza aquello que te molesta.
5. **Intenta resolver la situación** que te enojó.

Razones para el uso de la destreza: es importante mantener la calma porque las peores cosas siempre suceden cuando se pierde el control. Si puedes mantener la calma, otras personas confiarán en ti más a menudo. Te verán como a alguien capaz de manejar situaciones desfavorables. Los maestros y los empleadores te respetarán y verán como a alguien que puede estar tranquilo.

Consejos Útiles

* No trates de convencerte de que "cabrearte" es lo único que puedes hacer o que la persona o aquello que te molesta "se merece" este brote de ira. No pienses eso. No funciona de esa manera. Además, te expones a más o peores consecuencias. Mantén la calma.

* Después de que te hayas calmado, te mereces una palmada en la espalda. Incluso los adultos tienen dificultades con el dominio propio. Si puedes controlarte, habrás logrado un objetivo que muchos adultos todavía no consiguen. ¡Felicítate! Has hecho lo correcto.

Estar en Desacuerdo con Otras Personas

Cuando no estés de acuerdo con la opinión o decisión de otra persona, haz lo siguiente:

1. **Mantén la calma.**
   Enojarte sólo empeorará las cosas.
2. **Mira a la persona.**
   Esto demuestra que tienes confianza.
3. **Comienza con una afirmación positiva o neutral.**
   "Yo sé que estás tratando de ser justo, pero...".
4. **Explica por qué no estás de acuerdo** con la opinión o decisión. Mantén el nivel del tono de voz y contrólalo. Sé breve y claro.

5. **Escucha mientras la otra persona** explica su versión de los hechos.
6. **Si la opinión o decisión de la otra persona no se puede cambiar, acéptala con calma.**
7. **Agradece a la persona por su atención,** independientemente del resultado.

Razones para el uso de la destreza: es importante manifestar el desacuerdo de una manera tranquila ya que aumenta las posibilidades de que la otra persona escuche. Esta puede ser la única oportunidad que tienes de cuestionar una opinión u obtener un cambio de decisión. Tienes derecho de expresar tus opiniones. No obstante, ese derecho se pierde si te enojas o tienes actitudes agresivas. Si la otra persona siente que perderás el dominio propio, tienes muy pocas posibilidades de exponer tus puntos de vista.

Consejos Útiles

- No siempre obtendrás resultados favorables. Algunas opiniones o decisiones no van a cambiar. Sin embargo, aprender a manifestar el desacuerdo con calma puede ayudar a cambiar algunas de ellas.

- No trates de cambiar todo. La gente te verá como un ser insoportable.

- Si estás tranquilo y eres específico cuando estás en desacuerdo, la gente te respetará por la forma madura en que manejas estas situaciones. ¡Vale la pena a largo plazo!

PEDIR AYUDA

Cuando necesites ayuda, haz lo siguiente:

1. **Determina cuál es el problema.**
2. **Pide hablar con la persona que** más probablemente te ayude.

227

3. **Mira a la persona, describe claramente en qué necesitas ayuda y usa un tono de voz agradable.**
4. **Agradece a la persona** por su ayuda.

Razones para el uso de la destreza: es importante pedir ayuda a otros porque es la mejor manera de resolver aquellos problemas que no entiendes. Si pides ayuda de una manera agradable, es más probable que alguien colabore contigo.

Consejos Útiles
- Si bien es agradable resolver las cosas por uno mismo, a veces esto no es posible. Pedirle a alguien que tiene más experiencia, o que ha tenido más éxito con un problema similar, es una manera de aprender a resolver el problema la próxima vez.

- A veces, las personas se frustran, e incluso se enojan, cuando no pueden resolver algo. Aprende a pedir ayuda antes de llegar a este punto y tendrás más éxitos que fracasos.

- Menciónale siempre a la persona que te está ayudando lo mucho que valoras la ayuda. Sería bueno ofrecerle tu ayuda la próxima vez que esa persona necesite algo.

PEDIR PERMISO

Si necesitas obtener permiso de alguien, deberías hacer lo siguiente:

1. **Mira a la otra persona.**
2. **Sé específico** cuando pidas permiso.
   La otra persona debe saber exactamente qué quieres.
3. Asegúrate de **preguntar en lugar de exigir.**
   "Por favor, ¿podría...?"

4. **Ofrece razones**, si fuera necesario.
5. **Acepta la decisión.**

Razones para utilizar la destreza: es importante pedir permiso cada vez que quieras hacer o usar algo que es responsabilidad de otra persona. Pedir permiso demuestra respeto por los demás y aumenta las posibilidades de que se te conceda tu petición.

Consejos Útiles

* Siempre es aconsejable pedir permiso para usar algo que no te pertenece. No importa si se trata de un lápiz o la bicicleta de alguien: ¡pide permiso!

* A veces, no conseguirás lo que quieres. Sin embargo, si pediste permiso en forma amable y correcta, tienes más posibilidades de obtener lo que quieres la próxima vez.

* Piensa en cómo te sentirías si alguien usa algo tuyo sin preguntar primero. Además de sentir que esa persona no fue educada ni respetó tu propiedad, podría preocuparte que se pierda o se rompa aquello que usó sin permiso.

LLEVARSE BIEN CON LOS DEMÁS

Para tener una relación adecuada con los demás, deberías hacer lo siguiente:

1. **Escucha** lo que te dice la otra persona al hablarte.
2. **Puedes decir algo positivo** si estás de acuerdo con lo que dijo. De lo contrario, di algo que no genere una discusión. Usa un tono de voz calmado.
3. **Demuestra interés** por lo que la otra persona dice. Trata de entender su punto de vista.

Razones para el uso de la destreza: es importante llevarse bien con los demás porque, durante toda tu vida, trabajarás y te relacionarás con otras personas. Si te llevas bien con los demás, tienes más probabilidades de tener éxito en cualquier cosa que hagas. Llevarse bien demuestra sensibilidad y respeto, y es más probable que otras personas se comporten de la misma manera contigo. En otras palabras, trata a los demás como quieres ser tratado.

Consejos Útiles

- A veces no es fácil llevarse bien con los demás. Si alguien hace algo que no te gusta o te dice algo negativo, tal vez sientas que puedes comportarte de la misma manera. ¡No lo hagas! Evita decir cosas que puedan herir los sentimientos de los demás. Burlarse, maldecir e insultar solo empeorará las cosas. Es mejor ignorar el comportamiento negativo de los demás que actuar como ellos.

- Llevarse bien con los demás implica un esfuerzo. Es difícil entender por qué algunas personas actúan como lo hacen. Trata de ponerte en su lugar y tal vez sea más fácil de entender.

- Si sientes que no te gusta el comportamiento de alguien, es mejor no decir nada en lugar de decir algo negativo.

# DISCULPARSE

Si hiciste algo que hirió los sentimientos o termina teniendo consecuencias negativas para otra persona, y sientes que tienes que pedir disculpas, deberías hacer lo siguiente:

1. **Mira a la persona.** Esto demuestra confianza.
2. **Explica de qué te arrepientes.**

(Puedes decir, *"Siento haber dicho eso"* o *"Disculpa, no escuché lo que dijiste".*)

3. **Puedes decir algo para demostrar que estás atento** si la persona te dice algo. (Di algo como, *"¿Hay alguna manera en que pueda compensarlo?"* o *"No sucederá de nuevo"*).

4. **Agradece a la persona por escuchar** (incluso si la persona no aceptó tus disculpas).

Razones para el uso de la destreza: es importante pedir disculpas porque demuestra que eres sensible con respecto a los sentimientos de los demás. Aumenta las posibilidades de que otras personas tengan la misma actitud en relación con tus sentimientos. Disculparse también demuestra que eres lo suficientemente responsable como para admitir tus errores.

Consejos Útiles

• Es fácil evitar pedir disculpas; hace falta valor para tener la madurez suficiente para hacerlo. Convéncete de que pedir disculpas es lo mejor que puedes hacer y hazlo.

• Si la otra persona está molesta contigo, es probable que la respuesta que recibas no sea muy agradable en ese momento. Prepárate para aceptar lo que la otra persona dice.

• No tengas dudas de que estás haciendo lo correcto.

• Cuando la gente piense en tus disculpas, verán que fuiste capaz de darte cuenta de que lo que hiciste estuvo mal. En el futuro, tendrán una imagen tuya más positiva.

• Una disculpa no borrará aquello que hiciste mal. Sin embargo, puede ayudar a cambiar la opinión que una persona tiene de ti en el largo plazo.

TENER UNA CONVERSACIÓN

Cuando estés hablando con alguien, tienes que hacer lo siguiente:

1. **Mira a la otra persona.**
2. **Contesta cualquier pregunta que haga esa persona,** y procura que tus respuestas sean completas. Por lo general, si solo dices *"sí"* o *"no"*, la otra persona no obtiene la información suficiente para mantener la conversación.
3. **Evita los comentarios negativos.**
   Hablar de problemas del pasado, alardear, insultar a alguien o hacer otros comentarios negativos genera una mala impresión.
4. **Utiliza el lenguaje correcto.**
   La jerga se puede utilizar con los amigos, pero no con invitados o personas que no conoces bien en ese momento.
5. **Puedes iniciar o unirte a las conversaciones** con preguntas, hablando de hechos nuevos o emocionantes o preguntando la opinión de otra persona sobre algún tema.

Razones para el uso de la destreza: es importante tener buenas destrezas de conversación porque puedes decirles a los demás lo que piensas y obtener sus opiniones. Usar bien esta destreza permite que las personas nuevas que conozcas y los invitados se sientan más cómodos. Cuando seas más grande, esta destreza te ayudará a postularte para un trabajo y mantenerlo.

Consejos Útiles

• Incluye siempre las ideas de la otra persona en la conversación. Si no lo haces, no será una conversación.

- Sonríe y demuestra interés en lo que la otra persona dice, incluso si no estás de acuerdo con ella.

- Procura conocer hechos actuales para que tengas una amplia variedad de cosas de que hablar. Las personas que pueden hablar de lo que está pasando y son buenas para conversar suelen ser muy queridas y admiradas por otros.

ELOGIAR

Si quieres decir algo agradable sobre alguien, tienes que hacer lo siguiente:

1. **Mira a la otra persona.**
2. **Elógiala.**
   Dile exactamente lo que te gustó.
3. **Haz un comentario que demuestre que seguiste la conversación.**
   Si la persona dice *"Gracias"*, puedes responder *"De nada"*.

Razones para el uso de la destreza: elogiar demuestra que observas los logros de los demás. A las personas les gusta estar cerca de alguien agradable, amable y que dice cosas bonitas. También demuestra que confías en tu capacidad de hablar con los demás.

Consejos Útiles

- Piensa en las palabras exactas que deseas utilizar antes de elogiar a una persona. Esto hará que te sientas más seguro y será menos probable que titubees con las palabras.

- Piensa en lo que dices. La gente puede diferenciar entre sinceridad y falsedad.

- No te excedas. Un par de frases serán suficiente. *("Hiciste un buen trabajo en..." o "Realmente hiciste bien en...")*

- Sonríe y demuestra entusiasmo cuando elogies a alguien. Esto hace que la otra persona sienta que lo dices realmente en serio.

ACEPTAR ELOGIOS

Cada vez que alguien te diga algo agradable, debes hacer lo siguiente:

1. **Mira a la otra persona.**
2. **Escucha** lo que te dicen.
3. **No interrumpas.**
4. **Puedes decir *"Gracias"*** o algo que demuestre aprecio por lo que se dijo.

Razones para el uso de la destreza: tener la capacidad de aceptar cumplidos demuestra que puedes recibir amablemente la opinión positiva de otra persona por algo que hiciste. También aumenta las posibilidades de que recibas elogios futuros.

Consejos Útiles

- Cuando recibas un cumplido, asegúrate de agradecer sinceramente a la persona que te lo dio. Si menosprecias, rechazas o ignoras el cumplido, la otra persona se sentirá incómoda y es menos probable que te felicite de nuevo.

- Las personas elogian por diferentes razones. No pierdas mucho tiempo preguntándote por qué alguien te elogia. Simplemente reconoce el hecho que alguien se tomó el tiempo de decirte algo agradable.

ESCUCHAR A LOS DEMÁS

Cuando alguien esté hablando, haz lo siguiente:

1. **Mira a la persona que está hablando.**
2. **Siéntate o quédate de pie en silencio.**
3. **Espera a que la otra persona haya terminado de hablar.**
   No interrumpas; parecerá que estás siendo grosero o que no te interesa lo que te están diciendo.
4. **Demuestra que comprendes.**
   Puedes decir *"Está bien"*, *"Gracias"*, *"Ya veo"* etc., o pide a la persona que te explique si no entiendes.

Razones para el uso de la destreza: escuchar es importante porque demuestra que eres amable, agradable y cooperativo. Aumenta las posibilidades de que la gente te escuche. Además, escuchar bien te ayuda a hacer lo correcto ya que es más probable que entiendas lo que la otra persona dijo.

Consejos Útiles

- Si tienes problemas para escuchar, piensa en cómo te sentirías si otras personas no te escucharan.

- Trata de recordar todo lo que la persona dijo. Si piensas que necesitarás la información en otro momento, anótala.

- Las personas que aprenden a escuchar bien les va mejor en su trabajo y en la escuela.

- No utilices expresiones faciales negativas. No dejes de mirar a la otra persona y asiente con la cabeza o puedes decir algo de vez en cuando para que la otra persona sepa que todavía estás escuchando.

SER HONESTO

Si hiciste algo, ya sea bueno o malo, tienes que ser honesto y decir siempre la verdad. Ser honesto permite que otras personas sepan que pueden confiar en ti. Si creen en lo que dices, serás considerado digno de confianza. A veces, las personas te harán preguntas sobre tu participación en una situación. Para decir la verdad, haz lo siguiente:

1. **Mira a la persona.**
2. **Si te piden que proporciones información,** debes decir exactamente lo que sucedió.
3. **Responde a cualquier otra pregunta.**
   Pueden ser sobre lo que hiciste o no hiciste, o sobre lo que hizo o dejó de hacer otra persona.
4. **No ignores hechos importantes.**
5. **Admite los errores o desaciertos** si cometiste alguno.

Razones para el uso de la destreza: es importante ser honesto y decir la verdad, porque es más probable que la gente te dé una segunda oportunidad si confiaron en ti antes. Todos cometemos errores, pero mentir genera más problemas. Si te ganas la reputación de mentiroso, será difícil que la gente crea en lo que dices. Además, cuando eres honesto, puedes estar seguro de que has hecho lo correcto.

Consejos Útiles

• Ser honesto puede ser difícil. Muchas veces, parecería que la mentira es la forma más fácil de salir de una situación. No obstante, cuando la gente descubra que mentiste, las consecuencias serán mucho peores.

236

- Mentir es lo contrario a decir la verdad. Es similar a robar o a hacer trampa. Todos estos comportamientos generarán consecuencias negativas.

MOSTRAR SENSIBILIDAD POR LOS DEMÁS

1. **Expresa interés y preocupación por los demás,** especialmente si tienen problemas.
2. Reconoce que **las personas con discapacidad merecen el mismo respeto que cualquier otra persona.**
3. **Pide disculpas o haz las paces** por herir los sentimientos de alguien o por causar daño.
4. Reconoce que **las personas de diferentes razas, religiones y orígenes merecen ser tratadas de la misma manera en que** esperas ser tratado.

Razones para el uso de la destreza: si ayudas a los demás, es más probable que te ayuden. Además, pedir disculpas demuestra que puedes responsabilizarte por tus acciones y que admites cuando has hecho algo mal. Una discapacidad no hace que una persona sea inferior. Ayudar a personas con discapacidad y tratar a todos por igual demuestra que crees que, aunque las personas sean diferentes, todas merecen respeto.

Consejos Útiles

- Si ves a alguien en problemas, pregunta si puedes ayudar.

- A veces, simplemente demostrarle atención es suficiente para ayudar a una persona que está en un momento difícil.

- Tienes que estar preparado para ayudar a una persona con discapacidad cuando sea necesario, como sostener la puerta abierta, llevar un paquete o ofrecerle el asiento.

- No mires a personas con discapacidad ni hagas comentarios acerca de sus necesidades especiales.

- Puedes dañar a alguien tanto por lo que haces como por lo que no haces. Algunos ejemplos pueden ser no cumplir con una promesa o no defender a alguien que está siendo hostigado. Si dañas a alguien, pide disculpas de inmediato y con sinceridad.

- No hagas bromas ni comentarios groseros sobre el color de la piel de alguien o sobre sus creencias.

PRESENTARSE

Cuando te presentes:

1. **Párate derecho.**
   Si estás sentado o haciendo otra cosa, deja de hacerlo, ponte de pie y saluda a la persona.
2. **Mira a la otra persona.**
3. **Extiende la mano y estréchala con firmeza.**
   (No esperes).
4. **Mientras se dan la mano,** di tu nombre de manera clara y con la voz lo suficientemente alta como para que te escuchen sin problemas. Esto le demuestra a la otra persona que eres una persona segura.
5. **Haz un comentario amistoso.**
   (Puedes decir, *"Encantado de conocerte"*).

Razones para el uso de la destreza: es importante presentarse porque demuestras que eres capaz de conocer gente nueva sin problemas. Esto hace que los demás se sientan más cómodos y te permite causar una buena primera impresión. Saber cómo presentarse ayuda a "romper el hielo" cuando conoces gente nueva.

Consejos Útiles

- Ser agradable es muy importante cuando te presentas. Si eres brusco o tu voz es ronca, no causarás una buena impresión en las personas. Sonríe cuando te presentes a la otra persona.

- Las presentaciones son el primer paso en una conversación. Si comienzas con buen pie, es más probable que tengas una conversación agradable. Haz que tu primera impresión sea buena.

- Si la otra persona no te dice su nombre, di *"Y tú, ¿cómo te llamas?"*

- Cuando te encuentres con a una persona por segunda vez, tendrás que decidir cómo volver a presentarte. Si ha pasado mucho tiempo desde que viste a la persona, o si es posible que la persona haya olvidado quién eres, entonces sigue los mismos pasos de esta destreza. Si el tiempo fue corto, puedes elegir solo decir, *"Hola, por si no lo recuerdas, soy ..."*.

- Trata de recordar el nombre de la otra persona. Las otras personas quedarán impresionadas cuando te tomas el tiempo de recordarlas.

Capítulo 13
Tomar Decisiones y Resolver Problemas

⟶

N o importa la edad que tengan, los niños están tomando decisiones todo el tiempo.

Un extraño en el parque le pide a una niña de 6 años de edad que lo ayude a buscar a su cachorro. ¿Qué hace ella?

El amigo de un niño de 10 años de edad trata de convencer al niño para que robe cosas en una tienda. ¿Qué hace él?

Una joven de 16 años de edad es presionada por su novio para que se besen en una fiesta. ¿Qué hace ella?

En cada situación, estos niños tienen que tomar una decisión. Los niños suelen tomar decisiones al calor del momento, a veces sin pensar. Tienden a ver las soluciones a los problemas como algo blanco o negro, todo o nada, sí o no, hacerlo o no hacerlo. Los niños también se enfocan en la situación inmediata y tienen dificultad para ver cómo una decisión podría afectarlos más adelante.

Como padre, ¿cómo puede preparar a sus hijos para que tomen las mejores decisiones?

241

El Método SODAS

Hemos aprendido que los niños son más propensos a tomar buenas decisiones cuando tienen una forma estructurada de percibir un problema y sus posibles soluciones. El método de resolución de problemas con el que ayudamos a los padres a enseñarles a sus hijos se llama **SODAS**®. **SODAS** significa:

S = **S**ituación
O = **O**pciones
D = **D**esventajas
A = **A**yudas
S = **S**olución

El método **SODAS** sirve para que niños y adultos piensen con más claridad y tomen decisiones basadas en el razonamiento lógico. Los principios son simples, y el método se puede adaptar a muchas situaciones.

Los dos objetivos principales de utilizar **SODAS** son:

- Dar a los **padres e hijos a un proceso para resolver problemas y tomar decisiones juntos.**

- Asistir a **los padres a enseñarles a los hijos a solucionar problemas y a tomar decisiones por su cuenta.**

Echemos un vistazo a cada paso del proceso **SODAS**.

Definir la Situación

Antes de que pueda resolver un problema, necesita saber cuál es el problema. Definir la situación a veces toma la mayor cantidad de tiempo porque los niños suelen utilizar descripciones vagas o emocionales. Además, los niños no siempre son conscientes de que una determinada situación podría causar problemas. Un niño pequeño puede pensar que correr hacia la calle para recuperar su pelota de fútbol no es un problema; él solo piensa en conseguir la pelota. No se da cuenta de que ir tras la pelota es peligroso.

Otras decisiones tal vez no impliquen peligros evidentes, pero pueden tener inconvenientes que los niños deben considerar al tomar una decisión. Los niños tendrán que decidir cómo gastar su mesada, qué amistades tener, o si salir a hacer deporte o conseguir un trabajo. Ellos pueden aplicar rápidamente el proceso **SODAS** para tomar estas decisiones diarias.

Consejos para ayudar a los niños a definir una situación:

- Haga preguntas específicas y abiertas. Evite hacer preguntas que su hijo puede responder con una respuesta de una sola palabra: *"Sí"*, *"No"*, *"Bien"*, *"Bueno"*, etc. En cambio, haga preguntas como, *"¿Qué hiciste entonces?"* o *"¿Qué pasó después de que dijiste eso?"* Estas preguntas lo ayudarán a reconstruir lo que está pasando o lo que realmente ocurrió.

- Enséñeles a los niños a enfocarse en toda la situación, no solo en una parte de ella. Por ejemplo, las preguntas que identifican quién, qué, cuándo y dónde los van a ayudar a usted y a su hijo a tener una imagen clara de la situación completa.

- Resuma la información. A veces los niños se agobian tanto por las emociones en torno a una situación que pierden de vista el problema real. Plantee el problema en su forma más simple y específica. Pregúntele a su hijo si el resumen de la situación es correcto.

Este es un ejemplo de cómo un padre ayudó a su hijo a definir un problema con un acosador en la escuela.

Mamá: *"Jorge, dime lo que estabas haciendo antes de que comenzara la pelea entre Miguel y tú en la escuela hoy".*

Jorge: *"Entré al baño y Miguel empezó a molestarme".*

Mamá: *"¿Qué hizo o dijo exactamente Miguel cuando tú entraste al baño?"*

Jorge: *"Él comenzó a burlarse de mí y a decirme apodos delante de otros niños".*

Mamá: *"¿Cómo te hizo sentir eso?"*

Jorge: *"Al principio no fue un gran problema, pero él siguió. Fue entonces cuando empecé a ponerme muy enojado".*

Mamá: *"Bien, ¿qué hiciste después?"*

Jorge: *"Le pedí que parara. Él continuó y me empujó hacia una de las puertas. Yo lo empujé de vuelta. Fue entonces cuando un profesor entró al baño y nos separó".*

Mamá: *"Suena como que tú y Miguel han estado teniendo problemas para llevarse bien".*

Pensar en Opciones

Una vez que tenga una descripción completa de la situación, puede comenzar a analizar opciones; las opciones que su hijo tiene para resolver el problema. Normalmente hay varias opciones para cada problema. Desafortunadamente, los niños con frecuencia piensan en las soluciones del estilo "todo o nada". Por ejemplo, un estudiante que obtiene una mala nota en un examen inmediatamente quiere cambiar de clase porque todo está "arruinado". O, si un acosador se mete con otro niño, su hijo puede pensar que la única solución es unirse contra el agresor. Es común que los niños solo vean una solución a un problema, o que tomen la primera opción que les viene a la mente. Otras veces, puede ser que no vean ninguna opción en absoluto.

Su papel como padres es hacer que su hijo piense. Haga preguntas como, *"¿Se te ocurre otra cosa que podrías hacer?"* o *"¿Qué otra cosa podría resolver el problema?"* Hacer estas preguntas regularmente ayuda a que su hijo aprenda un proceso de toma de decisiones sin su orientación.

Consejos para identificar opciones:

- Deje que su hijo haga una lista de opciones buenas y malas. Muchas veces, los padres quieren ir directo al grano y decirles a los hijos qué hacer. Pero el objetivo aquí es conseguir que su hijo piense en formas de tomar una decisión por su propia cuenta.

- Limite las opciones a no más de tres. Más opciones tiende a ser confuso. (Además, asegúrese de que al menos una de las opciones sea razonable y tenga posibilidades de funcionar).

- Sugiera opciones si a su hijo le está costando pensar en opciones. De esta manera, él o ella aprenden que hay más de una opción en muchas situaciones.

Sigamos con el ejemplo que empezamos antes con Jorge y el acosador en la escuela.

Mamá: *"Jorge, ¿cuáles son algunas otras maneras más positivas para manejar esta situación en el futuro?"*

Jorge: *"No lo sé. Estoy harto de que Miguel se meta conmigo".*

Mamá: *"Pelear no va a resolver nada y solo conducirá a problemas, así que pensemos en algunas opciones mejores".*

Jorge: *"Bueno, supongo que podría simplemente alejarme cuando empieza a molestarme".*

Mamá: *"¡Esa es una excelente opción! ¿Se te ocurre alguna otra?"*

Jorge: *"Yo podría mantenerme alejado de Miguel durante unos días".*

Mamá: *"Bien. ¿Qué piensas sobre pedirle ayuda a un maestro?"*

Jorge: *"Sí. Si se pone muy difícil, yo podría ir a hablar con el entrenador. Él es muy agradable".*

Mamá: *"Esas son todas buenas opciones".*

Pensar en Desventajas y Ventajas para cada Opción

En estos pasos, usted y su hijo analizan los pros y los contras de cada opción. Esto le ayuda a su hijo a ver la conexión entre cada opción y lo que podría suceder si elige esa opción.

Consejos para analizar las desventajas y ventajas:

- Pregúntele a su hijo qué piensa acerca de cada opción. ¿Qué tiene de bueno la opción? ¿Qué tiene de malo la opción? ¿Por qué habría de funcionar la opción? ¿Por qué no habría de funcionar la opción?

- Ayude a su hijo a pensar en desventajas y ventajas para cada opción. Esto facilitará que su hijo considere ciertas opciones; es posible que él o ella no tenga la experiencia o el conocimiento para saber los posibles resultados de todas las opciones.

Sigamos con Jorge y las opciones para su problema.

Mamá: *"Bueno, vamos a repasar las ventajas y desventajas de las tres opciones que se nos ocurrieron".*

Jorge y su mamá escriben y evalúan los pros y los contras de cada opción: 1) alejarse; 2) evitar los lugares donde Miguel y los otros acosadores frecuentan; y 3) pedir ayuda al entrenador.

Elegir una Solución

En este punto, es momento de elegir una opción que funcionaría mejor. Resuma brevemente las ventajas y desventajas de cada opción y pídale a su hijo que escoja la mejor de ellas.

Consejos para elegir una solución:

- Asegúrese de que su hijo conozca las opciones y los posibles resultados de cada una. Usted está tratando de ayudar a su hijo a tomar una decisión informada y establecer un patrón para la toma de decisiones futuras.

- Algunas decisiones son difíciles de tomar. Si la decisión no tiene que tomarse de inmediato, deje que su niño lo analice durante un tiempo.

Así es cómo Jorge y su mamá encontraron una solución.

Mamá: *"Jorge, ya analizamos todas las ventajas y desventajas de cada opción. Ahora tú tendrás que decidir cuál opción quieres usar para tratar de solucionar este problema. Te daré algo de tiempo para pensar al respecto. Hablemos después de la cena".*

Jorge: (después de la cena) *"Creo que lo mejor que se puede hacer es simplemente evitar Miguel por un tiempo. Si comienza de nuevo, simplemente voy a alejarme y te lo contaré".*

Mamá: *"¡Esa es una excelente solución! Recuerda, si comienzas a enojarte o a asustarte, siempre puedes ir a hablar con el entrenador".*

Consejos Útiles

Los padres por lo general tienen muchas preguntas acerca de **SODAS** y los tipos de situaciones en los que se puede usar. Estas son algunas cosas en las que hay que pensar cuando se utiliza el método **SODAS**.

A veces, los hijos eligen opciones con las que los padres no están de acuerdo. En general, si las decisiones no hacen daño a nadie, y no son ilegales ni contrarias a sus creencias morales o religiosas, entonces deje que su hijo haga la elección y aprenda de su propia decisión. Por ejemplo, su hijo podría insistir en que quiere gastar la mayor parte de su dinero en un videojuego muy caro. Puede que usted no esté de acuerdo con su elección, pero la compra no va a afectar a nadie más que a él (y su flujo de efectivo) si decide comprar el juego. Usted puede dejar que él lo compre y aprenda de las consecuencias. Tal vez va a disfrutar tanto el juego que no le importará no tener dinero para otras actividades. Por otro lado, es posible que después desee no haber comprado un juego tan caro. Le sugerimos que le haga saber a su hijo que si quiere dinero después de gastárselo todo, usted no le dará. Si él quiere trabajar o hacer algo para ganar dinero, eso es otra historia. Pero no deje que se salga con la suya al ceder a sus peticiones de dinero. Esta es una manera de aprender a tomar buenas decisiones sobre el gasto de su dinero.

En ocasiones, los niños consideran opciones o quieren tomar decisiones que son ilegales, inmorales o perjudiciales para ellos o para otros. Si esto ocurre con su hijo, hágale saber clara y firmemente que usted no está de acuerdo, explíquele las desventajas de esa solución y hágale saber a su hijo las consecuencias de tomar esa decisión. Por ejemplo, si su hija de 16 años de edad decide que quiere beber alcohol cuando sale con sus amigos, usted puede hacerle saber que no lo tolerará y explicarle todos los muchos peligros. Además, dígale las consecuencias que eso conlleva. A veces, a pesar de todos nuestros esfuerzos, los hijos toman decisiones o hacen elecciones equivocadas. Cuando eso ocurre, debe seguir adelante con las consecuencias que usted describió. Entonces, ayude a su hijo a aplicar el proceso **SODAS** y llegar a soluciones más aceptables.

Aunque debe animar a sus hijos a que tomen sus propias decisiones, debe hacerles saber que usted está allí para ayudar en cualquier momento. Esto incluye apoyarlos cuando implementan la solución. Si una solución no funciona de la manera que su hijo tenía previsto, ofrézcale apoyo y empatía. Usted y su hijo pueden entonces regresar al formato **SODAS** para encontrar otra solución al problema.

En situaciones en las que usted cree que sería útil, dígale a su hijo que pruebe la solución. La práctica aumenta la confianza de su hijo de probar la solución que él o ella han elegido y mejora las posibilidades de tener éxito.

Por último, hable con su hijo para ver cómo funcionó la solución. Establezca un tiempo específico para hablar de esto. Esta es una excelente oportunidad para que usted pueda elogiar a su hijo por proceder con su decisión. También puede buscar soluciones adicionales, si es necesario.

Resumen

Si este tipo de solución de problemas es nuevo para usted, comience con un problema pequeño. Deles tiempo a los niños para sentirse cómodos con el proceso. Muchos niños no tienen la paciencia para analizar las cosas. Pueden sentirse frustrados y "solo querer terminar con eso de una vez". No deje que tomen decisiones precipitadas. Enséñeles a tomar buenas decisiones.

SODAS es un excelente proceso para enseñarle a su hijo a tomar decisiones. Es práctico y se puede aplicar a muchas situaciones diferentes que su hijo podría enfrentar. Puede estar seguro de haberle dado a su hijo un método eficaz y fácil de usar para resolver problemas.

REVISIÓN DEL CAPÍTULO

¿Qué es el método SODA?

Un proceso para ayudar a padres e hijos a resolver problemas y a tomar decisiones juntos.

¿Cuándo deben utilizar los padres el método SODAS con sus hijos?

SODAS se puede utilizar para casi cualquier problema que los niños enfrenten. No se debe utilizar con cuestiones que son claramente ilegales, inmorales o dañinas para el niño o para otros, pero puede usarse para ayudar a enseñar sobre moral y valores. SODAS se puede utilizar con cualquier problema que los padres estén dispuestos a dejar que sus hijos traten de resolver.

¿Qué significa SODAS?

S = **S**ituación
O = **O**pciones
D = **D**esventajas
A = **A**yudas
S = **S**olución

⭐ PLAN DE ACCIÓN

1. Dedique unos minutos a responder las siguientes preguntas:

   - ¿Qué es lo más importante que ha aprendido en este capítulo?

   - ¿Qué va a hacer de manera diferente como resultado de lo que ha aprendido?

2. Familiarícese más con **SODAS** usando el proceso de resolución de conflicto con un problema real (por ejemplo, cómo lidiar con un compañero de trabajo antipático, cómo cumplir con su presupuesto y aumentar sus ahorros, saber si hablar con su vecino o no sobre su perro que ladra, etc.). Con un lápiz y papel, describa la situación, piense en varias opciones, haga una lista de las ayudas y desventajas de cada opción y elija una solución.

   Luego, busque una oportunidad para aplicar **SODAS** con su hijo. Él o ella pueden contarle sobre un problema en la escuela o con un amigo, o puede que tengan que elegir entre dos actividades diferentes. O, tal vez usted quiera hablar con sus hijos sobre lo que harán en las vacaciones de verano. Sea lo que sea, la próxima vez que su hijo tenga que hacer una elección o decisión importante, utilice la oportunidad para enseñarle el método **SODAS** para la resolución de problemas.

PARA PADRES

P **¿Se supone que debo permitir que mis hijos tomen decisiones sobre todo?**

R Es muy importante que les enseñe a sus hijos a tomar buenas decisiones y que les dé muchas oportunidades para practicar el uso del método **SODAS**. Sin embargo, usted todavía tiene el derecho de decirles a sus hijos cuáles problemas pueden solucionar por su cuenta, con cuáles los ayudará usted y cuáles decidirá usted.

P **Mi hijo ya tiene buen juicio. ¿Necesito utilizar el método SODAS con él?**

R ¿Por qué no? Su hijo necesita herramientas y estrategias concretas que lo ayuden a avanzar por la vida. Enseñarle el método **SODAS** le dará una herramienta más para resolver problemas exitosamente. Además, puede utilizar **SODAS** para compartir con él sus valores, moral y puntos de vista sobre diversos temas sin que suene como un sermón.

P **¿Es mi hijo de 6 años de edad demasiado pequeño para el método SODAS?**

R ¡Absolutamente no! Pero con los niños pequeños, por lo general es una buena idea mantener el proceso y el número de opciones corto y sencillo. Enseñarles **SODAS** a los niños pequeños puede ayudarlos a tomar mejores decisiones a medida que crecen.

253

Capítulo 14
Reuniones Familiares

ntre el trabajo, la escuela, los deportes, las organizaciones y otras actividades, a veces es difícil que los padres y los hijos se reúnan para hacer planes, compartir información o simplemente hablar. Las Reuniones Familiares son una forma para que los miembros de la familia encuentren un momento de su ocupado día para pasar un tiempo juntos y trabajar y divertirse en grupo.

Cuando usted convierte las Reuniones Familiares en parte de su rutina diaria o semanal, todos tienen la oportunidad de participar en el funcionamiento del día a día de la familia y de tener una voz en lo que la familia hace y planea hacer. Comenzar la tradición de tener Reuniones Familiares también crea una forma para compartir y transmitir valores familiares importantes a las generaciones futuras.

Hay cuatro razones principales para tener Reuniones Familiares:

1. Los miembros de la familia pueden elogiarse y darse ánimo entre sí y contarles a todos acerca de los logros individuales y grupales.

La Reunión Familiar es un momento ideal para elogiar a cada uno de sus hijos y para que todos sepan sobre los logros o realizaciones. Muestre su aprobación por las mejoras en la

255

escuela, por los ofrecimientos para ayudar en la casa o por llevarse bien con otro niño. Cuénteles a todos acerca de los intentos que sus hijos han hecho para resolver problemas. Piense en maneras creativas para que sus hijos aprendan a elogiarse entre sí. También pueden demostrar su aprecio por usted diciendo *"Gracias."* Un padre a quien conocemos comienza cada reunión haciendo que todos digan algo agradable sobre la persona que está sentada a su derecha. Esta es una forma positiva para iniciar la reunión.

2. Una familia puede coordinar horarios para la semana y hacer planes para comprar lo suministros necesarios, ofrecer transporte y llegar a las próximas citas o reuniones.

Sus hijos pueden contarle sobre sus próximas actividades, y hacer planes para la escuela o para jugar con los amigos. Puede recordarles a sus hijos o a su esposo o esposa sobre las citas con el médico y el dentista, reuniones escolares u otras obligaciones. También puede hacer preguntas importantes, como quién necesita suministros, transporte, dinero o materiales para la semana. Un hogar funciona mejor cuando los miembros de la familia comparten información como esta. Sin duda, hace la vida más fácil para usted cuando se hacen planes con anticipación.

3. Una familia puede tener conversaciones acerca de lo que está sucediendo.

Este es un momento para que usted y sus hijos compartan información sobre todas esas otras "cosas" que pasan en sus vidas. Deles una oportunidad de hablar sobre lo que pasó en la escuela, lo que discutieron en clase sobre los acontecimientos locales o mundiales, los problemas que están teniendo con los amigos y las cosas que les gustaría hacer como familia. Después usted puede compartir su opinión sobre estos temas tan importantes. Asegúrese de aportar algunas de sus propias "cosas" para discutir, como lo que ha estado haciendo en el trabajo, los eventos actuales, lo que está pasando con sus familiares, y sus opiniones sobre las últimas modas o música. Una Reunión Familiar es un tiempo para hablar y escuchar, compartir y discutir. Esta oportunidad ayuda a los niños a desarrollar sus propios puntos de vista y creencias al escuchar las opiniones de los demás. Puede ser divertido, entretenido y educativo además de unir más a la familia.

4. Una familia puede tomar decisiones en grupo.

Puede usar las Reuniones Familiares como el lugar donde los niños participan en la toma de decisiones de rutina. Estas podrían incluir decidir cuáles serán los menús de la próxima semana, adónde ir en un viaje familiar, cuáles programas de televisión ver o cómo deben dividirse las tareas del hogar. Los niños serán mucho más felices si tienen la oportunidad de dar su opinión cuando se toman las decisiones. Pero establezca algunos límites. Por ejemplo, si su familia quiere ir a ver una película para su salida en familia, usted podría decir, "Niños, lo primero que tienen que decidir es cuándo vamos a ir. Luego, elijan una película apropiada para la edad que a todos nos guste". De esta manera, sus hijos pueden tomar algunas decisiones dentro de los límites establecidos. Pueden elegir qué noche salir y cuál película ver, pero no tienen la opción de elegir una película para adultos. Ese es un límite que usted establece. Usted siempre debe tomar las decisiones importantes o las decisiones de carácter moral o legal. Otro ejemplo útil y sencillo de una decisión de la familia podría ser a cuál servicio de la iglesia asistir.

Pasos de las Reuniones Familiares

Las Reuniones Familiares pueden celebrarse en cualquier momento, pero deben ser programadas para que todos los miembros de la familia puedan asistir. Esto podría significar realizar las reuniones después de la cena o los sábados por la mañana antes del desayuno. Las reuniones pueden celebrarse con regularidad (diarias o semanales), y se puede programar reuniones especiales cuando sea necesario para discutir algo inesperado o un problema o decisión que se debe abordar de inmediato.

Estos son los pasos para tener una Reunión Familiar y una explicación de cada uno:

1. **Convoque la reunión a la hora programada.**
2. **Agradezca a los miembros de la familia por asistir a la reunión.**
3. **Haga anuncios y coordine los horarios de la familia según sea necesario.**
4. **Repase y vote los asuntos pendientes.**
5. **Converse sobre nuevos asuntos en relación con la familia y tome las decisiones necesarias.**
6. **Felicite a los miembros de la familia por sus logros y concluya la reunión.**

PASO 1: Convoque la reunión a la hora programada.

Trate de tener las Reuniones Familiares siempre a la misma hora. Esto crea la regularidad y estructura. Los familiares comenzarán a esperar las Reuniones Familiares como parte de sus rutinas diarias o semanales.

Asegúrese de iniciar la reunión con motivación y algo divertido que haga que todos se involucren. Dependiendo de qué tan cerca de una comida programe su reunión, comer algo durante o inmediatamente después de la reunión podría ser una buena manera de motivar la participación. También puede utilizar privilegios o premios para recompensar a quienes llegan a tiempo. Los niños más pequeños pueden ganar calcomanías o estrellas que pueden poner en un cuadro de premios.

El inicio de una Reunión Familiar es también un buen momento para utilizar la Instrucción Preventiva para evitar cualquier problema que pudiera haber ocurrido en el pasado. Puede utilizar la Instrucción Preventiva para preparar a sus hijos para discutir un nuevo tema o asunto, o uno del que no sepan mucho. Por ejemplo, el papá podría decir algo como esto:

"Antes de empezar nuestra reunión, quiero recordarles a todos que no hablen cuando no sea su turno. Solo deben hablar cuando la persona que dirige la reunión les dice que es su turno para hablar. Ahora, me gustaría que todos estén en silencio y presten atención a mamá mientras ella hace un recordatorio de lo que decidimos en nuestra última Reunión Familiar".

PASO 2: Agradezca a los miembros de la familia por asistir a la reunión.

Agradezca siempre a los miembros de la familia por tomarse el tiempo para asistir a la reunión. Este también es un buen momento para usar los Elogios Eficaces para reconocer a los miembros de la familia por llegar a tiempo y participar. Por ejemplo, usted podría decir algo como esto:

"Buen trabajo a todos por venir a la Reunión Familiar y llegar a tiempo. Cuando todos llegan a tiempo, terminamos pronto y podemos volver a hacer lo que queremos. ¡Así se hace!"

PASO 3: Haga anuncios y coordine los horarios de la familia según sea necesario.

Cualquier momento en que pueda juntar a todos o a la mayor parte de su familia en un solo lugar, es una buena oportunidad para hacer los anuncios necesarias o para informar a su familia de cambios importantes en las rutinas. También, recuérdeles a los miembros de la familia que lleven novedades sobre sus deportes, actividades extracurriculares y horarios de trabajo, y que mencionen cualquier cita o salida especial para que el transporte, la supervisión y las rutinas del hogar se pueden organizar en consecuencia.

PASO 4: Repase y vote los asuntos pendientes.

Si hay alguna duda o decisión que es necesario revisar o votar, asegúrese de volver a tratar esos temas y llegar a una decisión final, si es posible.

PASO 5: Converse sobre nuevos asuntos en relación con la familia y tome las decisiones necesarias.

Las Reuniones Familiares son un momento perfecto para hablar de todo lo que afecta a la familia. Por ejemplo, tal vez tenga que decidir adónde ir de vacaciones o ajustar la hora de llegada a casa y la hora de ir a la cama en el verano. La lista de temas y órdenes del día para las Reuniones Familiares es casi ilimitada.

PASO 6: Felicite a los miembros de la familia por sus logros y concluya la reunión.

Las Reuniones Familiares siempre deben terminar con una nota positiva. Algunas familias reparten elogios "por rotación", donde cada quien tiene un turno para elogiar a los otros en la reunión. Cuando todos los que se han ganado elogios los reciben, la mamá o el papá pueden cerrar la reunión. Este es un buen momento para anunciar los logros o elogiar las mejoras de los miembros de la familia. Recuerden: El elogio es la forma más efectiva para que sus hijos se interesen y participen en las Reuniones Familiares.

Qué Hacer en Caso de Interrupciones

Durante una reunión, a cada persona se le debe dar la oportunidad de expresar su opinión después de ser reconocido por la persona que dirige la reunión. Todos deben tener la oportunidad de hablar sin ser interrumpidos. Cualquiera que hable fuera de turno, o que muestre otro comportamiento inadecuado que interrumpa la reunión, debería ser sancionado inmediatamente por medio de la Instrucción Correctiva.

Por ejemplo, si su hija empieza a hablar mientras su hermano le cuenta a la familia sobre su día en la escuela, podría decirle a ella algo como esto:

"Alicia, estás interrumpiendo por hablar fuera de turno. Perdiste 15 minutos de ver tu programa favorito de esta noche. Debes esperar tu turno para hablar y hablar solo cuando el líder te da la palabra. Entonces, podrás decir lo que quieras sin perder ningún privilegio. Has hecho un buen trabajo escuchando hasta el momento y no me has interrumpido. ¡Buen trabajo! Ahora, si levantas la mano y esperas tu turno para hablar durante el resto de la reunión, puedes recuperar una parte del tiempo de televisión que perdiste".

A veces, cuando es necesario tomar decisiones durante las Reuniones Familiares, los ánimos pueden encenderse y las emociones pueden salirse de control. En estas situaciones, es posible que deba usar la Enseñanza del Dominio Propio para que las cosas se calmen y la reunión pueda continuar.

Por ejemplo, si uno de sus hijos pierde el control de sí mismo durante una reunión, usted puede decir algo como esto:

"En este momento estás gritando e insultando a los demás. Por favor, usa tu Plan para Mantener la Calma para tranquilizarte. Vamos a tomar un descanso de nuestra reunión para darte un poco de tiempo para hacerlo".

Una vez que el niño se calme, usted puede continuar así:

"¿Estás lo suficientemente tranquilo como para contro-
lar tus emociones mientras hablamos? (El niño asiente
con la cabeza.) *Bien. Quiero que me escuches sin inte-*
rrumpir. La próxima vez que te sientas molesto por
algo que estamos discutiendo en nuestra Reunión
Familiar, pregunta si puedes tomarte un descanso.
Luego, pide ir a tu habitación para que puedas respirar
profundo antes de usar tu Plan para Mantener la
Calma. Vamos a intentarlo ahora. (El niño cumple).
Ahora, supongamos que alguien acaba de decir algo
que te hizo enojar. Respira profundo y pide tomar un
descanso en tu habitación. (El niño cumple). *Excelente*
trabajo de practicar conmigo. Como perdiste tu domi-
nio propio en la noche de la Reunión Familiar, perdiste
el derecho a tu merienda y tendrás que limpiar la
cocina esta noche".

Consejos Útiles

Programe las Reuniones Familiares a una hora conveniente para todos o para la mayoría de los miembros de la familia.

Las reuniones pueden ser diarias, una vez por semana, o incluso cada dos semanas, dependiendo de las necesidades de su familia de pasar tiempo juntos y la cantidad de ocupaciones familiares. Asegúrese de elegir el momento más oportuno para la familia. Sea flexible. Esto podría significar tener una reunión el sábado por la mañana o el domingo por la noche después de la cena. Algunas familias optan por tener Reuniones Familiares después de la cena cada noche. Otras familias no hacen un cronograma; tienen reuniones cada vez que todos están en casa. Ajuste el tiempo de sus reuniones para adaptarse a sus necesidades. Es más importante tener una reunión en la que todos pueden participar que seguir estrictamente un calendario de reuniones sin importar quién puede o no puede asistir.

Sea creativo cuando hay conflictos de horario.

Por ejemplo, pueden realizar una llamada en conferencia o reunirse en línea en alguna red social cuando un miembro de la familia esté fuera de la ciudad la noche de la reunión.

Haga que las Reuniones Familiares sean divertidas.

Todos aprenden más cuando les gusta o están interesados en lo que se les enseña. No organice sus reuniones para que solo sean de trabajo y nada de juego; eso hace que sean aburridas para todos. La variedad es un elemento importante para mantener a los niños interesados y la novedad de la reunión fresca. Habrá momentos en los que posiblemente tenga que tomar una decisión seria o tratar los temas difíciles, pero estos deberían ocurrir con poca frecuencia. La mayor parte del tiempo, debe concentrarse en el intercambio de información o en reconocer las cosas buenas que los miembros de la familia están haciendo.

En las Reuniones Familiares, haga hincapié en el uso de las destrezas sociales.

Motive los intentos de sus hijos de usar las destrezas (como escuchar, o dar o aceptar los cumplidos), y sus logros y mejoras a medida que aprenden cuándo y cómo utilizarlas en diferentes situaciones.

Mantenga las Reuniones Familiares breves.

Las reuniones no deben durar más de 15 a 20 minutos. Mantenga temas lo suficientemente simples para que todos puedan entender y hablar de ellos, y así poder resolver los problemas fácilmente. A medida que sus hijos mejoran sus destrezas y van creciendo, es posible que puedan tener reuniones ligeramente más largas y tratar problemas más grandes.

Una manera de mantener las reuniones en movimiento es utilizar un "bastón de mando" y un cronómetro. Estos son útiles si los miembros de la familia tienen dificultades para ser breves o mantenerse enfocados. Un bastón de mando es un palo decorado con colores que un miembro de la familia toma cuando es su turno para hablar, hacer una propuesta o compartir una preocupación. Solo la persona que sostiene el bastón puede hablar y todos los demás deben escuchar y estar tranquilos hasta que sea su turno. Se puede usar un cronómetro para controlar la cantidad de tiempo que un miembro de la familia puede hablar.

Use la Instrucción Preventiva.

Antes de una reunión, enséñeles a sus hijos cómo sacar a colación los temas para discusión de forma adecuada y haga que practiquen cómo dar opiniones sin ofender a los demás. Además, ayúdelos a practicar cómo elogiar a los demás sin sonar cursi o insincero. Y, enséñeles a dar y aceptar críticas sin reaccionar exageradamente. Este es un momento perfecto para enseñarles a sus hijos qué decir y cómo decirlo.

Mantenga un registro escrito de las decisiones, horarios, temas, etc.

Use un cuaderno para llevar un registro de las Reuniones Familiares y publique un resumen de las notas en un lugar conveniente y muy visitado. Muchos padres optan por publicar programas y anuncios en el refrigerador. Mantener registros y publicar notas donde todos los miembros de la familia puedan verlas reduce la confusión y mantiene a todos informados.

Dé a todos la oportunidad de hablar.

Puede enseñar cooperación, respeto y sensibilidad al asegurarse de que todos, desde el más pequeño hasta el mayor, tengan voz y voto en la forma en que funciona su familia.

Ofrezca consecuencias positivas.

Dé recompensas y elogios por escuchar a los demás, por no interrumpir, por dar buenas sugerencias y por ofrecerse a ayudar. Las Reuniones Familiares son un momento ideal para elogiar a sus hijos.

Utilice todas sus destrezas de enseñanza durante las Reuniones Familiares.

Por ejemplo:

- Si uno de sus hijos recibe una pequeña crítica y comienza a discutir y a poner excusas, utilice la Instrucción Correctiva.

- Si su hijo no responde a la Instrucción Correctiva, utilice la Enseñanza del Dominio Propio.

- Utilice la Instrucción Preventiva antes de sacar a colación un tema sensible o si es difícil para su hijo expresar opiniones delante de otros.

- Utilice el método **SODAS** para resolver los problemas.

Uso de SODAS en las Reuniones Familiares

En el Capítulo 13 hablamos sobre el método **SODAS** para resolver problemas y tomar decisiones. Además de enseñarles este método a sus hijos para que puedan aprender a resolver problemas de forma independiente, se puede utilizar en las Reuniones Familiares para enseñarles cómo resolver problemas y tomar buenas decisiones como grupo y como miembros de un grupo.

Veamos un ejemplo de cómo **SODAS** puede utilizarse en una reunión familiar.

La familia acaba de terminar la cena y están sentados a la mesa.

Papá: *"Escuchen todos, esperen un momento.*
           Vamos a tener una Reunión Familiar
           corta. Su mamá y yo hemos decidido
           que por el trabajo en el jardín que hicie-
           ron hoy, se ganaron ya sea ver una pe-
           lícula a la carta esta noche o ir a nadar
           este fin de semana. No queremos una
           gran discusión sobre qué quieren hacer,
           así que hagamos un SODAS rápido".

Mamá: (Situación) *"¡Todos han hecho un*
           excelente trabajo al participar en las
           Reuniones Familiares últimamente!
           Sigan así hoy y podemos hacer esto
           breve y al grano para poder volver a
           hacer las cosas que les gustan. ¿To-
           dos entienden la decisión que tienen
           que tomar? Ustedes pueden elegir
           entre ver una película esta noche
           o ir a nadar este fin de semana".

Luis: *"¡Nadar! ¡Yo quiero ir a la pisci-*
           na!" (Luis se pone de pie y comien-
           za a dar saltos por la habitación).

Mamá: *"Luis, sé que estás emocionado pero*
           estás interrumpiendo la Reunión
           Familiar. Por favor, siéntate. Por
           interrumpir, debes sacar un obje-
           to del Frasco de Tareas y hacerlo
           esta noche. (Luis se sienta y dice:

           "Está bien"). *Para lo que queda de*
           la reunión, recuerda que debes le-
           vantar la mano si quieres hablar".

Papá: *"Recuerden que deben mantener la*
           calma y ser considerados con los

demás cuando tomen su decisión.
¿Qué pueden decir o hacer para ser
más considerados con los demás?"

Carmen: *"Pensar en cómo la solución podría*
ser la mejor para todos en la fami-
lia y no para una sola persona".

Luis: *"Escuchar a la otra persona".*

Carlos: *"No decir cosas negativas si no te*
gusta lo que otra persona dice".

Mamá: *"¡Fabuloso! Esas son todas exce-*
lentes maneras de ser considera-
do. ¡Buen trabajo! Ahora, veamos
las ayudas y desventajas de ir a
nadar o ver una película".

Carlos: (Desventaja) *"Yo ya hice planes este*
fin de semana para ir a un partido de
béisbol con Emilia. Así que supongo que
no podrán contar conmigo el sábado".

Papá: *"Es una actividad familiar y to-*
dos deberían poder participar".

Carmen: (Nueva opción) *"¿Y si dejamos*
que Carlos elija una película para
esta noche y vamos a nadar este
fin de semana sin él? Así, aún po-
dría ir al partido con Emilia".

Mamá: *"¿Qué piensas sobre eso, Carlos?"*

Carlos: (Desventaja) *"Me parece bien. ¿Pero*
tengo que escoger una película para
niños para que Luis puede verla?"

Papá: (Ayuda) *"Hay un montón de bue-*
nas películas que todos podemos

267

ver juntos. Veamos el menú de películas a la carta por unos minutos a ver qué podemos encontrar".

(Todos están de acuerdo y se dirigen a buscar una película. Tras un breve debate, Carlos selecciona una película).

Mamá: (Solución) *"Así que, ¿estamos todos de acuerdo?* (Todos dicen, *"Sí".*) *Fabuloso. Entonces esta es su decisión: Esta noche vamos a ver la película que Carlos eligió y el sábado el resto de nosotros va a ir a nadar mientras él pasa tiempo con Emilia".*

Papá: *"¡Buen trabajo, chicos! Todos trabajaron muy bien juntos para encontrar una buena solución y tuvieron en cuenta las necesidades de todos. Por su buen trabajo, ¡disfrutemos de un poco de helado para el postre!"*

Resumen

Las Reuniones Familiares pueden ser algunos de los momentos más importantes que su familia comparte. Usted mejorará la comunicación entre los miembros de la familia y sus hijos sentirán que pueden opinar sobre los asuntos de familia. También ganarán confianza en su capacidad para compartir opiniones y aceptar elogios y críticas. Y todos estarán mejor informados sobre lo que está pasando en la vida de los demás: en el trabajo, en la escuela, con los amigos y en casa.

Otro componente importante de las Reuniones Familiares es la toma de decisiones. Cuando los niños y los padres pueden trabajar juntos para resolver problemas y tomar decisiones, se obtienen resultados y todos son felices. El método **SODAS** es una forma efectiva para que las familias trabajan juntas para identificar una situación, explorar opciones, discutir las ayudas y desventajas de cada opción, y llegar a una solución que beneficie a todos.

REVISIÓN DEL CAPÍTULO

¿Cuáles son las cuatro razones principales para tener Reuniones Familiares?

1. Los miembros de la familia pueden elogiarse y darse ánimo entre sí y contarles a todos acerca de los logros individuales y grupales.

2. Una familia puede coordinar horarios para la semana y hacer planes para comprar lo suministros necesarios, proporcionar transporte y llegar a eventos futuros.

3. Una familia puede tener discusiones sobre lo que está sucediendo en el grupo familiar (cambios en las reglas), en la vida de un miembro de la familia (problemas escolares) o en el mundo (acontecimientos actuales).

4. Una familia puede tomar decisiones en grupo.

PLAN DE ACCIÓN

1. Dedique unos minutos a responder las siguientes preguntas:

   - ¿Qué es lo más importante que ha aprendido en este capítulo?

   - ¿Qué va a hacer de manera diferente como resultado de lo que ha aprendido?

2. Tómese unos minutos para planificar la orden del día de una Reunión Familiar. Si nunca ha tenido una, planifique una orden del día breve que se enfoque en no más de dos temas. El primero podría ser un debate de cómo usted y sus hijos quieren que sean sus Reuniones Familiares y qué reglas deben aplicarse a sus reuniones. Lleve usted mismo algunas reglas simples a la reunión. Por ejemplo, los miembros de la familia no deben interrumpirse el uno al otro. Deje que sus hijos participen en el debate sobre otras reglas adicionales.

Su orden del día debería incluir también un tema agradable o una actividad divertida. Podría planificar, por ejemplo, hablar sobre las próximas vacaciones, excursión o cumpleaños, o hacer un reconocimiento a uno de sus hijos por un logro académico o atlético. Es importante hacer que su primera Reunión Familiar sea una experiencia positiva para sus hijos para que ellos esperen con ansias y cooperen durante las próximas reuniones.

PARA PADRES

¿Qué pasa si mis hijos no quieren participar en las Reuniones Familiares?

¡No renuncie a tener Reuniones Familiares! En cambio, empiece por tener reuniones optimistas, positivas y breves. Incluya temas que sean de interés para sus hijos. Además, trate de hacer que las reuniones sean divertidas sin salirse del tema. Sus hijos eventualmente lo entenderán y esperarán con ansias el tiempo que pasan juntos.

Soy una madre soltera con un hijo. ¿Cómo puedo evitar entrar en discusiones con mi hijo en una Reunión Familiar?

En gran parte, la Reunión Familiar se llevará a cabo de la misma manera que para las familias con más de un hijo. Obviamente, habrá mucho menos debate. Si usted no puede llegar a un acuerdo con su hijo, posponga el asunto para otra ocasión. Para las familias de padres solteros con frecuencia es un acto de malabarismo lograr que sus hijos tengan la oportunidad de compartir sus ideas y tomar decisiones. Recuerde que no debe caer en las trampas de debatir cada pequeño detalle o tomar todas las decisiones usted mismo porque es lo que usted quiere o cree que es mejor.

¿Cuántos temas deberían discutirse en una Reunión Familiar?

Enfocarse en uno o dos temas en cada reunión es una buena regla general. Si tienen un problema complejo para discutir, es posible que se necesite más de una Reunión Familiar para analizarlo y llegar a una decisión. Siempre trate de mantener las reuniones cortas pero fructíferas.

P ¿Debo darles a mis hijos cierta responsabilidad para dirigir la Reunión Familiar?

R ¡Por supuesto! En algunas familias, los niños mayores han demostrado que son capaces de dirigir la reunión; con su ayuda, naturalmente. Además, otro de sus hijos puede llevar un registro de lo que la familia conversa en un cuaderno. Hacer cosas que les den responsabilidad a sus hijos durante las Reuniones Familiares crea un sentido de pertenencia y hace que sea más probable que cooperen durante la reunión y cumplan con las decisiones que se toman.

Capítulo 15
Establecer Rutinas y Tradiciones Familiares

Compartir experiencias, pasar tiempo juntos y celebrar eventos importantes es una gran parte de lo que ayuda a unir a las familias y a tener una vida familiar feliz. Por desgracia, estas cosas no siempre suceden naturalmente. Los padres y los niños tienen que trabajar en la creación de un ambiente familiar que fomente un espíritu de cooperación y donde los acontecimientos comunes y especiales de la vida cotidiana sean significativos y agradables.

En este capítulo, vamos a analizar la importancia de establecer las rutinas y tradiciones familiares como formas de unir a los miembros de la familia para que todos tengan una sensación de cuidado, respeto, responsabilidad y pertenencia.

¿Qué es una Rutina Familiar?

Definimos una rutina como una costumbre, un hábito, un programa de actividades o una práctica de una familia. Las rutinas pueden establecer un tono positivo en su hogar donde las tareas se llevan a cabo, los miembros de la familia comparten noticias e información, y, lo más importante, los padres y los hijos pasan tiempo juntos. Estas pueden tener a una amplia variedad de propósitos, desde reforzar un valor familiar como "quien no malgasta, no pasa necesidades" al vaciar el refrigerador todos los viernes por la noche para una tener una cena de sobras, hasta subrayar la importancia de la educación con un tiempo de estudio nocturno obligatorio. Las rutinas como asistir a los servicios religiosos semanales en familia también podrían tratarse en las Reuniones Familiares (véase el Capítulo 14).

Una rutina también es una herramienta útil que les permite a los niños saber lo importantes que son y cómo encajan en la familia. Una rutina puede decirles que otras personas cuentan con ellos y sus destrezas. Una rutina simple puede enseñarle a un niño importantes lecciones de vida como el respeto por uno mismo, la consideración por los demás, alcanzar metas y superar desafíos.

Una rutina familiar puede ser tan estructurada o flexible como usted quiera, pero debe ser algo que su familia pueda controlar y mantener. En otras palabras, debe encajar con el estilo de vida y los horarios de su familia. Esto significa establecer metas y lineamientos razonables para cosas como hacer las tareas de la casa, tener Reuniones Familiares, tener una "noche de familia", las prácticas religiosas o tomar una decisión. Por ejemplo, evite hacer planes grandiosos para conseguir que todas las tareas de la casa queden hechas antes de clases si a sus hijos les cuesta levantarse lo suficientemente temprano para hacerlas. No desarrolle una rutina que convoque a una Reunión Familiar en un día y hora específicos si su horario de trabajo o el de su adolescente podrían cambiar y crear un conflicto. Recuerde, una rutina debe encajar bien en su familia. El hecho que su mejor amigo o su vecino tienen una regla estricta de cenar a las 6 de la tarde en punto, no significa que el mismo horario funcionará para usted.

Una de las cosas más importantes a tener en cuenta como padres cuando se trata de una rutina familiar es que esta va a cambiar. A medida que sus hijos crecen, las necesidades y el estilo de vida de su familia van a cambiar y sus rutinas requerirán ajustes. Los cambios en una rutina pueden ocurrir lentamente con el tiempo, o pueden ocurrir repentinamente, dependiendo de las circunstancias y de la familia. Ya sea que su familia está en constante movimiento o que avance a paso de caracol, es su trabajo como padre ser flexible y reconocer cuando los cambios son necesarios. El cambio no tiene por qué significar el caos. Usted puede mantener la coherencia y continuar satisfaciendo las expectativas generales de sus rutinas si simplemente comparte con sus hijos y otros miembros de la familia lo que se va a hacer diferente y por qué. Lo que debería seguir siendo igual es una rutina que enseña y refuerza los valores de una familia, un estilo de vida positivo y la posibilidad de pasar tiempo y llevarse bien con los demás.

Por Qué los Padres Deben Establecer Rutinas Familiares

Tener rutinas es ideal, sobre todo si ayudan a que su hijo se comporte mejor en casa y tenga un mejor desempeño en la escuela. Por ejemplo, si su hijo tiene rutinas constantes para el estudio, la hora de acostarse y comenzar el día, él o ella probablemente estén mejor preparados para la escuela. Los niños necesitan estructura en sus vidas, y las rutinas ayudan a proporcionar eso. Las rutinas también ayudan a los padres. Al establecer expectativas, horarios, normas y formas específicas de hacer las cosas antes de tiempo, como parte de una rutina diaria o semanal, usted pasará menos tiempo recordándoles a sus hijos lo que deben hacer o lo que no. Sus hijos empezarán a entender sus expectativas y sus responsabilidades como miembros de la familia, y empezarán a actuar por su cuenta para cumplir con esas responsabilidades, sin necesidad de que se les tenga que recordar constantemente. Sus hijos también tendrán más éxito para iniciar rutinas nuevas y cambiar las viejas cuando ellos son parte del proceso de toma de decisiones y están aprendiendo las destrezas que necesitan para llevar a cabo las tareas y quehaceres.

275

Crear una Rutina Familiar

No hay pasos específicos para crear rutinas familiares porque cada familia es diferente. Pero estas son algunas pautas que pueden resultar útiles:

1. Primero, asegúrese de que sus hijos conozcan las destrezas sociales adecuadas para cumplir con una rutina.

Una rutina a veces puede ser demasiado compleja o incluso demasiado simple para los niños, dependiendo de su capacidad social y de desarrollo. Un niño pequeño tal vez solo tenga que aprender a seguir instrucciones antes de que una tarea de la casa se pueda convertir en una parte rutinaria de su actividad diaria. Un niño mayor que ha demostrado que puede seguir instrucciones debería ser capaz de asumir una tarea rutinaria con algunas simples directrices o recordatorios.

2. Ocúpese de los comportamientos negativos o inapropiados de los niños de inmediato.

Si en reiteradas ocasiones tiene que estar detrás de su hijo porque él o ella están constantemente rompiendo reglas de rutina o ignorando un horario, el problema podría no ser la rutina, sino su hijo. Algunos niños que tienen las destrezas necesarias para hacer lo que se les pide, aún así podrían negarse a seguir instrucciones por rebeldía o terquedad. Cuando los niños tienen dificultades para obedecer reglas o seguir los lineamientos, los padres deben corregir inmediatamente dichos comportamientos y enseñarles las destrezas y comportamientos apropiados. (Consulte el Capítulo 10, "Corrección de los Malos Comportamientos").

Enseñarle unas pocas destrezas sociales simples y corregir a su hijo cuando tiene dificultad para cumplir con una rutina puede hacer toda la diferencia, y puede ayudarles a usted y a su hijo a alcanzar sus metas.

3. Fije expectativas razonables.

Hágase las siguientes preguntas:

- ¿Le he **enseñado** a mi hijo cómo hacer esta rutina?

- ¿Le he **modelado** estas expectativas a mi hijo?

- ¿Está mi **hijo a un nivel de desarrollo adecuado** para hacer lo que le estoy pidiendo?

- ¿Ha sido mi hijo **capaz de mostrarme** que puede hacer lo que le pido?

Si sus respuestas a estas preguntas son "Sí", su hijo debería poder cumplir con sus expectativas.

4. Utilice cuadros y contratos para motivar a sus hijos a seguir las rutinas y medir su progreso.

Los cuadros son excelentes herramientas visuales para ayudar a niños y padres a llevar un control de lo que están haciendo bien y lo que necesitan mejorar. Los contratos son excelentes para conseguir que los niños de más edad acepten cooperar con una nueva rutina de la familia o con los cambios en una rutina. (Consulte el Capítulo 8, "Lograr Objetivos con el Uso de Cuadros y Contratos").

Asegúrese de obtener los comentarios de sus hijos sobre un cuadro o un contrato antes de cambiar o agregar una rutina al horario de su familia. Los niños son más propensos y están más dispuestos a cumplir con una rutina si ellos ayudaron a crearla y sienten que es propia.

Además, cambie su perspectiva del éxito de su familia. Es decir, decida qué criterios espera que su familia -especialmente sus hijos- cumpla a fin de considerar una tarea o una actividad como un éxito.

5. Reconocer, alentar y recompensar la cooperación y los logros.

A los niños les gusta que otros se den cuenta cuando muestran responsabilidad o trabajan bien con otros. Cuando sus hijos (o toda la familia) hayan hecho un buen trabajo de apegarse a una rutina, horarios y actividades planificadas, reconozca sus esfuerzos, aliente sus intentos y recompense la cooperación.

6. Use una variedad de factores de motivación para que los niños se involucren.

Las consecuencias que se dan como recompensa por seguir las reglas y los horarios funcionan mejor cuando hay muchas para elegir. Si usted nota que una rutina no está funcionando tan bien como antes, se recomienda que hable con sus hijos para ver si todavía se sienten motivados por las consecuencias que usted está usando. Cambiar regularmente las consecuencias puede hacer que los niños se mantengan interesados en seguir una rutina.

7. Repase las rutinas durante las Reuniones Familiares.

Las Reuniones Familiares son un buen momento para verificar horarios, actividades y estilo de vida en general de la familia para ver si se han producido cambios y ver si es necesario hacer modificaciones. Revise sus rutinas familiares con frecuencia en las Reuniones Familiares para asegurarse de que todos sigan bien enfocados y discutir cambios temporales en las rutinas tales como eventos especiales o prácticas relacionadas con las próximas festividades religiosas.

Enseñanza de Destrezas Sociales para las Rutinas

Hay algunas destrezas sociales muy importantes que todos los niños deberían aprender como parte del establecimiento de las rutinas familiares. Estas destrezas permiten que los niños comprendan, participen y tengan éxito cuando se trata de satisfacer las expectativas y responsabilidades que vienen con las rutinas. Estas destrezas son:

- Seguir Instrucciones
- Aceptar las Críticas o una Consecuencia
- Pedir Ayuda
- Mostrar Consideración por los Demás
- Aceptar Responsabilidades

Este es un ejemplo de cómo una madre podría enseñarle a su hijo de 9 años de edad a seguir instrucciones usando la destreza de crianza de Instrucción Preventiva antes de comenzar una nueva rutina para la hora de dormir.

Mamá: *"Enrique, el verano está por terminar y la escuela comienza en dos semanas. Eso significa que tendrás que regresar a la rutina de irte a la cama más temprano. Antes de que cambiamos al nuevo horario, quiero que trabajes en seguir mis instrucciones para que tengas menos problemas para irte a la cama temprano. Cuando te dé una instrucción, debes mirarme, decir 'Está bien' para mostrar que escuchaste la instrucción, hacer lo que se te pide de inmediato, y si es necesario, regresar conmigo cuando hayas terminado. Cuando sigues instrucciones de este tipo, me demuestras que estás creciendo y podrás estar listo para ir a la cama más tarde. ¿Lo entiendes? Practiquémoslo tres veces antes de la hora de ir a dormir esta*

*noche. Ahora mismo, por favor, ve y pon
tu pijama sobre tu cama y ven y hazme
saber cuando hayas terminado.* (Enrique
hace lo que su madre le pidió). *¡Excelente trabajo de siguientes instrucciones!"*

Si la mamá continúa esta enseñanza durante las dos semanas previas al cambio de rutina en la hora de acostarse, es más
probable que Enrique siga la nueva instrucción de ir a la cama
temprano. Al mismo tiempo, la mamá podrá determinar qué tan
bien Enrique puede seguir instrucciones. Si lo está haciendo
bien, ella puede considerar recompensar sus esfuerzos con una
hora de acostarse más tarde los fines de semana. ¿Recuerda que
más arriba dijimos que el cambio depende de los miembros de
la familia y de las circunstancias? Este es un buen ejemplo de
una de esas situaciones en las que el cambio de una rutina tiene
mucho sentido.

¿Cuál Destreza Social Enseñar?

Lea las siguientes situaciones y decida cuál destreza social
necesita aprender el niño para seguir con éxito la rutina familiar. Las respuestas están en una clave al final de la lista.

1. A Rodolfo le cuesta terminar las tareas escola-
    res durante su tiempo de estudio en casa. A
    menudo deja la habitación, se queja de que su
    trabajo es demasiado difícil y hace varios viajes
    al baño. A veces le toma horas completar una
    tarea. ¿Qué destreza social necesita aprender
    Rodolfo para que el tiempo de estudio sea
    menos complicado?

2. Gabriela hace rápidamente sus tareas domésti-
    cas por la mañana. Pero, cuando alguien le dice
    que la tarea no se hizo bien, ella pelea, pone

mala cara y por lo general monta una rabieta. ¿Qué destreza social necesita aprender Gabriela para que pueda hacer sus tareas domésticas y volverlas a hacer, si es necesario, sin discutir?

3. Aída murmura y se ve confundida mientras lucha para completar su tarea de matemática. ¿Qué destreza necesita aprender Aída para ser más productiva durante su tiempo de estudio?

4. Tomás siempre quiere que su mamá lo ayude a recoger los muchos juguetes que deja tirados por su cuarto cuando juega cada día. Si ella le dice que los recoja él solo, se queja y llora hasta que finalmente ella lo ayuda. Mamá siente que Tomás puede limpiar su desorden. ¿Qué destreza tiene que enseñar la mamá a Tommy para que él pueda asumir la tarea por sí solo?

5. A mamá le gusta levantarse temprano en la mañana del sábado para barrer, aspirar y trapear los pisos. Sus niños prefieren dormir hasta más tarde los sábados en lugar de levantarse y ayudar. ¿Qué destreza social podría la mamá enseñarles a sus hijos para que se levantan temprano y la ayuden?

Clave de Respuestas: 1) Seguir Instrucciones; 2) Aceptar las Críticas; 3) Pedir Ayuda; 4) Mantener la Calma; 5) Colaborar

¿Qué es una Tradición Familiar?

Las tradiciones son una parte importante de la vida familiar que ayudan a definir las familias y darles identidades únicas. **Las tradiciones son las reglas, rutinas, celebraciones y hábitos que hacen que cada familia sea especial.** Las tradiciones que usted crea con sus hijos les dejarán recuerdos maravillosos y ayudarán a unir a todos en su hogar.

Las tradiciones familiares pueden tomar muchas formas diferentes. Las celebraciones de días festivos son el tipo de tradición familiar más común. Estos son algunos ejemplos de maneras de celebrar los días festivos culturales, nacionales, o espirituales:

- Hacer algún tipo de proyecto de servicio comunitario.

- Hablar con sus hijos acerca de su herencia étnica, cultural o religiosa en días festivos tales como el Cinco de Mayo, Kwanzaa, el Día de San Patricio, Janucá, Pascuas, Día de Acción de Gracias, Navidad y otros.

Además de los días festivos, hay muchos otros eventos que se prestan a celebraciones y tradiciones que usted puede comenzar con sus hijos y transmitírselas cuando comiencen sus propias familias. Los cumpleaños, aniversarios, graduaciones, reuniones familiares y los logros o realizaciones especiales pueden celebrarse todos con fiestas, cenas especiales y reuniones de familiares y amigos. Y cada una de estas celebraciones especiales puede incluir tradiciones antiguas y nuevas. Por ejemplo, en una fiesta de cumpleaños, el homenajeado puede elegir una comida especial para la cena o un postre especial. Todos pueden ver fotos de cuando el cumpleañero era bebé o de cuando era más joven. Una familia que conocemos tiene la tradición inusual de acercarse sigilosamente a la persona de cumpleaños durante la fiesta y ponerle mantequilla en la nariz. Esta familia ha estado haciendo eso por mucho tiempo, nadie se acuerda cómo empezó, pero siempre es un momento divertido para todos.

Rutinas como Tradiciones

Las tradiciones no siempre tienen que estar atadas a acontecimientos especiales. Todas las rutinas regulares que dan identidad a una familia y la ayudan a pasar el día pueden ser consideradas tradiciones familiares. (Estas pueden incluir cosas como cenas de domingo con los abuelos, pasear a caballito antes de acostarse, pasar por la panadería a comprar pan recién horneado en camino a casa después de los servicios religiosos, o que todos colaboren para lavar la ropa sucia los sábados por la mañana). Estas rutinas ofrecen seguridad ya que permiten que los integrantes de la familia sepan cuándo las cosas son normales. Los miembros de la familia sienten que falta algo cuando una de estas rutinas no se sigue. Estos tipos de rutinas dan a los niños una sensación de comodidad y seguridad, y pueden ayudar a desarrollar hábitos positivos.

¿Recuerda algunas de las rutinas que usted y su familia seguían cuando era niño? Adaptar algunas de estas es un buen punto de partida para desarrollar algunas rutinas o tradiciones nuevas que sean propias.

La Importancia de las Rutinas y las Tradiciones

Las rutinas y tradiciones son maneras de celebrar la familia. Las actividades que elija no tienen por qué ser caras o complicadas. Lo importante es que utilice rutinas y tradiciones para enseñarles a sus hijos a unirse como familia.

Las rutinas y tradiciones también pueden ser vías para definir los valores de su familia. Los valores familiares son aquellas creencias y costumbres que los integrantes de la familia consideran importantes. Estos les recuerdan qué se espera y en qué cree firmemente la familia. Estos les dan a usted y a su familia una dirección y los ayudan a tomar buenas decisiones. También le dan vida a la idea de que todos en su familia son importante y queridos. Este es un mensaje poderoso para los niños. Los valores familiares son los ideales que usted desea transmitirles a sus hijos.

Creemos que una buena manera de ayudarlo a recordar la importancia de las rutinas y tradiciones simples es contarle la historia que compartió con nosotros una madre de familia sobre uno de los recuerdos de infancia más marcados en su memoria: el día de verano, décadas atrás, en el que su madre preparó limonada y sándwiches de mantequilla de maní, y llevó a sus dos hijos al jardín trasero para disfrutar de un picnic espontáneo.

La mujer aún recuerda lo que fue sentarse en el suelo y sentir el césped que picaba debajo de una colcha, comer su sándwich, y disfrutar de la fresca sombra de un gran árbol en un día caluroso.

Esa madre tenía la cualidad de hacer de lo simple algo extraordinario. Creemos que de eso se trata establecer rutinas y tradiciones: poder formar recuerdos maravillosos y celebrar sin perderse en la celebración.

Resumen

¿Qué aprendió en este capítulo? Si tiene una mejor comprensión de lo que son las rutinas y las tradiciones y de cómo iniciarlas en su familia, es buen comienzo. Si sabe que enseñar y modelar destrezas sociales es un elemento clave para lograr que sus hijos sigan las rutinas y tradiciones de su familia, entonces está un paso más cerca de poder crear momentos divertidos y memorables para sus hijos y usted mismo. Si aprendió que sus hijos deben participar en la planificación, creación, cambio y mantenimiento de las rutinas y tradiciones, entonces usted ha aprendido lo suficiente como para comenzar algunas rutinas y tradiciones familiares hechas a medida de su familia.

Asegúrese de retirar todos los obstáculos que le pueden impedir alcanzar sus metas. Estos pueden incluir expectativas poco realistas, una actitud pesimista, la dejadez y la mala planificación. Y asegúrese de leer otros capítulos de este libro para conocer métodos y estrategias que puedan ayudar a su familia a aprovechar al máximo las rutinas y tradiciones que se convierten en parte de la vida de su familia.

REVISIÓN DEL CAPÍTULO

¿Qué es una rutina familiar?

Una rutina es una costumbre, un hábito, un programa de actividades o una práctica de una familia.

¿Cómo ayuda a la familia tener una rutina?

Las rutinas establecen expectativas, horarios, normas y formas específicas de hacer las cosas con anticipación, como parte de una rutina diaria o semanal. Los padres pasan menos tiempo recordándoles a los niños lo que se supone que deben hacer o no hacer.

¿Qué deben hacer los padres para crear una rutina familiar?

1. Asegurarse de que los niños tienen las destrezas sociales adecuadas para llevar a cabo la rutina.

2. Usar la disciplina apropiada para abordar el comportamiento positivo y negativo de los niños.

3. Fije expectativas razonables.

4. Usar cuadros y contratos para motivar a los niños y supervisar su progreso.

5. Reconocer, alentar y recompensar la cooperación y los logros.

6. Usar una variedad de factores de motivación para animar a los niños a mejorar su conducta.

7. Repase las rutinas durante las Reuniones Familiares.

¿Qué es una tradición familiar?

Una tradición es una regla, una rutina, una celebración o un hábito que hace a una familia especial. Las tradiciones son una parte importante de la vida familiar que ayudan a definir las familias y darles identidades únicas.

¿Por qué son importantes las rutinas y las tradiciones?

Porque ayudan a enseñarles a los niños cómo encajan en una familia, definen los valores familiares y demuestran que cuando una familia se une, todos se benefician.

☆ PLAN DE ACCIÓN

1. Dedique unos minutos a responder las siguientes preguntas:

   • ¿Qué es lo más importante que ha aprendido en este capítulo?

   • ¿Qué va a hacer de manera diferente como resultado de lo que ha aprendido?

2. Piense en las mañanas, las horas de la comida y la hora de dormir de su familia los días de semana. ¿Las cosas suelen ir bastante bien a estas horas o hay mucha confusión, quejidos, regaños o incluso peleas? Si estas horas son muy desorganizadas en su hogar, haga una lista de las rutinas que usted cree que podrían ayudar a la situación. Empiece a introducir estas rutinas a sus hijos. Podrían analizarlas en una Reunión Familiar, pedir la opinión de su hijo mayor y compartir con sus hijos cuáles

serán las consecuencias cuando las rutinas no se sigan. Asegúrese de explicarles a sus hijos cómo las rutinas establecidas los beneficiarán directamente.

En su próxima Reunión Familiar, programe una charla sobre las tradiciones de su familia. Pregúnteles a sus hijos cuáles tradiciones son las más significativas o especiales para ellos. Podría invitar a los abuelos a la reunión para hablar de sus recuerdos infantiles de ocasiones especiales. O bien, podría pedir ideas sobre una nueva tradición que su familia estaría interesada en comenzar.

PyR
PARA LOS PADRES

P **¿Qué debo hacer si mis hijos ignoran por completo las rutinas que estoy tratando de establecer en nuestra casa?**

R Lo primero que debe hacer es evaluar por qué ocurre esto. Si sus hijos tienen las destrezas necesarias para cumplir con los requisitos de rutinas familiares pero simplemente están siendo rebeldes, entonces usted debe usar la Instrucción Correctiva para abordar el problema de conducta. Si sus hijos están ignorando una rutina familiar porque entra en conflicto con otras actividades importantes, o el estilo de vida de su familia no permite que sus hijos cumplan con la rutina familiar, entonces usted tendrá que adaptar y estructurar la rutina para que se adapte mejor a las actividades cotidianas de su familia.

P **¿Qué se debe hacer cuando los padres no están de acuerdo con una rutina familiar?**

R Antes de que usted comience a hablar con sus hijos acerca de alguna rutina familiar, tiene que sentarse, dar los detalles, y llegar a un acuerdo. Nunca conseguirá que sus hijos sigan una rutina si existen dudas sobre lo que hay que hacer. Cuando se trata de dos familias diferentes, es importante que ambos padres sean flexibles y se den cuenta de que habrá dos conjuntos de rutinas. Con suerte, las rutinas serán lo más parecidas posible. Si los padres en diferentes hogares no pueden llegar a un acuerdo sobre las rutinas, entonces es importante "acordar estar en desacuerdo". Esto significa que aunque las rutinas sean diferentes, todavía habrá un compromiso de enseñarles rutinas a los hijos.

288

¿Realmente necesito una rutina si las cosas están funcionando sin problemas en mi casa?

No será el fin del mundo si usted no tiene una rutina, pero nunca está de más tratar de mejorar las cosas. Creemos que usted considerará que la presentación de una rutina en un hogar que ya funciona bien beneficiará aún más a su familia. Además, una rutina es importante porque ayuda a aclarar algunas de las enseñanzas, los valores, las tradiciones y las prácticas religiosas y culturales que le gustaría que sus hijos trasladen a sus propias familias algún día.

Uno de mis hijos tiene necesidades especiales. ¿Cómo puedo asegurarme de que él sienta que puede contribuir a la rutina de la familia?

Siempre hay una manera de ajustar una rutina para asegurarse de que todos en la familia puedan contribuir de manera única. Obtenga la contribución de su hijo sobre lo que cree que puede hacer para aportar y que lo haga sentir bien. Además, solicíteles ideas a los otros miembros de la familia sobre cómo hacer que todos participen. Usted se sorprenderá gratamente con algunas de las sugerencias e ideas creativas que surgirán.

Mis hijos adolescentes piensan que seguir las tradiciones navideñas de nuestra familia que han sido transmitidas de generación en generación es anticuado y cursi. ¿Cómo puedo convencerlos de que estas tradiciones son importantes para nuestra familia y necesitan continuar?

Posiblemente la mejor manera de preservar estas tradiciones y hacerlas más interesantes sea explicarles primero a sus hijos adolescentes cómo comenzaron las tradiciones y por qué son parte de la identidad de su familia. Si sus hijos adolescentes saben más acerca de las personas que crearon las tradiciones, y sus razones para hacerlo, podrían estar más dispuestos a participar y disfrutar de las tradiciones. Entonces, trabajen juntos como familia para crear nuevas (y adecuadas) tradiciones, y deje que sus hijos adolescentes se hagan cargo. Si se hacen cargo de nuevas formas de celebrar y ven que se convierten en parte de su familia, podrán entender mejor por qué las antiguas tradiciones son importantes.

CAPÍTULO 16
Realizar un Plan de Crianza

⟶

uando una familia decide tomarse vacaciones, la madre, el padre y los hijos no sólo se suben al coche, toman la ruta, esperan poder averiguar adónde van, encuentran un lugar para quedarse, y encuentran cosas divertidas para hacer cuando llegan allí. Antes de empacar la primera bolsa, los miembros de la familia se sientan a planificar el viaje y averiguar todos los detalles así tienen pocos problemas y un montón de tiempo para disfrutar.

La crianza debería funcionar de la misma manera. El desarrollo de un plan de crianza es como tener una hoja de ruta que puede seguir al tiempo que evalúa sus propias fortalezas y debilidades, las fortalezas y debilidades de sus hijos, y la mejor manera de enseñar y cuidar de ellos. Es una manera de que usted pueda ver cómo todas sus destrezas como padre pueden funcionar en conjunto para resolver los conflictos entre padres e hijos y para construir relaciones positivas. Un plan también le permite desarrollar una estrategia positiva paso a paso para prevenir y abordar diversos problemas de comportamiento en diferentes situaciones.

Cuando los padres deciden abordar cosas como el ejemplo de la buena conducta y el uso de la disciplina apropiada con un enfoque coherente, la vida familiar puede ser más tranquila y las relaciones entre padres e hijos puede desarrollarse.

¿Qué es un Plan de Crianza?

Un plan de crianza es un acuerdo entre cónyuges o entre los cuidadores principales en un hogar para usar herramientas de crianza apropiadas y efectivas de manera consistente con los hijos. Esto significa aprender y ser bueno en el uso de las destrezas de La Crianza Práctica de los Hijos® que se detallan en este libro, y la aplicación de las "tres C" de la crianza en la mayoría de las ocasiones con hijos.

Las tres C son **coraje, compromiso, y consistencia**. A fin de obtener el máximo provecho de las destrezas de la crianza que está aprendiendo en este libro, debe tener el coraje de usarlas. Cuando los familiares y amigos cuestionen su enfoque positivo, o sus hijos se resistan e intenten "culparlo" y sacarlo de su nueva zona de confianza, necesitará coraje para seguir adelante y usar lo que ha aprendido. Por supuesto, los padres deben sentirse seguros al comprometerse con un enfoque de crianza de los hijos que se base en décadas de experiencia, formación e investigación con hijos y familias de todo el mundo. Pero, es su total compromiso con el uso de sus destrezas de crianza en la vida cotidiana el que hace la diferencia al momento de tener éxito en la crianza. Y una vez que se comprometa con un enfoque de crianza positivo y tenga el coraje de utilizarlo (independientemente de lo que puedan pensar los demás), verá que usted es más consistente en cómo, cuándo y qué les enseña a sus hijos.

En un primer momento, lo mejor es que los padres anoten los principales componentes de su plan de modo que tengan algo de referencia al momento de empezar a usarlo. El éxito de todo componente depende de lo bien que los padres le apliquen sus destrezas y herramientas. Los componentes pueden y deben incluir:

- Cómo dar forma a las conductas problemáticas para que los hijos comiencen a aprender nuevas conductas más apropiadas.

- Cómo mantener la calma en situaciones de estrés o tensión.

- Cómo dar el ejemplo de los comportamientos positivos que los padres quieren que sus hijos aprendan.

- Cómo abordar los problemas de conducta o de crianza de los hijos, cómo determinar su causa o raíz, y cómo averiguar la mejor manera de resolverlos.

- Cómo aceptar que todo el mundo en una familia tiene su propia personalidad, y que las diferencias entre padres e hijos no deben obstaculizar la vida familiar.

Un plan de crianza también establece directrices claras que garantizan que ambos padres (u otros cuidadores) vayan en una misma dirección en el uso de consecuencias (tanto positivas como negativas) y que cada padre respalde las decisiones del otro en cuanto a disciplina, reglas y tolerancia.

Mientras que un plan de crianza ofrece un "plano" para saber qué hacer en situaciones específicas, también debería ser lo suficientemente flexible para satisfacer las necesidades cambiantes de los padres y los hijos. Hay muchos factores que pueden cumplir una función en el comportamiento de los hijos y la forma en que los padres responden. Los padres que son demasiado rígidos en su estilo de crianza a veces no tienen en cuenta las circunstancias que podrían explicar por qué un hijo se comporta de cierta manera o por qué se debería modificar una consecuencia para adaptarla a una situación o comportamiento particular. Los cambios también ocurren conforme los hijos crecen y maduran. La forma en que los padres disciplinan a sus hijos y los elogian por su buen comportamiento cuando son niños pequeños y en la escuela primaria cambiará un poco cuando lleguen a la escuela secundaria. La coherencia y la estructura son las claves para una buena crianza de los hijos, pero la flexibilidad es lo que les permite a los padres modificar sus destrezas para adaptarse mejor a cada situación o problema.

Elaborar su Plan

La más fácil y mejor forma de crear un plan de crianza es construirlo en torno a una conducta de su hijo a la vez. Si bien los planes de crianza se pueden utilizar para abordar los comportamientos positivos y negativos, la mayoría de los padres desarrolla un plan porque tienen problemas para lidiar con un problema de conducta que quieren detener o reemplazarlo por un comportamiento positivo. Al abordar un comportamiento a la vez, usted puede mantener su plan simple y enfocado. Si ésta es la primera vez que está tratando de desarrollar un plan de crianza, si se mueve lentamente y mantiene la concentración en un problema de comportamiento sencillo podrá tener una idea de lo que funciona bien y lo que no. Entonces usted puede utilizar sus primeros planes de crianza como modelos cuando intente cambiar los problemas más graves de comportamiento de sus hijos.

Identifique el Problema

El primer paso en la creación de su plan es identificar el problema que se quiere abordar. Piense en un comportamiento que le gustaría cambiar; uno que su hijo tenga con frecuencia o uno que sea grave o peligroso. Por ejemplo, podría ser que su hijo constantemente discuta y se queje cuando le dice que no puede hacer o tener algo. O bien, su hija podría tener problemas para hacer amigos en la escuela. El primer paso para un plan de crianza bueno y eficaz es identificar la conducta problemática y describirla.

Identifique el Comportamiento Alternativo Apropiado

A continuación, decida qué comportamiento alternativo su hijo necesitaría aprender a fin de cambiar la conducta problemática. Por ejemplo, si su hijo discute y se queja cuando le dice *"No"*, la conducta alternativa sería hacer que lo mire, escuchar con calma, decir *"Está bien"* sin discutir, y, si realmente no está de acuerdo, hablar con usted más tarde. Cuando pone todos estos comportamientos positivos juntos, conforman la destreza social de "Aceptar un 'No' por respuesta".

Uso de Consecuencias

A continuación, considere una variedad de consecuencias que podrían motivar a que sus hijos colaboren más. Tenga en cuenta que las consecuencias deben ser razonables en tamaño, importantes para su hijo, ocurrir inmediatamente después de la conducta, y depender de la conducta de su hijo y no de sus emociones, sentimientos ni percepciones. Recuerde, cuando usted tenga que aplicar una gran consecuencia negativa en respuesta a comportamientos graves o frecuentes, asegúrese también de proporcionarle a su hijo una corrección positiva (la oportunidad de ganar de nuevo algunos de los privilegios que se quitan) para motivar un mejor comportamiento.

Evitar los Problemas

Otro paso para añadir a su plan de crianza es el uso de la Instrucción Preventiva para ayudar a su hijo a evitar problemas de comportamiento en el futuro. Su hijo podría necesitar aprender más de un comportamiento o destreza para abordar un problema tan complejo como el robo, la deshonestidad o la intimidación. Por lo tanto, es importante que su hijo practique una nueva destreza varias veces antes de utilizarla en una situación de la vida real. Además, enseñe una destreza a la vez. Los hijos se sobrecargan y tienen dificultades de aprendizaje cuando se les presentan demasiadas destrezas en su camino de una vez o en un corto período de tiempo. Por último, presente cada nueva destreza durante tiempos neutros.

Fomentar el Buen Comportamiento

Realice un seguimiento y, con el tiempo, reemplace las consecuencias positivas tangibles con el estímulo y los elogios. Utilice Elogios Eficaces para alentar las mejoras positivas de su hijo, los intentos por mejorar, y las cosas que su hijo ya hace bien. Los Elogios Eficaces le permiten a su hijo saber lo que usted quiere que él o ella continúe haciendo, cuáles son los comportamientos que cuentan con su aprobación, y sus expectativas para el comportamiento futuro. También puede utilizar una recompensa de vez en cuando para reforzar la conducta excepcional.

Corregir el Comportamiento Problemático

Espere que su hijo tenga problemas de vez en cuando y mantenga las conductas positivas o destrezas que le ha enseñado y practicado con él o ella. Cuando esto ocurra, deténgase y aborde el problema mediante el uso de la Instrucción Correctiva. Asegúrese de enseñarle apenas note el problema para que su hijo no se sienta tentado de probar sus límites, posiblemente empeorando las cosas.

Mantener la Calma

Los hijos no siempre aceptan la corrección de sus padres con facilidad. De hecho, su hijo podría estar muy enojado y las cosas podrían empeorar antes de mejorar. Ese es el momento de pasar a la Enseñanza del Dominio Propio. Esto le ayudará a usted y a su hijo a calmarse y finalmente poder volver a la enseñanza. Esto es especialmente cierto cuando los dos tienen un plan para mantener la calma.

Además de estas medidas específicas, un plan de crianza también puede ayudarlo a:

- Planificar cómo va a utilizar sistemáticamente la **Instrucción Preventiva** para ayudar a que su hijo aprenda destrezas sociales y comportamientos de reemplazo apropiados. Practique con su hijo para que él o ella se sienta cómodo usando las destrezas en diversas situaciones.

- Planificar cómo va a utilizar sistemáticamente los **Elogios Eficaces** para alentar los intentos y las mejoras de su hijo en lo relativo al uso de conductas positivas que se esperan.

- Planificar cómo va a utilizar sistemáticamente la **Instrucción Correctiva** para abordar la mala conducta de su hijo.

- Prepararse para los momentos en que su hijo podría perder el control de sus emociones y negarse a utilizar las destrezas que le ha enseñado. Este es el momento en el que usted utilizaría la destreza de crianza de la Enseñanza del Dominio Propio. Asegúrese de haberle proporcionado a su hijo un montón de oportunidades para practicar cómo calmarse y de tener un plan para mantener la calma durante estas situaciones de estrés.

¿Por Qué es Necesario un Plan de Crianza?

Tener un plan de crianza le dará confianza y le ofrecerá el respaldo adecuado que necesita para reforzar su estilo de crianza. Esto no significa que usted tendrá una respuesta para todos los problemas a los que se tendrá que enfrentar. Lo que le brinda un buen plan de crianza es un fundamento básico para la creación y el uso de herramientas de enseñanza que mejor se adapten a las necesidades y las rutinas de su familia.

Tener un plan también le da un punto de partida para abordar la crianza de sus hijos y medir su progreso. Usted puede "ajustar" su plan y su enfoque a medida que sus hijos mejoran en sus comportamientos, y a medida que crecen y sus necesidades se vuelven más complejas. En ciertos momentos, usted se dará cuenta de que necesita utilizar algunas destrezas con más frecuencia que otras con un hijo en particular. O bien, es posible que usted utilice sistemáticamente algunas destrezas, incluso cuando las situaciones cambian.

Los planes de crianza de los hijos pueden beneficiar cualquier situación familiar. Pero en familias con ambos padres o familias en las que hay múltiples cuidadores, el hecho de tener un plan coherente ofrece a los padres una manera de ponerse de acuerdo sobre la forma de abordar diversas situaciones con herramientas básicas similares, a pesar de que sus formas de hablar sean ligeramente diferentes. Esto puede reducir la capacidad del hijo de manipular a uno u otro padre, lo que representa la mitad de la batalla.

¿Cómo Funciona un Plan de Crianza?

He aquí un ejemplo de cómo podría funcionar un plan de crianza.

Situación: Su hijo le miente con frecuencia.

1. El problema de conducta es la deshonestidad.

2. Se le enseñará a su hijo la destreza de "Ser Honesto" y los comportamientos de esa destreza. Las medidas podrían incluir: 1) informarle con exactitud todos los hechos; 2) no omitir ni añadir información; 3) ofrecer la verdad sin que se lo pidan; y 4) estar dispuesto a aceptar con calma la responsabilidad de su comportamiento.

3. Con la Instrucción Preventiva, usted puede hacer que su hijo practique esta destreza tres veces al día antes de que pueda utilizar privilegios tales como ver la televisión, hablar o enviar mensajes de texto en el teléfono, usar la computadora, y/o jugar con amigos. Usted podría decir algo como: *"Teo, quiero que aprendas a ser honesto. Esto significa que debes brindar todos los hechos, no omitir ni añadir*

ninguna información, ofrecer la verdad sin que te lo pidan, y con calma asumir la responsabilidad de lo que has hecho. Cuando seas honesto, la gente estará más dispuesta a confiar en usted. Vamos a practicar esta destreza ahora. ¿Qué me dirías si te preguntase si has terminado de hacer su tarea?

4. Usted utilizará los Elogios Eficaces cuando su hijo sea honesto, haga mejoras, y trate de usar los pasos para ser honesto. Usted puede decir algo como: *"¡Gracias Teo! ¡Dijiste la verdad sin que te lo pidiera! Cuando eres honesto, estoy más dispuesto a confiar en ti. Debido a que me dijiste la verdad, te has ganado tiempo extra para ver televisión esta noche después de la cena".*

5. Cada vez que su hijo sea deshonesto, usted utilizará la Instrucción Correctiva para enseñarle los pasos para ser honesto. Usted puede decir algo como: *"Teo, me dijiste que has hecho tu tarea, pero sé por el comunicado de tu maestro que no es cierto. Por ser deshonesto, has perdido el privilegio de usar tu bicicleta esta noche. En el futuro, quiero que digas toda la verdad sin que te lo pida; luego, acepta con calma la responsabilidad de tu comportamiento. Al hacer esto, estaré más dispuesto a creerte en el futuro. Vamos a practicar ser honestos en este momento. Voy a preguntarte a qué hora te has ido a la cama anoche. Piensa en ello, luego me dices".*

6. Si su hijo se enoja y pierde el control después de obtener una consecuencia negativa por no ser honesto, usted usará la Enseñanza del Dominio Propio y pondrá en vigor su propio Plan para Mantener la Calma. Usted puede decir algo como: *"Parece que estás muy molesto para lidiar con esto en este momento. Respira*

profundamente y tómate un momento para calmarte. Te vendré a ver en unos minutos. (Una vez que su hijo está tranquilo, compruebe si está dispuesto a cooperar. Luego, pase a la Fase de Instrucción). *La próxima vez que estés molesto, recuerda respirar profundamente y pedir tiempo para calmarte. Intentémoslo ahora. Muéstrame lo que harías y dirías.* (Su hijo practica correctamente cómo mantener la calma). *¡Bien! Haz respirado profundamente y me has pedido con calma estar un momento en tu habitación. Ya que no conservaste la calma antes, has perdido el privilegio de jugar juegos de video esta noche".*

Cuándo Utilizar un Plan de Crianza

Puede utilizar un plan de crianza con sus hijos para abordar la mayoría de las situaciones, tanto positivas como negativas. Es útil en cualquier momento si desea planificar cómo:

- Usar palabras claras y específicas para describir el mal comportamiento de su hijo.

- Dedicar más tiempo a alentar y brindar elogios a sus hijos por su comportamiento positivo en lugar de centrarse sólo en su comportamiento inapropiado.

- Desarrollar un estilo de crianza que sea más preventivo que reactivo.

- Manejar mejor una crisis o situación compleja (una muerte en la familia, planes para trasladar a su familia a otra ciudad, etc.).

- Tratar mejor las situaciones crónicas de estrés, como las rabietas de su hijo o las burlas continuas entre los hermanos.

- Prevenir los problemas que implican rutinas familiares (tareas cotidianas, prácticas religiosas), las cuestiones de grupos (hostigamiento, presión de grupo), eventos familiares especiales (celebraciones, fiestas, vacaciones), o privilegios (uso de la computadora, teléfono).

Los padres por lo general no tienen que recurrir a su plan cuando quieran prevenir, disminuir y/o detener los problemas de conducta de menor importancia que se pueden tratar mediante el uso de la redirección (dirigir la atención de los hijos fuera de su mal comportamiento hacia algo positivo). En situaciones de riesgo de vida (depresión, ideas suicidas, abuso de drogas y alcohol, trastorno crónico de conducta, etc.), se suele requerir la intervención profesional en lugar del plan de crianza. Comience por hablar con el médico de su hijo o un consejero escolar. Muchos centros comunitarios locales, agencias de cuidado infantil y hospitales cuentan con profesionales certificados dentro de su personal. No tenga miedo de hacer una consulta para poder encontrar la mejor y más adecuada ayuda para su hijo. El problema de su hijo puede ser lo suficientemente grave como para que se comunique con un psicólogo o psiquiatra. Recuerde, todas estas personas están disponibles para ayudarlo cuando no pueda resolver un problema por su cuenta. (Si su hijo es una amenaza para sí mismo o está perjudicando a otros, solicite ayuda inmediatamente). Si necesita ayuda en una crisis de crianza o necesita derivaciones a servicios profesionales en su área, llame a la línea directa de Boys Town Nacional® en cualquier momento al **1-800-448-3000**.

Resumen

Un plan de crianza es un ingrediente importante para criar hijos felices y saludables de manera exitosa. Ayuda a crear un ambiente familiar positivo, lleno de tolerancia, respaldo y amor. Cuando los padres saben adónde se dirigen, hace que el viaje de la crianza de los hijos sea más tranquilo y menos estresante.

RESUMEN DEL CAPÍTULO

¿Qué es un Plan de Crianza?

Es un acuerdo entre los cónyuges o los principales responsables del cuidado de los hijos para utilizar herramientas de crianza adecuadas y eficaces de manera consistente.

¿Por qué es importante tener un plan de crianza?

Un buen plan de crianza le da un fundamento básico a la creación y al uso de herramientas de enseñanza que mejor se adaptan a las necesidades y rutinas de su familia.

¿Cuáles son los pasos para crear un plan?

1. Identificar el problema.

2. Identificar la conducta alternativa apropiada.

3. Usar consecuencias.

4. Planificar cómo evitar el problema.

5. Planear cómo motivar el buen comportamiento.

6. Planificar cómo corregir el comportamiento problemático.

7. Planificar cómo mantener la calma (cuando sea necesario).

PLAN DE ACCIÓN

1. Tómese su tiempo para responder a las siguientes preguntas:

   • ¿Qué es lo más importante que aprendió en este capítulo?

   • ¿Qué planea cambiar como resultado de lo que ha aprendido?

2. Comience de inmediato escribiendo un plan de crianza para una de las conductas problemáticas de su hijo. Seleccione el comportamiento y escriba lo que va a hacer por cada uno de los siete pasos. Según sea necesario, vuelva atrás y revise los capítulos sobre los Elogios Eficaces, las consecuencias, la Instrucción Preventiva, la Instrucción Correctiva, y mantener la calma. Si las cosas no funcionan tan bien como esperaba al implementar su plan, haga los ajustes necesarios. Recuerde, el comportamiento no cambia de un día para el otro, así que asegúrese de darle tiempo a su plan para que funcione. Valore las mejoras en el comportamiento incluso si el problema no desaparece completamente.

PₐR

PARA LOS PADRES

P **Como padre de familia, a menudo me siento abrumado. ¿Puede un plan de crianza ayudarme con nuestra rutina familiar?**

R Sí. Un plan de crianza puede proporcionarle una manera para que paso a paso pueda establecer, mantener y dar seguimiento a una rutina familiar, mientras que le da flexibilidad para hacer cambios a lo largo del plan.

P **Mis padres no utilizaron un plan de crianza. ¿Por qué necesito uno?**

R Un plan de crianza es de gran ayuda cuando se trata de proporcionar a padres e hijos una manera coherente de abordar la disciplina. Hoy en día, las familias están más ocupadas que nunca, y es difícil mantener todo en orden en el hogar. Un plan de crianza es una herramienta de organización para usted y su familia que puede ayudar a que su vida sea menos complicada.

P **¿Qué pasa si uno de los padres o el cuidador no quiere utilizar un plan de crianza? ¿Debería renunciar a ello o tratar de usarlo de todos modos?**

R Renunciar nunca es una buena opción cuando lleva a cabo un buen enfoque para padres, a menos que eso signifique renunciar a una estrategia o hábito de crianza malo. Adelante, utilice el plan por su cuenta. Con suerte, el otro padre verá lo bien que los hijos responden a usted. Por lo menos, se sentirá bien acerca de la forma en que ha elegido disciplinar a sus hijos.

P R ¿Y si probamos utilizando un plan de crianza y el comportamiento de nuestros hijos aún no mejora?

Dele tiempo y tenga paciencia. Se necesita tiempo para que su hijo desarrolle problemas de conducta, y se necesita tiempo para cambiar y aprender conductas alternativas positivas. Con algunos problemas, es posible que necesite ayuda profesional. No tenga miedo de llamar a un consejero de la escuela, pastor, terapeuta, psicólogo o médico que pueda guiarlo en la toma de las mejores decisiones para sus hijos y familiares.

P R Soy madre/padre soltera/o. ¿Debería discutir mi plan con mis hijos?

Eso depende de usted. Puede que lo mejor sea compartir su plan con sus hijos una vez que haya cumplido algunos de los puntos básicos. Permita que sus hijos sepan que las cosas van a cambiar y por qué están cambiando. Compartir el funcionamiento del plan puede ayudar a sus hijos a aceptar el cambio en su enfoque de crianza con menos resistencia.

Temas Especiales

Una parte importante de la paternidad implica preparar a los hijos para lo que enfrenten fuera del ambiente familiar y del hogar. Con demasiada frecuencia, los hijos fracasan porque no se les enseña qué hacer en situaciones de estrés o potencialmente peligrosas "afuera". Como padre de familia, uno no siempre puede estar cerca de su hijo cuando este debe tomar una decisión, resolver un problema, o utilizar una destreza en particular.

Dos de las muchas situaciones en las que los hijos deben saber cómo actuar por su cuenta para tener éxito y evitar problemas ocurren en la escuela y al manejar la presión de grupo. Los hijos nos dicen que se alegran cuando sus padres les proporcionan una guía para hacer frente a los problemas de la vida real. Es por eso que usted debe saber lo que está pasando en el mundo de sus hijos, brindarles atención y asesoramiento, y estar dispuesto a ayudarlos a resolver los problemas a los que se enfrenten. Pero incluso eso no es suficiente. También debe ser comprensivo, en lugar de crítico e indiferente. Los hijos tienen que saber que sus padres están de su lado, y que realmente se preocupan por prepararlos y ayudarles a tomar buenas decisiones.

Qué tan bien ayuda a sus hijos a que les vaya bien en la escuela, manejen la presión de grupo, y enfrenten otros problemas dependerá en gran medida de su capacidad para utilizar todas las destrezas de crianza de las que hemos hablado hasta ahora en este libro. Utilizará muchas de las mismas destrezas al abordar estas áreas. Pero independientemente de la situación, las respuestas de crianza que recomendamos están incluidas en la sigla **AEIO** que tratamos en el Capítulo 1. **AEIO se refiere a Alentar, Enseñar, Instruir, Observar.** Como padre, usted siempre debe proporcionar expectativas claras y disciplina positiva para ayudar a sus hijos a aprender a controlar sus impulsos y emociones, sopesar sus opciones y considerar las posibles consecuencias de sus acciones.

Antes de discutir las áreas específicas de éxito escolar y presión de grupo, a continuación se detallan 10 efectivas herramientas de crianza que todos los padres pueden y deben utilizar para respaldar a sus hijos y mejorar su capacidad de tomar buenas decisiones por su cuenta. (La mayoría de estas herramientas se mencionarán a lo largo de los próximos dos capítulos).

1. **Dígales** a sus hijos lo que espera de ellos en situaciones específicas, así como qué tipo de respaldo les va a proporcionar.

2. **Hable** con sus hijos (sin sermonear) sobre lo que ellos experimentarán o han experimentado sin ser crítico ni excesivamente emocional.

3. **Escuche** las ideas y preocupaciones de sus hijos, sin importar si usted siente que están bien o mal. Escuchar no significa que usted esté de acuerdo, pero sí demuestra que usted está preocupado y dispuesto a escuchar lo que sus hijos piensan y sienten.

4. **Dé el ejemplo** de los comportamientos positivos que desea que tengan sus hijos. No sería realista decirle a su hijo: "Haz lo que digo, no lo que hago".

Los padres deben dar un buen ejemplo para mostrarles a sus hijos cómo se pueden cumplir las expectativas en la vida cotidiana.

5. **Solicite** ayuda a los profesionales cuando lo necesite. Los padres a menudo tienen demasiado miedo, vergüenza, o se sienten abrumados por la conducta de sus hijos para pedir ayuda. No se espera que los padres tengan todas las respuestas, pero se espera que ayuden a sus hijos a encontrarlas.

6. **Motive** a sus hijos para que desarrollen una base sólida para la vida al enseñarles destrezas para el fortalecimiento de su carácter. Cuando sus hijos puedan hacerse cargo de sí mismos en función de sus propios valores personales y el contenido de su carácter, serán menos susceptibles a la presión de los demás.

7. **Esté a mano** para ofrecer asistencia, orientación y estímulo. Los padres que conocen a sus hijos y están disponibles para ellos son mejores en la crianza de los hijos en situaciones tanto rutinarias como difíciles.

8. **Haga** que sus hijos se responsabilicen de su comportamiento. No ponga excusas ni trate de deshacer lo que sus hijos hicieron mal, pero esté con ellos para guiarlos en la dirección correcta sin hacerse cargo.

9. **Recuérdeles** a sus hijos que deben pensar antes de actuar. Ocasionalmente se puede usar un "mini-recordatorio" para apuntar lo que les ha enseñado a sus hijos antes de que enfrenten problemas. No los regañe, pero cuando corresponda, hágales saber a sus hijos que está consciente de sus esfuerzo y que está cerca para ayudar.

10. **Realice un seguimiento** del progreso o las inquietudes de sus hijos. Los padres deben seguir participando en la vida diaria de sus hijos a fin de saber cómo ayudarlos. Siempre que sea posible, proporcione claras instrucciones escritas y verbales sobre las reglas que establezca, las consecuencias por romperlas, y las recompensas por cumplirlas.

Los Adolescentes y las Relaciones Sanas

Las relaciones sanas son aquellas que involucran el cuidado mutuo y la consideración. Ellas hacen felices a los participantes. Ellas fortalecen la confianza y los sentimientos de autoestima. Ellas hacen que nadie en la relación se sienta usado, sienta que se lo toma por sentado, o se sienta inseguro.

En una relación no hay lugar para el abuso físico o emocional. Si alguien golpea o agrede verbalmente a su amigo una vez, lo más probable es que siga ocurriendo. Su hijo se merece algo mejor que esto y debe evitar relaciones dañinas o peligrosas que involucren el abuso físico o emocional.

Para proteger y preparar a su hijo, comparta los siguientes consejos sobre cómo desarrollar una relación positiva y ayudar a que crezca de forma saludable:

- **Tómate tu tiempo:** Conoce a la otra persona lentamente. No te apresures ni permitas que la otra persona te apresure.

- **Asegúrate de que la relación implique dar y recibir:** Crea un sano equilibrio en función de los intereses, los gustos y las expectativas entre tú y la otra persona.

- **No pases mucho tiempo preocupándote por la relación:** Es sólo una parte de tu vida; tú tienes otras responsabilidades.

- **Date cuenta de que las relaciones cambian constantemente:** La gente cambia. Las relaciones necesitan adaptarse a estos cambios.

- **Ten en cuenta las relaciones pasadas que fueron positivas:** Forma nuevas relaciones en base a las relaciones positivas pasadas. Considera las relaciones que no funcionaron e identifica por qué no lo hicieron para evitar que se repitan los mismos errores.

- **Escribe por qué ciertas personas hacen buenos amigos:** Busca las mismas cualidades en las nuevas relaciones.

- **Anota las cosas que hacen las personas que no son aceptables: Evita a las personas que posean estas cualidades.**

Las relaciones felices y saludables requieren trabajo. Las personas involucradas deben entender que hay que dar y recibir, y que es posible que tengan que comprometerse a veces. Las personas en relaciones saludables quieren lo mejor para sus amigos. Quieren que sus amigos sean felices. Un verdadero amigo querrá a sus amigos por cómo son; ellos no esperan ni exigen que sus amigos cambien para complacerlos.

Todos tienen derecho a ser felices y estar seguros. Identifique cualidades positivas y saludables en las amistades y enséñeselas a sus hijos. Además, dé el ejemplo al utilizar estas cualidades en sus propias relaciones para que sus hijos entiendan cómo se ven y por qué son importantes.

Hemos creado un cuestionario sobre las relaciones para ayudar a que sus hijos entiendan cómo la gente que está presente en sus vidas interactúa con ellos. Lea o copie esto y hable con sus hijos sobre sus relaciones. Si usted sospecha que sus hijos están en una relación abusiva, llame o haga que su hijo llame a una línea de violencia doméstica o al número gratuito de Boys Town Línea Nacional® al **1-800-448-3000** para solicitar ayuda. Como siempre, si usted o alguien que usted ama está en peligro inmediato, siempre llame al 911 para pedir ayuda.

Cuestionario sobre las Relaciones entre Jóvenes

Las siguientes preguntas tienen el propósito de ayudarlo a entender cuándo una relación es saludable. Si su respuesta es "Sí" a alguna de las siguientes preguntas, usted puede estar en una relación que es mala para usted.

1. ¿Me siento alguna vez usado o tratado como un objeto?

2. ¿Paso demasiado tiempo pensando en la forma en que me tratan en esta relación?

3. ¿He perdido el interés por las cosas que me solían gustar? ¿Me siento aislado de mis viejos amigos?

4. ¿Me siento alguna vez intimidado o forzado a hacer algo que no quiero hacer?

5. ¿Me avergüenzan las cosas que mi amigo me hace o hace conmigo? ¿Mi amigo se burla de mí y me pone en ridículo delante de los demás?

6. ¿Me sentí alguna vez inseguro o tuve miedo de lo que mi amigo me podía hacer a mí?

7. ¿Alguna vez fui amenazado con palabras o fuerza física?

8. ¿Alguna vez mi amigo me forzó o trató de obligarme a hacer algo sexual bajo amena de terminar la relación?

9. ¿Alguna vez mi amigo se enojó y yo no entendí por qué? ¿Mi amigo se descarga conmigo o con otras personas?

10. ¿Mi amigo pone excusas para justificar lo que ha hecho? ¿Mi amigo no se da cuenta cuando me hace daño? ¿Me culpa por lo que pasa?

11. ¿Mi amigo dice que sus comportamientos violentos se deben a que está bajo los efectos del alcohol o las drogas?

12. ¿Alguna vez mi amigo me golpeó, abofeteó, empujó o ahogó?

Obtenga más información sobre este tema en *Dating! 10 Helpful Tips for a Successful Relationship*, por *Laura J. Buddenberg y Alesia K. Montgomery*, y *There Are No Simple Rules for Dating My Daughter!*, por Laura J. Buddenberg y Kathleen M. McGee. Ambos libros están disponibles en Boys Town Press® (Boystownpress.org).

Capítulo 17

Ayudando a los Niños a Tener Éxito en la Escuela

"¡Odio la escuela! ¡Nunca voy a volver!"
"Simplemente no entiendo estas cosas. ¡Es demasiado duro!"
"Nadie me quiere. Siempre se burlan de mí".

¿Su hijo tiene dificultades para hacer la tarea, obedecer a los maestros, cumplir las reglas, o llevarse bien con los compañeros de clase? Cualquiera de estos problemas relacionados con la escuela puede expandirse y crear un montón de problemas en casa.

Para algunos niños o adolescentes, los problemas en la escuela están directamente relacionados con deficiencias académicas. Estos niños o adolescentes pueden tener dificultades para leer o comprender lo que han leído, recordar información para las pruebas, o escribir artículos. Ellos pueden necesitar una evaluación e intervención académica estratégica. En estas situaciones, los padres siempre deben hablar acerca de sus preocupaciones con el consejero de la escuela, el psicólogo, el director y el maestro de su hijo. Este "equipo" puede idear un plan para ayudar a que su hijo mejore en las áreas en las que tiene dificultades.

A menudo, sin embargo, los problemas que los hijos experimentan en la escuela poco tienen que ver con su capacidad académica; es posible que en su lugar estén relacionados con el comportamiento de su hijo y con su incapacidad para utilizar con éxito ciertas destrezas sociales. Por ejemplo, muchos niños o adolescentes con bajo rendimiento escolar a menudo no saben cómo utilizar la destreza social básica de "Seguir Instrucciones". En pocas palabras, no pueden o no siguen las instrucciones para completar la tarea, prepararse y estudiar para los exámenes, asistir regularmente a clase y realizar otras tareas esenciales para el éxito académico. Estos niños o adolescentes también pueden ser conflictivos al pedir ayuda o al recibir críticas de un maestro, o pueden apartarse de la tarea o soñar despiertos en clase, cuando deberían estar prestando atención a la información que les ayudará a que les vaya bien.

En general, algunos de los estudiantes más exitosos son aquellos que siguen las instrucciones y se comportan bien en clase. Ellos han aprendido de sus padres, maestros y otros adultos qué tipo de comportamiento se espera que tengan en la escuela y han dominado las destrezas sociales básicas necesarias para triunfar allí. Los niños o adolescentes que pueden utilizar las destrezas sociales positivas tienen una mayor oportunidad de triunfar en clase.

Otra razón por la que los hijos se topan con dificultades en la escuela es la falta de participación de los padres. Cuando los padres no toman un papel activo en la experiencia educativa de su hijo, ellos le transmiten que la escuela no es importante. Si los padres no ven la escuela como un elemento importante y esencial del crecimiento y desarrollo de sus hijos, ¿cómo pueden esperar que su hijo lo vea de esa manera?

Lo que Pueden Hacer los Padres

Hay varias cosas que los padres pueden hacer en casa y junto a la escuela para ayudar a mejorar el rendimiento académico de sus hijos y su comportamiento en clase, y a tratar los problemas que surjan en la escuela. El resto de este capítulo hablará sobre algunas áreas que hemos identificado como esenciales en la preparación de los hijos para satisfacer las expectativas académicas y de comportamiento en clase. También ofreceremos algunos consejos útiles sobre cómo usted puede mejorar su participación en la educación de su hijo, mantenerse informado sobre el progreso diario en la escuela, y trabajar con los maestros y la escuela de su hijo para resolver problemas.

Participar en el Juego

Es esencial que usted esté "comprometido" en la vida escolar de su hijo. Los estudios demuestran que la participación de los padres en la escuela está estrechamente ligada al éxito escolar de los niños. Preguntarle a sus hijos acerca de su día escolar es un buen lugar para empezar, pero no se detenga ahí. Visite la escuela de sus hijos. Si sus hijos son menores, almuerce con ellos. Ofrézcase como voluntario para ayudar en las excursiones u otras actividades donde se necesite la supervisión de los padres (viajes al zoológico, bailes de fin de semana, ferias de ciencias). Únase a la PTA o a alguna otra organización patrocinada por la escuela. Reúnase para hablar con el director de la escuela y los maestros de su hijo para que sepan quién es usted y se sientan cómodos al comunicarse con usted en caso de que surja un problema. Involucrarse en la educación de sus hijos no lo convierte en una plaga. Significa que es una fuente de apoyo para su hijo, la escuela y los maestros y los administradores de su hijo.

Tenga como Objetivo a la Tarea

Los estudios han demostrado, y el sentido común lo respalda, que estudiar en casa puede ayudar a mejorar el rendimiento escolar de sus hijos. Estos son algunos consejos para ayudar a que sus hijos hagan toda su tarea de manera regular y correcta:

- **Establezca una ubicación central para completar la tarea.** Asegúrese de que su hijo tenga una

317

superficie de trabajo limpia (una mesa de cocina o un escritorio en la habitación de su hijo) y todos los suministros que necesita (diccionario, calculadora, papel, lápices, cuadernos, etc.).

- **Mantenga el área lo más silenciosa posible durante el tiempo de estudio.** Si es necesario, apague la televisión y la radio en otras habitaciones y trate de limitar otras distracciones, como el teléfono. Mantenga a otros hijos ocupados con la lectura de un cuento (si son más jóvenes) o permitiéndoles jugar afuera.

- **Destine una cantidad específica de tiempo para el estudio y la tarea cada día de clases, a la noche** (Por lo general, las noches de domingo a jueves). Para los niños de la escuela primaria, el tiempo de estudio podría durar de 30 a 45 minutos; para los estudiantes de secundaria de los primeros años, de 45 a 75 minutos; y para los estudiantes de secundaria de los últimos años, de 60 a 90 minutos o más. Aumente la cantidad de tiempo si su hijo necesita más tiempo para completar la tarea.

- **Asegúrese de que su hijo comience el tiempo de estudio a horario,** pero sea flexible. Cuando surjan cosas que impidan que su hijo estudie a la hora designada, ajuste su horario. El objetivo principal es que su hijo comprenda que la tarea es su responsabilidad y tiene que hacerla.

- **Divida el tiempo de estudio en períodos más pequeños para los niños o adolescentes que tengan dificultad para concentrarse por largos períodos de tiempo.** Por ejemplo, algunos niños, especialmente los más pequeños, pueden estudiar mejor durante 15 minutos, tomar un breve descanso, y luego estudiar durante otros 15 minutos. Si ellos saben que van a tener un descanso, es posible que estén más dispuestos a concentrarse durante el tiempo de estudio real.

- **Programe un horario de estudio que se adapte a las rutinas de su familia.** Hacer la tarea después de la escuela funciona mejor para algunos niños o adolescentes. Pero si un niño o adolescente participa en actividades extra-curriculares, o ambos padres trabajan fuera de casa y quieren estar allí para ayudarlo, un horario de estudio temprano en la noche podría funcionar mejor. Escoger un momento en que haya pocas interrupciones y que sus hijos estén más dispuestos a concentrarse aumenta la probabilidad de que realicen toda su tarea.

- **Recuerde la "Regla de la Abuela"** ("Si terminas tu tarea, entonces puedes jugar a video juegos") para establecer el horario de estudio. Los hijos son más propensos a hacer la tarea si se programa el tiempo de estudio antes de que puedan ver la televisión, jugar a la computadora, hablar o mandar mensajes por teléfono, o ir a la casa de un amigo.

- **Esté disponible y atento a las oportunidades para elogiar a** su hijo por mantener al día su tarea y hacer un buen trabajo. Esto demuestra que su hijo realmente se preocupa por el trabajo escolar y usted nota y valora sus esfuerzos.

- **Dé un ejemplo positivo.** Lea un libro, escriba una carta, haga cuentas, trabaje en la computadora, o haga una lista de las compras mientras su hijo hace la tarea. Deje la TV y la radio apagadas.

- **Proporcione ayuda si su hijo tiene dificultades.** Si surge una pregunta a la que no puede responder,

319

haga que su niño llame a un compañero de clase o al maestro. Luego, haga que su hijo le explique a usted la respuesta para que ambos entiendan lo que su hijo está haciendo.

- **Siempre reserve un tiempo para el aprendizaje y la lectura.** Si sus hijos no tienen tarea para el hogar, o si le dicen que han completado toda su tarea en la escuela, haga que realicen proyectos para obtener créditos adicionales, o lean libros, revistas o periódicos. El objetivo es hacer del aprendizaje una actividad continua. Si el primer paso para que su hijo desarrolle un hábito de lectura para toda la vida proviene de la lectura de una revista de deportes, entonces empiece por ahí. Con el tiempo, su hijo podrá estar dispuesto a expandirse a otros tipos de revistas y libros.

A continuación se mencionan algunas otras actividades para los hijos que dicen que no tienen tarea:

- Leer en voz alta a un hermano o hermana menor.
- Leer un artículo periodístico sobre acontecimientos mundiales, nutrición, problemas de la juventud, o cualquier otro tema interesante.
- Escribir cartas a los abuelos, amigos o familiares.
- Cortar cupones y sumar la cantidad de dinero ahorrado.
- Ayudar a un hermano o hermana con la tarea o servir de tutor a un amigo o vecino.
- Escribir en un diario.
- Hacer una lista de las cosas que hay que hacer en la semana.

- Hacer algo divertido y educativo con mamá o papá.

Explicar y Hacer Cumplir las Reglas

Cuando los hijos se portan mal en la escuela, es porque no entiendan las reglas y expectativas de comportamiento en la escuela o porque opten por no cumplirlas. De cualquier manera, usted como padre debe explicarle a su hijo por qué es importante comportarse correctamente en la escuela y enseñarle y practicar las destrezas que hacen que este tipo de comportamiento sea posible.

Para comenzar con la educación de su hijo sobre estos problemas realice una revisión del código de conducta de la escuela. Esto debería explicar específicamente lo que está permitido y lo que no está permitido en el ámbito escolar y en las actividades escolares. También se deberían enumerar los incumplimientos y las consecuencias que acarrean. Recuerde que debe explicar estas reglas en el lenguaje que se adapte a la edad y el nivel de desarrollo de su hijo. Asegurarse de que su hijo esté al tanto de las reglas que conforman el código de conducta, y revisarlas con él o ella de vez en cuando, puede evitar muchos problemas y hacer que la vida en la escuela sea más tranquila.

Además del código de conducta, cada maestro tendrá sus propias reglas para el aula. Todos los estudiantes deben tener buena conducta para que los maestros puedan crear un ambiente de aprendizaje positivo y reducir las interrupciones al mínimo. Cuanto menos tiempo destinen los maestros a corregir a los estudiantes, más tiempo podrán destinar a la enseñanza. Todos los estudiantes se benefician cuando todos obedecen y cooperan con las reglas del aula y respetan al maestro y a los demás.

Esto nos lleva a las destrezas y conductas que deben aprender los hijos para triunfar en clase y cómo deberían ser enseñadas. Estas destrezas y conductas son las mismas que usted espera que su hijo tenga en el hogar y en público. Como dijimos antes, la causa de los problemas en la escuela suele ser

321

que los niños ignoran las destrezas que deben usar o cómo usarlas. Por lo tanto, antes de que su hijo (ya sea pequeño o estudiante de secundaria) se dirija a su primer día de clases, debería enseñarle bastante. Esta es una situación ideal para la Instrucción Preventiva y la práctica. Si bien hay una serie de destrezas que pueden beneficiar a sus hijos, le sugerimos centrarse en cinco destrezas básicas: Seguir Instrucciones, Llevarse Bien con los Demás, Aceptar las Críticas, Mostrar Respeto y Pedir Permiso.

Lo más importante, asegúrese de elogiar a su hijo por su buen comportamiento en la escuela. En el pasado, es posible que se haya concentrado sólo en la mala conducta y en lo que su hijo hizo mal en la escuela y, a veces, haya ignorado lo que su hijo hizo bien. Los elogios refuerzan el buen comportamiento y hace que sea más probable que su hijo lo repita. También le permite a su hijo saber que usted se da cuenta cuando él o ella mejora o hace algo bien y ayuda a que la escuela sea una experiencia positiva.

Asociarse con los Maestros

El maestro de un niño es el mayor aliado de los padres al momento de ayudar a los hijos a tener éxito en la escuela. Es por eso que es tan importante empezar la relación entre padres y maestros de manera positiva.

Asistir a la jornada de puertas abiertas que ofrecen casi todas las escuelas al inicio del año escolar probablemente sea su primera oportunidad para conocer al maestro (o maestros) de su hijo. Preséntese y asegúrese de mencionarle al maestro que puede llamarlo siempre que sea necesario. Entréguele al maestro una ficha con el/los número/s de teléfono y/o la dirección de correo electrónico donde lo pueda localizar. Explíquele que usted desea mantenerse informado sobre el progreso de su hijo, y pregúntele si usted puede llamar al maestro en su horario disponible. Si el docente accede, llámelo o envíele un correo electrónico para preguntarle cómo está su hijo al final de la primera semana de clases.

Durante el año escolar, tendrá muchas oportunidades para hablar con el maestro de su hijo. Probablemente la más importante de ellas sea la reunión de padres y maestros. Esta es una oportunidad para tener una conversación cara a cara con no sólo el/los maestro/s de su hijo, sino también con los entrenadores, el consejero de la escuela, o incluso el director, sobre el comportamiento de su hijo y el progreso académico. Analice las cosas específicas que su hijo esté haciendo bien o necesite mejorar. Esta es su oportunidad de hacer preguntas, tratar los problemas, y dejar que su hijo y el maestro sepan que usted participa activamente en el proceso educativo. Asistir a estas reuniones es la mejor manera de mantenerse informado sobre lo que está pasando con su hijo en la escuela, y de demostrarles a su hijo y al personal de la escuela que usted cree que la escuela es importante.

Los picnics escolares, conciertos de días festivos, obras escolares, actividades deportivas, ferias de ciencias y eventos de recaudación de fondos son sólo algunos de los momentos más informales donde puede encontrarse con los maestros y otros miembros del personal escolar para reforzar su compromiso de ayudar a su hijo a triunfar.

También puede compartir periódicamente con el maestro lo que usted le está enseñando a su hijo en casa. Si usted está enseñándole a su hijo destrezas como "Seguir Instrucciones" y "Pedir Ayuda", consulte con el maestro de qué manera él o ella podría reforzarlas en la escuela. Durante el año escolar, avísele al maestro cuando se produzcan grandes acontecimientos en la vida de su hijo, tales como la muerte de un familiar u otro tipo de situación emocional. Siempre agradezca a los maestros por el trabajo que realizan y el tiempo que pasan con su hijo.

Por desgracia, la primera vez que algunos padres hablan con un maestro es cuando el maestro o la escuela los contacta por un problema que involucra a su hijo. Ser proactivo y dar el primer paso en el desarrollo de una relación positiva con un maestro le permite saber que usted está preocupado por la educación de su hijo. Si su hijo tiene problemas en la escuela, es posible que sean más fáciles de resolver si usted y el maestro se conocen y pueden trabajar juntos. Y cuando un maestro llama con buenas noticias, asegúrese de que su hijo sepa lo importante que es eso.

Problemas de Abordaje

Puede ocurrir que usted reciba una llamada inesperada de la escuela pidiendo que se reúna con un maestro o un administrador para hablar sobre un problema. Este tipo de reuniones pueden hacer que los padres se pongan nerviosos, se enojen, se confundan y se preocupen. A continuación se detalla una lista de consejos útiles para que se preparare para este tipo de situaciones y que sean más positivas:

- **Tómese su tiempo para calmarse.** Es mucho más probable que pueda ayudar a resolver un problema si puede mantener la calma y concentrarse en una solución durante cualquier reunión con los maestros y los administradores.

- **Averigüe la naturaleza exacta del problema.** Asegúrese de hablar con el maestro o administrador de la escuela que esté involucrado en la situación. Si él o ella no es capaz de explicar la situación con claridad, haga preguntas específicas que lo ayuden a entender el problema. El objetivo aquí no es cuestionar si se ha producido el problema, sino entender cuál es el problema.

- **Pida sugerencias a los maestros o administradores para resolver el problema o mejorar la**

situación tanto en la escuela como en casa.
Algunos maestros y administradores han tenido
mucha experiencia con ciertos problemas. Ellos
trabajan con una variedad de niños y adolescentes
y pueden conocer formas efectivas de cómo usted
y el personal escolar pueden responder constructi-
vamente al problema particular de su hijo.

• **Ofrezca sus sugerencias para resolver el
problema o mejorar la situación.** Confíe en sus
instintos; nadie conoce a su hijo tan bien como
usted. Sus experiencias pasadas con su hijo, ya
sean exitosas o no, contribuirán a encontrar una
estrategia eficaz para la solución del problema.
Esté atento a recibir nuevas ideas del personal
escolar, pero comparta también su opinión sobre
la solución propuesta.

• **Agradezca al personal escolar por su tiempo e
interés.** Convocar a uno de los padres a la
escuela suele ser estresante para todos los involu-
crados. Deje que el personal sepa que usted valora
sus esfuerzos en nombre de su hijo.

• **No tome partido ni defienda el comportamiento de su hijo.** Recuerde, el objetivo de la
reunión con el maestro o administrador de la
escuela de su hijo es obtener información,
resolver el problema inmediato, y buscar la
manera de ayudar a su hijo a mejorar en el futuro.
Este no es el momento de enfrentarse con la
escuela ni quejarse de su hijo, o ponerse del lado
de su hijo y atacar a sus maestros o a la escuela.
Trabaje en conjunto con el personal de la escuela
para encontrar una solución eficaz. Luego, haga
todo lo posible, y pídale a su hijo que haga todo lo

que esté a su alcance, para seguir adelante con el plan acordado.

- **Después de la reunión, hable con su hijo sobre el problema y la solución propuesta.** Manténgase en contacto con el personal de la escuela y pídales que hagan lo mismo con usted. Su objetivo en este momento es ayudar a su hijo para que aprenda de la experiencia y evitar que el problema se repita.

Sea cual sea la situación o la razón, comunicarse o reunirse con un maestro o administrador de la escuela envía un mensaje claro a todo el mundo (a sus hijos y al personal de la escuela) de que usted está interesado e involucrado en la educación de sus hijos.

Uso de las Notas de la Escuela

La comunicación es la clave para una relación positiva entre los padres y la escuela. Las notas escolares son una gran manera de mantener abiertas las líneas de comunicación y hacer un seguimiento de los progresos y problemas de su hijo. (Los estudios han demostrado que las notas escolares acompañadas de posibles consecuencias positivas y negativas tienen un efecto fructífero en el comportamiento escolar y el rendimiento académico de los hijos).

Las notas de la escuela pueden ser formales o informales. Una nota formal puede incluir una lista de las clases de su hijo y el espacio donde el maestro puede hacer comentarios sobre cómo le está yendo a su hijo en clase o con la tarea. La maestra completa la nota y la envía a la casa con el estudiante. Los padres pueden aceptar los comentarios del maestro y escribir sus propios comentarios en la nota, que su hijo regresa al maestro. Las notas pueden ser completadas diaria, semanal o mensualmente, según cómo se adapte el programa a las necesidades de su hijo y el maestro. Hable con los maestros con antelación para explicarles por qué está utilizando una nota de la escuela y para coordinar un cronograma.

Ayude a mantener la información de la nota de la escuela breve y específica. Por lo general, los maestros no tienen tiempo para llenar largas explicaciones sobre la conducta de su hijo. Facilítele al maestro la posibilidad de indicar con un círculo los comportamientos positivos o negativos que figuran en la nota. Solicítele al maestro que ponga sus iniciales en la nota o en los artículos indicados. Además, pídale al maestro que lo llame en caso que él o ella tenga que darle una información más detallada.

Los padres que quieran información sobre las clases de sus hijos, pero no quieren que sus hijos lleven una nota todos los días, pueden utilizar una nota escolar informal. Éstas por lo general son solicitudes de información escritas o enviadas por correo electrónico por los padres al maestro. Los maestros también pueden usarlas para solicitar información a los padres. En cualquier caso, los adultos están compartiendo información sobre el trabajo escolar o el comportamiento. A menudo, simplemente dejar que sus hijos sepan que está supervisando su trabajo escolar puede tener una influencia positiva.

Cuando utilice una nota de la escuela, es importante que los privilegios de su hijo dependan de llevar la nota a la escuela y traerla a casa, asistir a clases, comportarse bien, y hacer la tarea.

He aquí dos ejemplos de notas escolares. La primera es para los hijos más pequeños o hijos que tienen un solo maestro por día. La segunda es para hijos mayores o hijos que tienen varios maestros durante el día escolar. Adapte cualquiera de las dos para satisfacer sus necesidades.

Nota de la Escuela

Estimada Señora Miller,

Estamos tratando de ayudar a Miguel a mejorar en la escuela. Por favor, marque con un círculo la opción "sí" por cada comportamiento que Miguel tenga regularmente a diario y la opción "no" por aquellas conductas que no tenga con regularidad. Luego, coloque sus iniciales y envíe esta nota a casa con Miguel todos los días. Gracias.

— Silvia Johnson

	Permanece sentado	Sigue las instrucciones	Entrega la tarea	Iniciales del maestro
LUNES	sí/no	sí/no	sí/no	
MARTES	sí/no	sí/no	sí/no	
MIÉRCOLES	sí/no	sí/no	sí/no	
JUEVES	sí/no	sí/no	sí/no	
VIERNES	sí/no	sí/no	sí/no	

La siguiente nota no sólo les permite a los maestros informar a los padres cómo le está yendo a su hijo en la escuela, sino que también les permite a los padres informar a los maestros sobre los hábitos relativos a hacer la tarea y las áreas en las que su hijo tiene dificultades.

NOTA DE LA ESCUELA

Estimados maestros:

Estamos tratando de ayudar a Miguel a mejorar en todas sus clases. Por favor, indiquen si Miguel realizó estas cosas en su clase durante la semana pasada y luego coloquen sus iniciales en la última columna. Por favor, llámenos al 555-1212 si tienen alguna pregunta. Gracias.

— Silvia Johnson

		Llegó a tiempo a clase	Terminó la tarea	Siguió las instrucciones	Iniciales del maestro
PERÍODO	1				
	2				
	3				
	4				
	5				
	6				
	7				

Informe de Estudio: Estos son los días y horarios que Miguel pasó haciendo su tarea o estudiando en casa esta semana.

DO.　　LU.　　MA.　　MI.　　JU.

_____ _____ _____ _____ _____

Mi hijo está trabajando en:

Cómo Ayudar a los Hijos en las Transiciones Escolares

La escuela presenta una serie continua de cambios y desafíos para los hijos. Pasan de preescolar a la primaria, a la secundaria, a la preparatoria y luego a la universidad, a un trabajo o a una escuela vocacional. Cada año, los hijos deben hacer la transición del juego de verano a las aulas estructuradas de la escuela. Cada día de clases, pasan de una materia o aula a otra. Para algunos niños o adolescentes, estos cambios pueden conducir a problemas de comportamiento o pueden interferir con su aprendizaje. Estos son algunos consejos para ayudar a los hijos en estas transiciones:

- **Mantenga una actitud positiva acerca de la escuela.** Hable con sus hijos sobre las cosas buenas que pasan en la escuela. Hábleles sobre algunas de sus experiencias positivas en la escuela.

- **Empiece a hablar acerca de la escuela lo antes posible en la vida de su hijo.** Fomente la expectativa de que su hijo recibirá una buena educación. Promueva siempre la idea de que ir (o regresar) a la escuela es emocionante y divertido.

- **Espere que su hijo experimente algo de estrés relacionado con la escuela, las pruebas, los amigos y la tarea.** Sea comprensivo cuando le cuenten sobre sus frustraciones. Si su hijo sufre de estrés severo o crónico relacionado con la escuela, debe buscar ayuda profesional para él o ella.

- **Escuche a sus hijos y lo que le dicen sobre la escuela.** A veces, sólo ayuda dejarlos hablar sobre lo que está pasando en sus vidas. Sea comprensivo y atento. Trate de no juzgar ni molestarse sobre lo que puedan decir.

- **Visite la escuela de sus hijos.** Infórmese sobre la jornada escolar, la administración y, naturalmente, sobre los maestros de sus hijos. Mantenga abiertas las líneas de comunicación (actividades escolares, notas escolares, llamadas telefónicas y reuniones).

- **Elogie las cosas buenas que hacen sus hijos.** Concéntrese especialmente en sus intentos por mejorar su comportamiento y resolver sus problemas con éxito. Las reuniones familiares son un buen lugar para reconocer estas medidas positivas.

Resumen

Sus hijos pasarán una gran parte de sus días en la escuela mientras crecen. Su participación y atención a las tareas escolares de sus hijos y al comportamiento positivo, y su compromiso de trabajar con el personal de la escuela, son claves para ayudarlos a triunfar allí.

Las sugerencias en este capítulo se basan en investigaciones y en nuestras experiencias en los sitios de Boys Town donde proporcionamos vivienda y escolaridad para más de mil niños y adolescentes cada año. Estas son pautas generales y no cubren todo tipo de problema escolar que pueda surgir. Considérelos como un punto de partida para mejorar el rendimiento y comportamiento de su hijo en edad escolar, y su relación con la escuela de su hijo. Si usted está experimentando problemas escolares más graves con su hijo y las sugerencias de este capítulo no parecen ayudar a mejorar la situación, asegúrese de hablar con un consejero escolar u otro profesional que pueda ayudar con los problemas particulares de su hijo.

☞ RESUMEN DEL CAPÍTULO

¿Cuál es una de las principales razones por la que sus hijos tienen dificultades en la escuela?

Ellos no pueden utilizar correctamente las destrezas sociales básicas como "Seguir Instrucciones", "Aceptar las Críticas", y "Pedir Ayuda".

¿De qué forma puede ayudar a su hijo a triunfar en la escuela?

Participe de manera activa y positiva en la experiencia escolar de su hijo.

¿Qué tres cosas puede hacer usted para ayudar a su hijo a mejorar sus destrezas para hacer la tarea?

1) Estar disponible para ayudar a su hijo; 2) Establecer un ejemplo positivo al leer, escribir una carta, o hacer cuentas; y 3) Enseñarles a sus hijos a organizar y priorizar su tiempo y materiales de tarea.

☆ PLAN DE ACCIÓN

1. Tómese su tiempo para responder a las siguientes preguntas:

   - ¿Qué es lo más importante que ha aprendido en este capítulo?

   - ¿Qué planea cambiar como resultado de lo que ha aprendido?

2. Cada día de esta semana, tómese entre 5 y 10 minutos para repasar la jornada escolar con su hijo. Inicie la conversación solicitándole a su hijo que le diga tres cosas divertidas o interesantes que haya hecho o aprendido

durante el día. Luego pregúntele a su hijo si tuvo alguna dificultad (estas podrían implicar conceptos o trabajos presentados en clase, desacuerdos con sus compañeros de clase, la disciplina del maestro, etc.). Hágase breves notas a sí mismo al finalizar estas conversaciones. También observe cuánto tiempo y esfuerzo su hijo destina a su tarea y qué preguntas, si las hubiera, le hace su hijo. Repase cada noche la tarea.

Al final de la semana, revise sus notas y observaciones. Si tiene problemas recurrentes, analice si necesita reunirse o hablar con uno o más de los maestros de su hijo o recurrir a un sistema de notas de la escuela. Si es así, siga adelante con su decisión.

PʏR

PARA LOS PADRES

P **Soy un/a padre/madre soltero/a que trabaja. ¿Cómo puedo participar en la escuela de mi hijo si estoy trabajando todo el día?**

R Incluso sin la ayuda de un cónyuge, hay formas de participar que se ajustan a su horario. Pregúntele al maestro de su hijo o al director de la escuela sobre las actividades o funciones vespertinas o de fin de semana donde usted puede ayudar. Estos podrían incluir la PTA y las reuniones de la junta escolar, proyectos escolares (remoción de graffiti, limpieza de un parque infantil), campañas de donación de libros, recaudación de fondos, chaperones, y muchos otros. Elegir participar en tan sólo una de estas actividades le dará la oportunidad de reunirse con el personal de la escuela.

P **Mi hijo tiene dificultades en la escuela y no estoy seguro de si es a causa de su comportamiento o porque él o ella no es capaz de hacer su trabajo. ¿Qué debo hacer?**

R La mejor manera de empezar es ponerse en contacto con el maestro de su hijo y hablar sobre el problema. Solicítele al maestro que identifique las fortalezas de su hijo y las áreas en las que necesita mejorar. A partir de ahí, usted y el maestro podrán trabajar en un plan para ayudar a que su hijo mejore en la escuela. Por ejemplo, usted y el maestro pueden estar de acuerdo en usar notas de la escuela para supervisar los avances y retrocesos de su hijo, o usted podría hacer cambios en su rutina de tareas. También puede utilizar consecuencias positivas para recompensar los buenos informes de la escuela y consecuencias negativas para corregir y cambiar los informes negativos. La clave es comunicarse y trabajar con la escuela para ayudar a que su hijo triunfe.

¿Cómo puedo conseguir que mi hija me diga lo que le está pasando en la escuela? Ella dice que todo está bien y sé que no es así.

Dedique algo de tiempo a hablar cara a cara durante la noche sobre el día de clases de su hija. Asegúrese de que sea un momento en el que ella esté dispuesta a hablar. No fuerce la conversación; deje que suceda de forma natural. Haga preguntas abiertas; por ejemplo: "¿Cuál fue tu clase favorita hoy?" o ""Dime lo que has estudiado en matemáticas hoy". Con este tipo de preguntas obtendrá más información que si usted hace preguntas generales como: "¿Cómo estuvo la escuela?" o "¿Qué hiciste hoy?" También, haga preguntas sobre ciertos aspectos de la escuela que sabe que su hijo disfruta. Esto puede dar lugar a hablar de otros temas escolares. Por ejemplo, pedirle una actualización de los compañeros de clase, amigos o actividades extracurriculares. Luego pídale que le diga qué maestros o clases le gustan más o no le gustan.

Mi hijo tiene dificultades con la tarea. ¿Qué puedo hacer para ayudarlo?

Organice y adapte el horario de estudio de su hijo para que encaje con su capacidad de aprendizaje, temperamento y edad. Algunos niños o adolescentes pueden estudiar por horas mientras que otros necesitan descansos frecuentes para retener lo que han aprendido y ser capaces de concentrarse en su tarea. Àsegúrese de que su hijo entienda sus instrucciones con respecto a la tarea y verifique todo su trabajo antes de permitirle pasar a una actividad de entretenimiento, como ver la televisión o jugar a juegos de video. Además, cree un entorno propicio para el estudio. Durante este tiempo, intente que no haya distracciones ni actividades ruidosas. Este momento de estudio debe ocurrir a la misma hora todas las noches. Procure que su hijo estudie en un área designada que esté bien iluminada y sea cómoda. Asegúrese de que tenga todo los materiales necesarios para completar su tarea. Finalmente, use muchos Elogios Eficaces (y recompensas, como una merienda especial, permiso para acostarse más tarde, más tiempo para usar la computadora) cuando demuestre dedicación y complete la tarea en forma correcta.

Capítulo 18

El Manejo de la Presión con los Amigos

L a mayoría de los padres consideran que la presión de grupo es estrictamente negativa. Para esos padres, significa que alguien dice, persuade u obliga verbalmente a su hijo de hacer o pensar en hacer algo malo o inadecuado. No obstante, la presión de grupo tiene otra cara. Con la misma facilidad que puede influir en los niños para ser "malos", puede persuadirlos de evitar problemas y no seguir a la multitud. Los amigos pueden alentarse unos a otros a hacer cosas buenas, esforzarse más en actividades extracurriculares o trabajos escolares y evitar a otros jóvenes que tal vez no tengan las mejores intenciones. Este tipo de presión de grupo es muy saludable.

Lo que es difícil para la mayoría de los niños es saber cuándo la presión de grupo es positiva y en qué momento es mejor resistir y alejarse. No siempre tienen las herramientas ni la experiencia necesaria para saber cuándo decir "Sí" y cuándo decir "No". En ese momento es donde los padres pueden marcar una gran diferencia. Los padres que tienen una relación de amor y confianza con sus hijos pueden hacer preguntas difíciles y atravesar la barrera que los niños tratan de imponer para mantenerlos alejados. Esto no quiere decir que siempre sabrá todo lo que su hijo está haciendo, pero le permite contar con un punto de partida para descubrirlo.

Los padres no pueden hacer que la presión negativa desaparezca; es una cuestión natural del crecimiento. Sin embargo, pueden ayudar a su niño a aprender a sobrellevarla. Más adelante en este capítulo, analizaremos algunas estrategias para lograrlo. En primer lugar, vamos a describir la presión de grupo "tradicional" y algunos tipos nuevos de presión negativa que nacen en la era tecnológica. También veremos cómo la presión de grupo puede llegar a la vida de su hijo aunque no haya nadie físicamente a su alrededor.

Presión de Grupo Personal y Cultural

Todos saben qué es la presión de grupo personal. Un grupo de niños pequeños está reunido y dos de ellos tienen la idea de tumbar las macetas de la señora López. Los principales conspiradores intentan convencer a los demás de que es imposible que los atrapen y, a decir verdad, tumbar un par de macetas es solo una broma inofensiva. En poco tiempo, la mayor parte del grupo acepta la idea y se dedica a trata de convencer a los dos que no quieren hacerlo y cuyas conciencias les dicen que no es una buena idea. Luego, viene la presión inevitable: *"¿Qué, tienes miedo? ¿Temes que la señora López te persiga? Vamos, ¿cuál es el problema? ¿Eres un bebé o algo así?"* Después de unos minutos, sucede una de estas dos situaciones: los que se resisten finalmente ceden y el plan sigue adelante, o les dicen a los demás que el plan es una estupidez y se van a casa.

Aunque la señora López (y los padres de los niños que sean atrapados) puedan pensar lo contrario, este es un escenario bastante inofensivo. El mayor problema con la presión de grupo es cuando el mismo grupo (o solo un par de niños) se reúne y alguien decide que deben conseguir cerveza o droga, hacer trampa en una prueba de la escuela, dañar una propiedad, robar, herir a alguien o desafiar a alguien a tener relaciones sexuales.

En estos casos, ceder a la presión de grupo puede tener consecuencias severas. Este tipo de cosas son las que hacen que los padres sientan miedo y no puedan dormir preguntándose si su hijo va a hacer lo correcto.

La presión de grupo negativa del tipo "personal" estuvo y estará siempre cerca. Implica el contacto cara a cara y la comunicación entre dos o más personas; en este contacto, una persona o un grupo de personas intenta convencer, persuadir, embaucar, engañar, molestar o avergonzar a una persona o grupo de personas para que haga algo que está en contra de las reglas, es ilegal o incorrecto a nivel moral o ético.

No obstante, ¿qué sucede con los mensajes persuasivos que bombardean a su hijo en Internet, en anuncios y programas de televisión, en la música popular y videoclips musicales, en revistas y en el marketing y la publicidad dirigida específicamente a los jóvenes? A menudo, el tema recurrente es el siguiente: "todas las personas de tu edad (pares) tienen un producto determinado o están haciendo algo que les permite ser geniales; si no lo compras o no lo haces, eres un perdedor". Si estos mensajes son predominantemente negativos y perjudiciales, y si hacen que su niño sienta que tiene que actuar o tener un aspecto determinado para ser aceptado o para que los demás piensen que es genial, entonces los padres tienen otro problema.

La televisión, Internet y las redes sociales han hecho que la comunicación sea instantánea y mundial. Esta tecnología ha dado paso a una presión de grupo impersonal y cultural que es completamente nueva. Las voces de las masas y los medios de comunicación ahora pueden ingresar en su casa y en la cabeza de su hijo en forma constante. Este tipo de presión de grupo intenta decirle a su hijo qué ropa usar, qué comer, qué ver en televisión o en el cine, qué beber, qué pensar, cómo actuar, cómo invitar a alguien a salir, cuál debe ser el trato con el sexo opuesto y cómo tener en cuenta a los padres. A veces puede ser más poderosa que la presión de grupo personal y es implacable porque hay pocos lugares donde un niño puede ir y que no esté presente.

En consecuencia, ahora los padres se enfrentan a un problema que tiene dos aristas en lo que respecta a la presión de grupo negativa. ¿Qué puede hacer para mantener su influencia en la vida de su hijo y educarlo sobre la mejor manera de manejar los mensajes de presión de grupo personal y cultural que lo rodean?

Crianza vs. Presión de Grupo

Al igual que con la mayoría de los problemas de crianza, el mejor consejo que podemos darle es seguir el enfoque y las estrategias de crianza que se describen en este libro. La construcción de una relación sólida con su hijo, la enseñanza y la práctica de destrezas sociales, además de elogiar los comportamientos positivos y corregir los comportamientos negativos de manera coherente y con consecuencias efectivas, forman una base sólida para el manejo de cualquier problema de crianza.

Sin embargo, en lo que respecta a la presión de grupo, hay algunas formas específicas en que puede preparar a su hijo para que tome decisiones adecuadas y sepa en qué momento la presión de grupo significa un problema. Existen muchas otras medidas que puede implementar para mantener su influencia en la vida de su hijo y para que confíe en que siempre estará dispuesto a ayudarlo cuando las decisiones sean difíciles de tomar. Estas son algunas sugerencias para ayudar a sus hijos a manejar la presión de grupo negativa. Recuerde asegurarse de que cualquier estrategia que utilice se adapte la edad y el nivel de desarrollo de su hijo.

Pasar Tiempo Juntos

Los estudios indican que los niños que se sienten cerca de sus padres son menos propensos a ser influenciados negativamente por otros niños comparado con aquellos que no tienen una buena relación con sus padres. Por otra parte, los niños que tienen relaciones sólidas con sus padres tienen más probabilidades de confiar en sus habilidades y resolver problemas por sí mismos. Las relaciones entre padres e hijos que son sólidas, confiables y respetuosas no se logran de la noche a la mañana. Estas son el resultado de toda la enseñanza que entrega a sus hijos y todo el tiempo les dedica. Los padres tienen una gran influencia sobre sus hijos y esto afecta en gran medida el tipo de decisiones que toman los niños.

Una gran cantidad de niños vive en un hogar donde ambos padres trabajan. Muchos otros viven en hogares monoparentales. Los padres tienen muchas exigencias de tiempo. Independientemente de la cantidad de tiempo que nos gustaría pasar con nuestros hijos, las obligaciones y los obstáculos de la vida a veces nos marean. La única manera de garantizar que tendrá tiempo con sus hijos es generarlo. Procure que sea una prioridad. No es algo que pueda dejar para mañana. Cualquier padre de familia con hijos grandes puede contarle la rapidez con la que pasa el tiempo y antes de que se dé cuenta, los hijos también se independizarán.

A medida que los niños crecen, se involucran con amigos y actividades, y es probable que se alejen cada vez más de la orientación y la influencia de sus padres. Es parte de la progresión normal de la niñez a la edad adulta; los hijos se independizan porque aprenden quiénes son y en qué creen. El nivel con que los niños responden al resto del mundo a medida que crecen depende en gran medida de la calidad de su relación con los padres. Si es papá de un niño más grande que siempre parece estar ocupado y nunca cerca suyo, encuentre alguna actividad que ambos disfruten y puedan hacer juntos. Puede ser ir a pescar, de compras, al cine, a pasear, a comer; no importa lo que hagan siempre y cuando estén juntos.

También puede programar "citas breves". Es decir, bloques de 15 o 20 minutos de tiempo para que usted y sus hijos puedan hablar o simplemente estar juntos. Las citas breves ofrecen a los padres y niños cantidades reducidas de tiempo entre sí que se adaptan a una agenda ocupada. Por ejemplo, si tiene que buscar a su hija por la escuela, tome el camino más largo para llegar a casa, deténgase y compre un refresco y un bocadillo, y hablen sobre el día de cada uno. En el caso de un niño más pequeño, puede leer un libro o cronometrar un juego de cinco minutos, por ejemplo jugar a las escondidas. Cuanto más tiempo pase con sus hijos, más probabilidades habrá de que le cuenten sobre lo que está pasando en sus vidas, y mayor será la oportunidad que tendrá de orientarlos para que enfrenten la presión de grupo negativa.

Uso de la Instrucción Preventiva y SODAS

Una parte del tiempo que dedique a sus hijos debe ser destinada a analizar los problemas y las preocupaciones que pudieran enfrentar. Esto le da la oportunidad de aconsejarlos y reforzar la moral y los valores de su familia, que es el aspecto central de sus creencias. Las normas de comportamiento aceptable de sus hijos aparecen y se solidifican a partir de su enseñanza y de lo que dice y hace.

Ya que conoce las cualidades y los defectos de sus hijos, sus tendencias y gustos, puede utilizar la Instrucción Preventiva a fin de prepararlos para momentos en los que tengan que tomar decisiones difíciles. Enséñeles a decir "No" y que sea en serio. Explíqueles cómo discrepar, compartir sus opiniones y ayudar a los amigos que necesiten algo en forma adecuada. Estas pueden ser destrezas importantes si sus hijos las usan con confianza y en forma coherente. No solo pueden ayudarlos a evitar y a resistir las influencias negativas, tanto personales como culturales, sino también a convencer a los demás de hacer lo mismo.

También puede preparar a sus hijos enseñándoles fundamentos que puedan utilizar en situaciones determinadas. Por ejemplo, si su hija adolescente está siendo presionada por su novio para faltar a la escuela, puede decirle: *"Si realmente te preocupas por mí, querrías que mis calificaciones fueran altas"* o *"Tienes calificaciones bajas en ciencias y no me gustaría que sigan bajando más"*. Si todas estas estrategias fracasan, puede decirle a su hija que lo use a usted como excusa para no ceder ante la presión. Su hija podría decirle a su novio, *"Mis padres me castigarán durante un mes"* o *"Mis padres se asustarán y no podremos estar juntos el fin de semana"*. Lo importante es que sus hijos sepan que tienen un muchas maneras de decir "No" si se toman el tiempo de pensarlas por anticipado.

Los niños deben contar con una variedad de opciones y soluciones para los problemas que enfrentan en materia de presión de grupo. No hay ninguna solución perfecta que se pueda utilizar en cada situación. Por eso, es fundamental que los niños tengan una estrategia de resolución de problemas como **SODAS** (consulte el Capítulo 13). **SODAS** proporciona la estructura que los niños necesitan para organizar sus pensamientos y tomar decisiones racionales en lugar de hacer lo primero que les viene a la mente. Gracias a **SODAS** los niños pueden identificar la situación, encontrar opciones, evaluar las ayudas y desventajas de cada opción y decidir sobre una solución. Aliente a su hijo para que use **SODAS** y practiquen esta destreza con cierta frecuencia.

Incluso si los niños son confiados y tienen un plan para tomar decisiones, podrían enfrentar situaciones difíciles. Aunque los padres y niños practiquen cómo decir "No", no significa que sus amigos lo aceptarán de inmediato. Pueden ser insistentes y acosadores o evasivos y convincentes hasta que su hijo ceda. Por lo tanto, hay que enseñarle a mantener la calma y confiar, y ser firme en sus respuestas. Este también podría ser un buen momento para hablar con su hijo acerca de si esas personas que no respetan sus decisiones son verdaderos amigos.

A medida que sus hijos crezcan, encontrarán peligros en cada esquina. No permita que los enfrenten desprevenidos. Las drogas, el consumo de bebidas alcohólicas, las pandillas, el sexo, la violencia, el engaño y otras actividades ilegales o ilícitas están impregnadas en la cultura de hoy. Además, existen muchas otras zonas menos graves que pueden significar problemas. Es probable que sus hijos sientan la presión de grupo para involucrarse porque quieren ser aceptados y la tentación de seguir a la multitud siempre está presente. Comparta su experiencia y conocimientos mediante el uso de la Instrucción Preventiva y **SODAS** para enseñarles la diferencia entre buenos amigos y conocidos que pueden causarles daño.

Escuchar a Sus Hijos

Cuando sus hijos quieran hablar, escuche con atención lo que le cuentan. Procure que su atención sea total y trate de ver cualquier problema que surja desde el punto de vista de ellos.

Hable con sus hijos en lugar de hablar de ellos. Lograr que una conversación sea una interacción de "dar y recibir", conduce a mejores relaciones. Además, encuentre el momento adecuado para hablar. Algunas ocasiones son mejores que otras. Por ejemplo, la hora de dormir es un buen momento para repasar el día de sus hijos y hablar con ellos acerca de lo que está pasando en sus vidas. La hora de la cena también proporciona una oportunidad para que los integrantes de la familia compartan información de su vida cotidiana, recuerdos especiales y planes familiares entre sí. Y para la gran cantidad de familias que siempre parecen estar apuradas, llevando a los hijos a practicar deportes y otras actividades, el tiempo que están en el auto puede ser utilizado para ponerse al día entre sí.

Es muy importante la manera en que habla y escucha a sus hijos, especialmente cuando se trata de prevenir o ayudar a resolver problemas. Trate de ubicarse en el campo visual de los niño y elimine las distracciones. Haga preguntas abiertas que los alienten a compartir la forma en que piensan y sienten. Por ejemplo, usted puede hacer preguntas como, *"¿Cómo te sentiste con lo que pasó?"; "¿Qué piensas sobre...?";* o *"¿Qué vas a hacer?"*. Si formula preguntas abiertas, podrá obtener más información y evitará que la conversación se convierta en un interrogatorio.

Ayude a sus hijos a que se sientan cómodos cuando cuenten sus cosas y permítales que tengan la iniciativa en la conversación. Siéntese, relaje los brazos, utilice expresiones faciales agradables y receptivas, y asienta de vez en cuando. ¡Lo más importante que puede hacer es estar tranquilo! Deje que los niños hablen; no interrumpa con consejos ni opciones para solucionar las cosas. Algunos padres cometen el error de apresurarse y abrumar a sus hijos con consejos cuando tienen un problema. Incluso si dicen algo que le molesta, trate de mantener la calma y escuchar. Procure estar tranquilo, sobre todo si dicen cosas que van en contra de sus creencias o que honestamente lo asustan. Si no conoce la historia completa, no podrá ayudarlos a encontrar soluciones a sus problemas. Recuerde que su mundo de "niños" suele ser completamente diferente a nuestro mundo de "adultos". Ellos ven las cosas de manera diferente ya que no tienen las experiencias que tuvieron los adultos. Necesitan tiempo para hablar y encontrar la manera de manejar estas situaciones. Cuando hayan terminado de hablar, habrá tiempo suficiente para trabajar en la solución del problema.

Habrá momentos en que sus hijos no serán muy precisos con respecto a un problema que tengan con amigos, compañeros de clase o lo que escuchan y ven en los medios. Ellos no quieren delatar a sus amigos y pueden sentir vergüenza de informarle sobre ciertas cuestiones (por ejemplo, el sexo o las citas). Podrían estar preocupados por perder a sus amigos si cuentan algo que hicieron o dijeron sus compañeros, o si intentaron persuadirlos de hacer algo. También pueden preocuparse por su reacción. Al mismo tiempo, es probable que estén confundidos y que, en el fondo, de verdad quieran su ayuda. Es por eso que es muy importante que se sientan cómodos al hablar con usted. Si escucha con calma, hace preguntas aclaratorias breves y es comprensivo, podrá ayudarlos a que "se abran" cuando tengan problemas.

Es extremadamente importante elogiar a los hijos cuando comparten sus pensamientos y opiniones, se enfrentan a influencias negativas, comentan sobre alguna preocupación o cuentan un problema. Refuerce sus decisiones; hágales saber cuando hacen lo correcto. Si las cosas no salieron como lo esperaba, elogie su valentía para intentarlo. Algunas palabras de apoyo pueden tener un gran significado en la confianza que sienten con respecto a sus destrezas para tomar decisiones adecuadas en el futuro. Por ejemplo, simplemente diga: *"Gracias por contarme esto. Eres muy valiente"*, o *"Deberías estar orgulloso de ti mismo por enfrentarte a esos muchachos"*, o *"Sé que fue difícil que me cuentes esto, pero ahora que sabemos cuál es el problema, podemos resolverlo juntos"*.

Observar, Observar y Observar

No podemos aislar totalmente a nuestros hijos de sus amigos, sus compañeros de clase, otros pares o de los mensajes de los medios. Sin embargo, podemos controlar qué hacen, con quién salen, qué miran en televisión, qué música escuchan y cuáles son los sitios en los que están registrados.

Observar significa realizar un seguimiento y cuidar a sus hijos, y pedirles que avisen e informen dónde están, con quién están y lo que están haciendo. También puede implicar conocer a sus amigos y compañeros de clase, conocer a los padres de esos niños, y establecer una red mediante la cual los padres puedan estar al tanto de las actividades de sus hijos.

Es posible que algunos padres tengan la idea de que ese control es demasiado invasivo. Otros pueden querer estar encima de sus hijos en forma constante, seguirlos a todos lados o tratar de vigilarlos en forma encubierta. Si bien estas medidas pueden dar a los padres una mayor tranquilidad, no es un enfoque positivo ni práctico. Ser sobreprotector y asfixiante puede ahogar la independencia de los niños, y peor aún, hacer que tengan resentimiento hacia sus padres porque consideran que esto es como "espionaje".

Este es un ejemplo de cómo una madre observó a sus cuatro hijos. Ella colocó esta nota en un lugar muy visible del refrigerador (porque sabía que sus hijos irían con bastante frecuencia): "Antes de pedirme permiso para ir a algún lado, tienen que estar preparados para darme el teléfono del lugar donde estarán, informarme cómo irán y volverán de ese lugar, si llegarán tarde y por qué, qué harán, con quién estarán y los nombres de los padres de esas personas". Además, se aseguró de que la computadora estuviera en un lugar abierto de la casa (no en una de las habitaciones de los niños) y adoptó medidas para bloquear el acceso a sitios web perjudiciales. Ninguno de los niños tenía un television en su habitación y mirar televisión se limitaba a canales y programas que la madre consideraba adecuados. Además, los planes de teléfono de los niños tenían planes de datos mínimos.

Esta madre trató de controlar lo que sus hijos hacían cuando no estaban en casa e hizo todo lo posible para asegurarse de que usaran la computadora y los teléfonos cn forma correcta. Lo más importante es que esta madre impuso consecuencias en forma coherente según el comportamiento de sus hijos, consecuencias positivas por seguir las reglas y consecuencias negativas por no cumplirlas.

Independientemente de si sus hijos son niños o adultos, la supervisión de sus actividades le permite participar y hacerles saber que se preocupa por ellos y su seguridad. Otro beneficio es que sus hijos tendrán menos oportunidades de meterse en problemas porque no pasarán demasiado tiempo con sus compañeros sin supervisión.

Observar y controlar a sus hijos es una manera de alertarlos sobre las dificultades, enseñarles y disciplinarlos, y ayudarlos a resolver problemas por sí mismos. Además, observar le da más oportunidades para "descubrirlos portándose bien" que le permitan usar los Elogios Eficaces.

Aliente a los Hijos a Ir "En Contra de la Corriente"

Los anunciantes, publicistas y otros medios de comunicación "persuasivos" dedican mucho tiempo e invierten mucho dinero en convencer a los jóvenes de que tienen que ser geniales para poder ser aceptados y tratan de venderles lo que ellos dicen que es necesario tener para lograrlo. El mensaje es: "Todo el mundo a tu edad compra esto o hace esto; no te quedes afuera".

Esta forma de presión de grupo cultural se usa para vender ropa, zapatos, refrescos, comida, juguetes, juegos para la computadora, cosméticos, entradas de cine, CDs, es decir, cualquier cosa que permita a los fabricantes de productos aprovechar esa marea de compradores que es el mercado de los jóvenes. ¿Y por qué no? En la actualidad, los niños mayores de 8 años gastan e influyen sobre otros para que consuman un monto estimado de $500 mil millones al año en bienes de consumo.

Dicha influencia de los medios puede ser perjudicial cuando se insiste continuamente con el mensaje de que hay algo mal con ellos o que no están a la altura de un estándar imposible de alcanzar que es determinado por el mercado. Cuando los niños empiezan a creer en ese mensaje, su vida puede convertirse en una búsqueda eterna por estar a la altura o superar a sus amigos, y a la cultura juvenil en general, en términos de apariencia, posesiones materiales y estilo de vida. Lo que es incluso peor es que pueden empezar a medir su valor y el de los demás únicamente por lo que tienen o no tienen.

Una manera de evitar que esto se convierta en un problema en su casa es alentar a su hijo a que sea independiente y único, y no un esclavo de cada moda pasajera. Hable con su hijo sobre la última moda de la cultura pop, del vocero de una "celebridad" o de un producto. ¿Qué piensa realmente su hijo o hija sobre estos mensajes? Analice la diferencia entre ser un líder y un seguidor. Pregúntele a su hijo de qué manera él y sus amigos pueden demostrar su independencia de lo que intentan venderles en todo momento quienes promueven la "mentalidad de rebaño". Además, conviértase en un ejemplo con sus propios hábitos de consumo mediante la resistencia a seguir modas, comprar en forma impulsiva e intentar estar al mismo nivel que los vecinos. Su comportamiento tendrá más impacto en sus hijos que cualquier lección que pueda dar.

(Si desea obtener una perspectiva más detallada de cómo puede identificar y contrarrestar los mensajes nocivos de los medios de comunicación, consulte el libro Boys Town, *"Who's Raising Your Child? Battling Marketers for Your Child's Heart and Soul"* de Laura Buddenberg y Kathleen McGee, que está disponible a través de Boys Town Press®).

Presión de Grupo en el Ciberespacio

Además de los mensajes de los medios de comunicación, ha surgido otra clase de presión de grupo en la era de la comunicación. Debido a que los mensajes de textos, los correos electrónicos, la mensajería instantánea, las salas de chat, las redes sociales y los blogs se han convertido en las conexiones electrónicas elegidas por la mayoría de los niños, cada vez más jóvenes (y adultos) han encontrado maneras de utilizar y usar en forma incorrecta el ciberespacio para invadir la vida de las personas y los hogares. Estos delincuentes electrónicos pueden ser agresores (nos referimos a ellos como acosadores cibernéticos), depredadores sexuales, estafadores sexuales, calumniadores, chismosos y una variedad de criminales cuyo objetivo es manipular, intimidar, acosar, controlar, estafar o utilizar de alguna manera a otras personas para su propio placer o beneficio. Incluso algo que parece inocente, como dos jóvenes teniendo una relación en línea, potencialmente puede conducir a comportamientos nocivos.

En la era tecnológica de hoy, los usuarios de computadoras que tienen planes maliciosos pueden merodear más allá del alcance físico gracias al anonimato virtual en busca de posibles víctimas. En el caso de su hijo, esto puede crear situaciones incómodas, amenazantes e incluso peligrosas porque, a decir verdad, no sabe quién está conectado del otro lado de la conversación en línea. Además, el hostigamiento, que alguna vez estuvo limitado a la jornada escolar o el patio de juegos, ahora está presente en el ámbito electrónico para amenazar y acosar a algunos niños. Los niños pueden ser víctimas de rumores, chismes, mentiras e intimidación a través de mensajes de texto, correos electrónicos, salas de chat y mensajería instantánea que envían sus pares. Los padres no sólo tienen que ser conscientes de que existen estos problemas, sino que también deben tomar medidas para educar y proteger a sus hijos.

¿Qué pueden hacer los padres para proteger a sus hijos en el entorno ilimitado del ciberespacio donde el engaño es fácil, la privacidad es una ilusión y el anonimato es una excusa para una actitud de "vale todo"? El punto de partida es establecer límites para el comportamiento en línea, proporcionar consecuencias cuando no se respetan dichos límites e informar específicamente a su hijo cómo y cuándo puede utilizar la computadora y el teléfono. La mayor parte de estas medidas se aplican en casi cualquier situación en la que alguien está usando Internet u otros programas en forma errónea, y pueden mejorar su capacidad de controlar todas las actividades en línea de sus hijos.

Enseñar Protocolos de Comportamiento En Línea

Se recomienda que los padres enseñen a sus hijos las siguientes cuatro reglas sobre el uso de la computadora y el teléfono:

- No puedes usar malas palabras, comentarios maliciosos, comentarios sexuales ni realizar preguntas personales inapropiadas o iniciar conversaciones inadecuadas (ya sea iniciadas por su hijo o por otros niños).

- No puedes proporcionar tu nombre, el nombre de tus padres, tu dirección, número de teléfono, contraseñas, números de tarjetas de crédito ni otra información personal o de la familia.

- Si recibes mensajes de acoso o con contenido sexual, o eres objeto de rumores, debes informar a mamá o papá de inmediato.

- Sé honesto. Si otros están contigo mientras estás en línea, permite que las personas que están en el chat sepan que no estás solo y diles quién más está en la habitación. No dejes que nadie se haga pasar por ti.

Los niños son más propensos a recordar y seguir estas reglas si son escritas y están a la vista sobre la computadora o en otro lugar cercano. También puede redactar un contrato de uso de telefonía e Internet que su hijo debe firmar como promesa de respetar las reglas establecidas. Cuando su hijo utilice el teléfono o la computadora de manera inadecuada, use la Instrucción Correctiva para recordarle las reglas de la familia.

Control del Uso de la Computadora

Las computadoras deben ubicarse en áreas comunes como en salas de estar y no en las habitaciones de sus hijos. Esto le facilita poder controlar quién usa la computadora y cómo lo hace.

Conozca las contraseñas y nombres de usuario de sus hijos. Hágales saber que usted observa su actividad en línea. (Existen programas disponibles que le permiten imprimir mensajes instantáneos en forma textual). En su casa, usted tiene el deber de proteger a sus hijos y ellos deben saber que los mensajes de texto, la mensajería instantánea y el uso de Internet son privilegios que pueden ser quitados si son utilizados en forma incorrecta. Limite los planes de uso de datos en el teléfono y establezca reglas sobre los mensajes de texto.

Si los niños saben que puede verificar los sitios web que visitan, leer sus conversaciones de mensajes instantáneos o entrar en sus blogs o páginas web personales, es menos probable que se expongan a situaciones incorrectas.

También puede limitar el tiempo que sus hijos están frente a una pantalla. Procure que la cantidad de tiempo que pueden usar la computadora dependa de su edad y madurez.

Es probable que no pueda controlar todo lo que su hijo envía y recibe en su teléfono o computadora. No obstante, el control periódico y permitir que su hijo sepa que puede verificar y que lo hará, es una buena forma de evitar problemas y saber cuál es la conducta de su hijo con la computadora.

Uso de Consecuencias

A los niños les encanta poner a prueba los límites. Si descubre que su hijo está usando en forma incorrecta sus privilegios de uso del teléfono o la computadora, suspenda esos privilegios durante un tiempo razonable. Si su niño respeta las reglas o le comenta sobre una amenaza, un pedido o comentario inapropiado de alguien que se comunicó por teléfono o en línea, aplique una consecuencia positiva. La idea es fomentar el uso positivo y apropiado del teléfono y la computadora y reforzar el concepto de que su hijo debe informarle sobre cualquier persona que le envía mensajes inapropiados.

Verificar las Listas de Amigos

Algunos programas de mensajería instantánea tienen espacio para un máximo de 200 nombres en una lista de amigos. Eso es demasiado y su hijo sólo debería tener los nombres de las personas en quien puede confiar y que usted pueda identificar. Si su niño no conoce a alguien, elimine el nombre de la lista. Revise periódicamente estas listas para asegurarse de que su hijo no esté agregando a escondidas "amigos" nuevos que no puede identificar.

Tome las Amenazas Seriamente

Enséñeles a sus hijos para que le avisen de inmediato si alguien en línea los amenaza con hacerles daño o dañar alguien más. Lo mismo rige para cualquier persona que comience a hacerles preguntas personales o sexuales. Si usted no está en casa en ese momento, sus hijos deben dejar la conversación en línea inmediatamente, apagar la computadora y comunicarse con usted. De lo contrario, asegúrese de que tengan un número de apoyo, que puede ser el de un familiar, o la Línea Directa de Boys Town National®, **1-800-448-3000.**

Lo más importante es enseñarles a sus hijos que bajo ninguna circunstancia deben aceptar encontrarse o intentar encontrarse con alguien que hayan conocido a través de Internet sin que usted conozca y apruebe a dicha persona.

Para obtener más información sobre la presión de grupo, el hostigamiento (y el hostigamiento cibernético), las relaciones entre los jóvenes y la influencia de los medios de comunicación, le recomendamos los siguientes libros de Boys Town:

- *Dating! 10 Helpful Tips for a Successful Relationship* (2013), de Laura Buddenberg y Alesia K. Montgomery

- *Friend Me: 10 Awesome Steps to Fun and Friendship* (2012), de Laura Buddenberg y Alesia K. Montgomery

- *No Room for Bullies* (2005), de José Bolton y Stan Graeve

- *There Are No Simple Rules for Dating My Daughter!* (2006), de Laura Buddenberg y Kathleen McGee

- *Boundaries: A Guide for Teens* (2000), de Val J. Peter y Tom Dowd

- *What's Right for Me? Making Good Choices in Relationships* (1998), de Ron Herron y Val J. Peter

- *Who's in the Mirror? Finding the Real Me* (1998), de Ron Herron y Val J. Peter

- *A Good Friend: How to Make One, How to Be One* (1998), de Ron Herron y Val J. Peter

Resumen

La presión de grupo, no importa cuál sea el origen, siempre influirá a su hijo, a veces positiva y otras veces negativamente. Sin embargo, no deje de reconocer el grado de influencia que usted tiene sobre su hijo. Recuerde que puede ayudarlo a aprender a reconocer la presión de grupo negativa y enseñarle qué hacer al respecto. Aunque sienta que su hijo ya recibió una influencia negativa por la presión de grupo, nunca es demasiado tarde para empezar a hacer cambios orientados a mejorar.

En el mundo actual, los jóvenes tienen que aprender a sobrellevar la presión de grupo proveniente de diferentes orígenes porque seguirán estando expuestos a la presión de grupo personal de sus amigos y compañeros de clase. La influencia de la publicidad, el marketing y la cultura popular en general existirá siempre. Además, las personas que usan Internet en forma incorrecta, ya sean conocidas de su hijo o extraños e incluso delincuentes, seguirán siendo una amenaza siniestra y potencialmente peligrosa.

Como padre, usted enfrenta el enorme desafío de enseñarle a su hijo cómo identificar, resistir y no ser víctima de la presión de grupo. Al igual que en cualquier situación de crianza, el éxito dependerá de la construcción de una relación de confianza y amor con su hijo y de su capacidad para utilizar las herramientas y destrezas para padres que tiene a su disposición.

 RESUMEN DEL CAPÍTULO

¿Cuáles son los dos tipos principales de presión de grupo?

La presión de grupo personal proviene del contacto cara a cara con amigos, compañeros de clase u otros niños de la misma edad. La presión de grupo cultural proviene de fuentes como los medios de comunicación y la comunicación en línea.

¿De qué manera la observación, el escuchar, dedicar tiempo y resolver problemas con los niños ayudan a evitar la presión de grupo negativa?

Estas destrezas de construcción de relaciones permiten que los padres influyan en las decisiones de sus hijos con respecto a los amigos y que los preparen y les enseñen a tomar buenas decisiones por su cuenta.

¿Por qué es importante utilizar preguntas abiertas al hablar con sus hijos sobre situaciones difíciles?

Los niños son más propensos a compartir cosas con los padres y adoptar una postura menos defensiva. Esto también permite que los niños tomen la iniciativa en las conversaciones.

¿Qué destrezas de crianza puede utilizar para ayudar a sus niños a tener buenos amigos y desarrollar destrezas para tomar decisiones independientes?

La Instrucción Preventiva, el método **SODAS** para resolver problemas y los Elogios Eficaces.

¿Cómo pueden los padres proteger a sus hijos cuando usan Internet?

Establezca reglas, imponga consecuencias por cumplir las reglas, controle el uso de la computadora, realice un seguimiento de las amenazas o las actividades sospechosas y verifique las listas de amigos de sus hijos.

☆ PLAN DE ACCIÓN

1. Tómese su tiempo para responder a las siguientes preguntas:
   - ¿Qué es lo más importante que ha aprendido en este capítulo?
   - ¿Qué planea cambiar como resultado de lo que ha aprendido?

2. En su próxima reunión familiar, incluya el tema de la presión de grupo en los temas a tratar. Invite a sus hijos a que participen en la discusión de cómo los afecta la presión de grupo a través de sus relaciones personales, en la escuela, en los medios de comunicación o en Internet. Pregúnteles qué pueden hacer y cómo puede ayudarlos a evitar o resistir la presión de grupo.

PʏR

PARA PADRES

P ¿Tengo derecho a insistirle a mi hijo los afecta evite a aquellos amigos que constantemente lo alientan a no cumplir las reglas?

R Sí. Su primera prioridad es la seguridad y el bienestar de su hijo. Sin embargo, debe alentarlo y enseñarle a tomar buenas decisiones, independientemente de lo que sus amigos piensen y hagan. Todos los días, procure que su hijo practique el uso del método **SODAS** con un problema de un "amigo" imaginario. Esto le demostrará a usted y a su hijo que está preparado para las situaciones difíciles que involucren a sus amigos y la presión de grupo negativa.

P ¿Qué debo hacer si mi hija sale con amigos que son mucho mayores que ella?

R Independientemente del nivel de madurez que su hija aparente tener, casi siempre es más aconsejable que esté en contacto con amigos que tengan una diferencia de uno o dos años de edad. Trate de que participe en varias actividades extracurriculares después de clases ya que le ofrecen la oportunidad de estar cerca de niños de su edad y entablar amistades.

P Mi hijo preadolescente piensa que soy sobreprotectora. Me dice que otros padres permiten que sus hijos hagan cosas que yo considero inadecuadas, como organizar fiestas sin supervisión, llegar tarde y tener citas. ¿Debo aclarar que considero que es demasiado joven para este tipo de cosas?

R Cada familia es diferente. Las reglas, las creencias y los valores varían de un hogar a otro. Escuchar el punto de vista de su hijo sin

357

juzgar es una buena idea. No obstante, siempre debe prevalecer el sentido común al momento de permitir que su hijo se enfrente a un desafío nuevo. Seguramente quiera asegurarse de que está bien preparado para tomar buenas decisiones, es capaz de resistir la presión de grupo y está dispuesto a asumir regularmente la responsabilidad por su comportamiento sin discutir, antes de que pueda obtener este tipo de privilegios más maduros.

P ¿Cómo puedo proteger a mi hijo de estafadores sexuales en Internet si no entiendo mucho de todo lo relacionado con la computadora?

R Enséñele a su hijo las dos reglas de oro sobre el uso seguro y responsable de Internet: 1) NUNCA le dé ninguna información de identificación (nombre, dirección, número de teléfono, imágenes, etc.) a alguien; 2) NUNCA se reúna personalmente con alguien que conoció en línea sin que los padres conozcan a esa persona y lo aprueben.

P Me parece que mi hija está desarrollando malos hábitos, como el chisme y la difamación cuando envía mensajes de texto, correos electrónicos o mensajes instantáneos a sus amigos. ¿Qué puedo hacer al respecto?

R Los niños utilizan un lenguaje diferente cuando se envían mensajes de texto, correos electrónicos y mensajes instantáneos entre sí. A veces, puede ser difícil saber exactamente lo que están diciendo. Si está preocupado y tiene sospechas de que su hijo está involucrado en chismes o difamación, pregúntele al respecto. El uso de la computadora es un privilegio y el uso indebido debe generar consecuencias negativas. Además, hable sobre sus preocupaciones con respecto a este tema en las reuniones familiares. Exprese sus expectativas y establezca su tolerancia en relación con este tipo de comportamiento. Permita que su hija sepa que usted controla su progreso y elabore un plan de seguimiento con ella para más adelante.

P **Hace poco, empezamos a recibir algunos correos electrónicos realmente inapropiados de alguien que ni siquiera conocemos. ¿Qué podemos hacer al respecto?**

R En primer lugar, no abrir ni responder esos mensajes de correo electrónico. Elimínelos de inmediato. Muchas veces, estos correos electrónicos tienen un virus que puede dañar su computadora o inundarla con mensajes de correo electrónico inapropiados y/o "emergentes". En su lugar, anote la dirección del remitente de correo electrónico y llame a su proveedor de servicios de Internet ya que podrá ayudarle a bloquear este tipo de mensajes de correo electrónico y determinar la mejor medida con respecto a la seguridad y la protección en Internet.

CONTENIDO

En este libro, le ofrecimos mucha información. Esperamos que pueda adaptar nuestro enfoque positivo y aplicar todas las estrategias y destrezas de crianza que analizamos a la relación con sus hijos.

Hay un aspecto que debe quedar muy claro. Los padres no siempre tienen todas las respuestas. Después de todo, los niños no vienen con manuales de instrucciones. La mayoría de los padres quieren encontrar formas de ayudar a sus hijos y, al hacerlo, se ayudan a sí mismos. La lectura de este libro y el aprendizaje de nuevas herramientas de crianza demuestra que usted tiene el compromiso de convertirse en un mejor padre. Su intención es encontrar respuestas a preguntas que no puede responder y resolver problemas sin solución. Sin embargo, esto no termina aquí. No deje de aprender y crecer como padre.

Debido a que esto es algo nuevo y diferente, podría pasar algo de tiempo antes de que vea los cambios. Es posible que se sienta frustrado y que sus hijos cuestionen lo que está haciendo y por qué está cambiando la forma de crianza anterior. Pueden aparecer más quejas y hasta enojarse o molestarse. No permita que esto sea un obstáculo ni se desanime. Avance con la confianza en que estos cambios serán lo mejor para usted y su familia en el largo plazo.

El cambio siempre es difícil en una familia, para los padres y los niños, pero no tiene que atravesar estos cambios solo. Recuerde que cuando las cosas se complican y necesite ayuda, Boys Town siempre está disponible. Llame a la Línea Directa de Boys Town National® (**1-800-448-3000**) para obtener ayuda con cualquier problema familiar. Contamos con asesores capacitados que pueden responder a sus preguntas todos los días de la semana, las 24 horas del día, los 365 días del año.

Una vez que comience a utilizar este material en su casa, descubrirá que lo que se presenta en este libro tiene un valor incalculable y lo ayudará a convertirse en un mejor padre.

Buena suerte en todo lo que haga para ser un mejor padre. La crianza es un viaje continuo y, en realidad, no hay línea de llegada. Las recompensas que obtiene por el amor y el cariño que entrega a sus hijos llegarán en momentos inesperados y de maneras sorprendentes. Sin embargo, serán más evidentes a medida que los niños crezcan y se desarrollen, y comiencen a usar las destrezas nuevas que les enseñó para tomar las decisiones adecuadas. Cuando usted y sus hijos trabajan juntos para alcanzar objetivos positivos, toda la familia gana.

PARA RESUMIR

Las cuatro principales destrezas de crianza son: Elogios Efectivos, Instrucción Preventiva, Instrucción Correctiva y Enseñanza del Dominio Propio. Para crear las diferentes destrezas, existen nueve pasos que se usan en forma reiterada. Estas destrezas y sus pasos se enumeran a continuación, junto con palabras de inicio, para ayudarle a comunicarse con claridad cuando enseñe a los niños cómo comportarse en forma adecuada.

Elogios Eficaces

Los Elogios Eficaces consisten en elogiar a su hijo por el comportamiento positivo que demuestra.

1. **Mostrar Aprobación**
   "¡Fabuloso! ¡Buen Trabajo!" (abrazo, sonrisa)
2. **Describir el Comportamiento Positivo**
   "Dijiste o hiciste..."
3. **Dar una Razón**
   "Cuando haces o dices... es más probable... que suceda"
4. **Aplicar una Consecuencia Positiva (opcional)**
   "Te has ganado..."

Instrucción Preventiva

La Instrucción Preventiva enseña a su hijo lo que tiene que saber para enfrentar una situación futura y le permite practicar de antemano.

1. **Describir el Comportamiento Deseado**
   "Quiero que digas o hagas..."
2. **Dar una Razón**
   "Cuando haces o dices... es más probable... que suceda"
3. **Practicar**
   "Vamos a probar esto... muéstrame cómo..."

Instrucción Correctiva

La instrucción correctiva se basa en responder a las conductas problemáticas de su hijo con enseñanza y la práctica de alternativas aceptables.

1. **Detenerse/Describir el Comportamiento Problemático**
   "Dijiste o hiciste..."
2. **Aplicar una Consecuencia Negativa**
   "Perdiste..."
3. **Describir el comportamiento deseado**
   "Quiero que digas o hagas..."
4. **Dar una Razón**
   "Cuando haces o dices... es más probable... que suceda"
5. **Practicar**
   "Vamos a probar esto... muéstrame cómo..."

Enseñanza del Dominio Propio

La enseñanza del Dominio Propio permite a los padres calmar a sus hijos y enseñarles mejores maneras de responder cuando están molestos. También los ayuda a mantener la calma cuando sus hijos se niegan a responder a las instrucciones.

Parte 1: Calmarse

1. **Describir el Comportamiento Problemático**
   "Dijiste o hiciste..."

2. **Ofrecer Opciones para Calmarse**
   "Quiero que intentes calmarte..."

3. **Dejar Pasar un Poco de Tiempo para Recuperar la Calma**
   "Te voy a dar tiempo... Vendré a ve. cómo estás en unos minutos"

4. **Comprobar Que el Niño Tenga un Comportamiento Cooperativo.**
   "¿Podrías...?"

Parte 2: Fase de Instrucción

5. **Describir el Comportamiento Deseado (Mantener la Calma)**
   "Quiero que digas o hagas..."

6. **Ofrecer una Razón**
   "Cuando estás tranquilo... es más probable... que suceda"

7. **Practicar (Mantener la Calma)**
   "Vamos a probar esto... muéstrame cómo..."

8. **Aplicar una Consecuencia Negativa (por no mantener la calma)**
   "Perdiste..."